……本书为……

杭州师范大学与教育部基础教育课程教材发展中心合作项目

"教师行为与儿童发展"的成果之一

教师与学生行为发展丛书

丛书主编 林正范

教师与学生道德行为的发展

JIAOSHI YU XUESHENG DAODE XINGWEI DE FAZHAN

蔡亚平 著

教育科学出版社
·北京·

前　言

一

2001年，我国开始了新一轮基础教育课程改革，这轮发生在基础教育领域的课程改革是一场较为深刻的教育变革。面对课程改革，不同的社会群体都在进行着各自的努力。如，中小学教师面对自己原来并不熟悉的话语体系，尽自己的能力进行理解和接受；教育理论工作者面对这次课程改革，则在运用自己的理论知识对课程改革进行解释和批判，在各不相同的学科领域作出自己的努力。

我们的努力正是这种努力的一个组成部分。

2005年，我们完成了全国教育科学"十一五"规划国家级重点课题分课题"课程更新与教师行为的改变"。该课题站在国家和社会需要的高度，研究了中小学教师对基础教育课程改革从理解到自觉践行的内在机制和过程，对中小学教师在适应新课程过程中的行为改变进行了调查分析。尽管课题成果得到了国内一些专家的肯定，尽管课题成果也获得了浙江省哲学社会科学优秀成果一等奖，尽管课题成果的社会效益还较为明显，但作为教师行为研究的倡导者，我们还是从课题的成果中看到了自己应该进一步努力的方向。

该课题成果的理论部分，是针对课程改革与教师行为关系的理论上的认识，是基于学科知识对教师行为改变内在机制的解释。当时的解释，理论性强，但通俗性不够，一时还无法完全成为指导广大教师的精神力量；当时的实证性成果，对在课程改革背景下教师行为的改变进行了描述和估计，能够较真实地反映当时教师行为改变的状况，但由于样本容量不够大，也缺乏跨区域的统计，研究成果在其代表性方面仍存在着问题，在指导实践的有效性方面还存在不足；课题的案例成果能够体现基础教育课程改革中教师行为的某些变化，但案例成果在某种程度上只是一个故事，一种叙事方式，这些故事所传递的文化信息能否成为教师个体的精神力量，能否具有跨文化力量，能否超越教师个体对教师具有普遍的意义，我们一时还无法进行准确的判断。

人的认识来源于实践，又服务于实践，这是马克思主义的认识论。我们的课题非常重视实践，尤其是波澜壮阔的课程改革实践和中小学教师的日常工作实践，但当以实践的标尺来衡量我们所取得的成果时，我们已经站在了比原来更高的层面，在这个层面上，我们发现课题研究的实践性还有进一步增强的空间。

为了使课题研究成果更好地服务于基础教育课程改革，为了使中小学教师能够更好地适应课程改革，促进教师在参与课程改革中成长，我们在课题研究的实践性方面进行了更深入的思考。思考的成果得到了教育部基础教育司原副司长朱慕菊同志的支持和鼓励。经过多次磋商，2005年12月23日，教育部基础教育课程教材发展中心决定与杭州师范学院（现杭州师范大学的前身）共同开展"教师行为与儿童发展"的项目研究，以推动新课程向纵深发展。

从此开始，坚持实践价值取向，我们走上了一条富有意义而又艰难的道路。对这条道路的意义，我们有充分的估计，但其艰难程度却远远超出我们的想象……

二

"教师行为与儿童发展"是一个很大的题目，如何能够使课题成果有利于推广，如何能够指导中小学教师更好地在日常工作中践行基础教育课程改革的理念，把课程改革的理念转化为教师的行为，是当时教育部基础教育司的有关领导和教育部基础教育课程教材发展中心寄予我们的期望。

为了达到这个目标，我们必须转变过去那种纯理论的研究方式，必须深入中小学，深入到课程改革的第一线，这种转变，对于我们大学教育理论工作者既是幸福的，也是较为痛苦的。其幸福之处在于，在当前师范教育改革相对滞后于基础教育改革的现实中,与中小学教育紧密接触,聆听来自于教学改革第一线的声音,我们能够更为深切地体验到发展知识的冲动。其痛苦之点在于现实的考核体制。在当下的大学科研考核体制下,许多的实践成果不能成为我们的工作量,深入实践,从纯功利的角度考察,我们可能会劳而无功……

在承担课题时,我国的基础教育课程改革已经进行了四年多,如何在课程改革中进一步引领教师更好地实现课程改革的目标,已成为进一步深化课程改革的瓶颈问题之一。作为教育理论工作者,我们总结了国际课程改革和我国这次基础教育课程改革的经验,得出了一个比较重要的认识,即课程改革的关键在于教师。从教师的角度来说,课程改革是教师理解和接受课程文化并进行合作的过程,这概括了课程改革中的教师行为。教师对课程文化的接受和开展相互合作是深化课程改革在教师行为方面的体现。在这个意义上,我们认为,课程改革的核心环节是教师行为的改变。

教师行为改变是向着"专业性教师行为"的方向来改变的。这意味着教师行为的改变是以学生发展为目标和依据的。在这个意义上,教师行为的改变促进学生的发展超越了教学本质的"认识说",教师的行为改变是在促进学生行为的发生和发展、引导学生全面发展的过程中所产生的变化;教师的行为改变是随学生行为发展而产生的积极变化。在这个意义上,教师对学生行为的发现、评估和引导既是教师行为改变的内容,也反映了教师的专业发展程度。换句话说,从学生行为发展的角度来认识教师,促进教师行为的改变,既是课程改革实施方面的基本任务之一,也是课程改革进一步深化的重要方面。

在国际社会发生深刻变化的大背景下,在国家基础教育课程改革的推动下,中国的教育研究正在发生重要的转变。其中,对教师行为研究的关注正是这种转变的重要体现之一。近些年来,把教师行为看做一个研究对象已引起了国内一些学者的重视,但从总体上来看,教师行为的研究大多局限于对课堂教学行为的研究和教师行为分析模式的研究,研究力量和基础都还比较薄弱。尽管如此,在教师行为研究的学术积累和创新方面,我国学者毕竟已经迈出了重要的一步,目前已有的教师行为研究方面少量的出版物,应该是我们值得珍视的现有理论成果。

教师行为研究不仅得到了国内教育研究的支持，也获得了国外相关教育研究的支持。根据所掌握的资料，国外关于教师行为的研究最早可从克瑞兹（Kratz, H. E.）1896年的研究中见到。早期的教师行为研究，偏重于对教师特征量表的研究，大致属于教师特质的研究。从那时开始，研究者们通过对各类人员关于优秀教师品质的调查，了解了有关教师的行为特征。20世纪60年代开始，国外教师行为研究进入了一个新阶段，主要表现为两个层面：一是通过探讨课堂教学行为来寻找教师课堂教学行为与教学效果之间的关系；二是通过对影响教师课堂教学行为的因素分析，寻找并研究教学效能的相关变项，为改进教师教学效能提供参考。著名的研究有瑞安斯（Ryans, D. G.）、罗森珊和弗斯特（Rosenshine, B. & Furst, N.）对课堂教学行为的研究，盖特泽尔斯和塞伦（Getzels, J. W. & Thelen, H. A.）的社会模式，帕森斯（Parson, T.）的价值取向模式研究，利比特和怀特（Lippitt, R. & White, R. K.）基于教师领导方式的研究，[①] 弗兰德斯（Flanders, N. A.）的"弗兰德斯互动分析系统"（Flanders Interaction Analysis Categories, FIAC），[②] 朗克尔（Runkel, P. J.）的师生信息反馈模式[③]等。美国的豪恩斯坦（Hauenstein, A. D.）在1998年提出了一个新的教育目标分类体系，他把教育目标分成四个领域：认知领域、情感领域、动作技能领域和行为领域。与布卢姆（Bloom, B. S.）相比，豪恩斯坦把行为作为一个独立的目标领域。[④] 豪恩斯坦的教育目标分类学成为我们提出教师行为研究的依据之一。

国外的教师行为研究大致表现出以下特征：（1）以课堂教学为重要场域，对有效教学行为和无效教学行为的研究成为教师行为研究的一个重要传统领域；（2）注重对教师行为因素的分析，分析教师行为与教学效果之间的关系，提炼影响教学行为的因子，描述和分析教师行为的状态；（3）实证主义的研究范式在研究方法中占主导地位，现象学、人种学、生活史等质性研

---

① 张建琼.国内外课堂教学行为研究之比较［J］.外国教育研究，2005（3）：40-41.
② 叶子，庞丽娟.师生互动研究述评［J］.学前教育研究，2009（3）：45.
③ 吴康宁，等.课堂教学社会学［M］.南京：南京师范大学出版社，2009：199-120.
④ 盛群力，等.21世纪教育目标新分类［M］.杭州：浙江教育出版社，2008：26-69.

究方法也逐渐得到了应用；(4) 形成了教师行为的量表或专业标准，为教师评价提供理论依据和规范，形成了不同的教师行为分析途径；(5) 教师行为的理论成果与现代技术整合表现得十分明显，产生了类似于 FIAC 的技术成果；(6) 教师行为研究具有很强的学术继承性，如艾雪黎（Ashley, B. J.）等正是基于帕森斯的社会体系的观点来研究师生的互动行为。①

从国外的研究来看，根据行为分析的价值观，教师行为的研究形成了三个较明显的研究途径②，即效率主义教学行为分析途径、语言分析主义教学行为分析途径和行为主义教学行为分析途径。效率主义教学行为分析途径以效率作为基本的价值观，把时间视为分析的基本变量，从学习的结果来认识教学效率和研究教学行为的有效性。语言分析主义教学行为分析途径以沟通作为基本的价值观，把语言看做是言语行为，运用课堂教学语言类型、结构和功能进行分析，旨在促进课堂观察和对教学行为的理解，促进课堂的对话和沟通。行为主义教学行为分析途径在工具理性主义价值观的支配下，研究教学行为中可以观察的行为，高度重视可以观察的刺激、强化和榜样作用在行为产生、巩固、改变中的作用，并把其视为行为的变量，重视对自变量和因变量之间的分析，重视数学等技术的运用。③

这三类教学行为分析途径在国外，尤其是在美国，都得到了发展，形成了比较清晰的教学行为分析途径。其中，许多具体的分析，如弗兰德斯的互动分析、有效教学行为分析、程序教学分析等具有世界性的影响。国外教师行为分析的发展有力地促进了教师专业发展，行为分析的许多成果，被一些教育协会、教师协会或其他教育中介组织发展为教师的专业标准，成为指导教师专业发展的依据。

"教师行为与儿童发展"的研究还吸收了其他学科的理论，如韦伯（Weber, M.）、帕森斯等人的社会行为理论，格尔茨（Geertze, C.）的符号人类学理论，哈贝马斯（Habermas, J.）的交往行为理论等。

---

① 尢晓梅. 师生互动课堂行为类型理论比较研究 [J]. 比较教育研究, 2001 (4): 42-43.
② 贾群生. 专业性教师行为分析：教师研究的新视野 [J]. 教育研究, 2009 (12): 75-76.
③ 佐藤学. 课程与教师 [M]. 钟启泉, 译. 北京: 教育科学出版社, 2003: 307-358.

三

通过对文献的梳理，我们发现了传统研究的一些不足，即偏于学科的研究，研究的实践品格还有待提高。

在文献研究过程中，一项重要研究成果引起了我们的注意，这项研究成果就是庞丽娟教授的教育部人文社会科学研究"九五"规划项目和全国教育科学"九五"规划教育部重点课题成果《教师与儿童发展》（北京师范大学出版社，2001，2003），本书被认为是我国第一本专门阐述教师与儿童发展的著作。庞丽娟教授主编的这本著作主要运用心理学、教育学、社会学等多学科的知识，运用国内外在教师与儿童发展领域所形成的相关研究成果，研究教师与儿童发展关系，把教师视做儿童发展的重要他人，对教师在儿童发展中的作用、教师角色的内涵及其功能、教师与儿童的互动、教师素质与儿童指导之间的关系进行了研究，在教师的特征分析、师生互动等方向上对教师与儿童发展的关系进行了静态的和动态的分析，形成了许多重要研究成果。其中，对教育观念、教育行为、教师期望、教师教育监控能力和教师自我效能感与儿童发展的关系，对教师互动以及对儿童指导等方面的研究，对我们的课题研究具有重要的启发意义和参考价值。

不难发现，庞丽娟教授对"教师与儿童发展"的研究还具有某些整体性和宏观性的特点，她着重研究的是"教师，作为学生发展的重要他人，是如何通过自己的特质和相应素质与学生互动和对学生进行指导的"。我们与庞丽娟教授研究的切入点有所不同，也与其他研究的切入点不同，我们研究的"教师行为与儿童发展"这一课题，关注的是教师行为与学生发展的关系。

本课题存在着一个重要的假设，即教师是学生成长和发展的重要他人，教师的专业水平与学生的发展密切相关。在这个意义上，"教师行为与儿童发展"这项研究是建立在"教师个体的专业发展"的基础上的。20世纪90年代以来，尤其是基础教育课程改革以来，"教师专业化"和"教师专业发展"得到了国内众多学者的重视，"教师专业发展"成为教育研究领域的一个热点。"教师专业化"或"教师专业发展"研究为教师研究开辟了一个新领域。但与理论研究的热情相比，"教师专业发展"似乎并没有在实践中得到同等热情的回应。在"教师专业化"的学术研究领域,形成了教师职业的专业化,教师的职业特性,教师专业标准,新手教师与专家型教师,教师发展的第三条道路,自我导向性学习,教师成长说,培养说,补充说和转型说等一系列的话语,这些话语,用各自的言说方式在解释着教师的专业化,甚至还出现了工会主义与专业主义的对立的讨论、对专业主义的解构的讨论等。

反思"教师专业化"这一研究领域,我们并没有在其中发现一个关于教师发展的美妙的理论图景。各种言说方式,或是肯定或是否定教师专业的特性,或是重视教师的个体发展或是重视教师的整体发展,或是肯定教师发展的主体性和内在过程或是强调教师发展的外在条件,或是重视教师的权力地位或是重视教师工作的专业特性。这些理论性认识,在理解教师职业方面具有重要的意义,也取得了许多进展,但似乎其中一个根本的不足是没有把"教师个体的专业发展"放在始终重要的地位。这在实践领域表现得最为明显,"教师专业化"的讨论并没有在实践领域引起过多的重视,教师一如既往地工作,专业与否对于我国教师似乎没有太多的实际意义。对于中小学教师而言,专业化的讨论并没有形成支持性发展的力量,许多的讨论脱离我国教师的实际生存状态,充其量仅是一种知识层面的讨论。

对于中小学教师而言,促进他们的发展不仅仅体现为职称意义上所发生的社会变迁,而是一个连续不断的过程。我们承认教师具有专家和新手的区别,但二元对立状态的专家型教师和新手教师研究不过是对教师个体专业发展的静态揭示,不过是为教师发展提供了一个可以努力的愿景,还远不是对教师专业发展过程的描述。面对发展中的学生和变化的教学内容,依教师个体的理解方式所产生的教学行为是教师专业水平的直接体现。实践智慧也不仅仅在专家型教师那里产生,它也同样会产生于不同发展阶段的教师的教学生活中。在实践层面,我们所认识和理解的教师专业发展,是教师切实通过自己具有专业性的教学行为或教育行为促进了学生的发展,学生的发展是教师专业发展的归宿和目标,教师的专业发展体现在师生共同的生活过程中。在实践层面,我们所认识的教师专业发展是教师逐渐减少或摆脱非专业性的行为,向着专业性教师行为不断发展的过程。在这个意义上,教师偶尔的失误或非专业性行为不足以判断教师的专业水平,相反,一些非专业性行为的出现为教师提供了进一步专业发展的情境和空间，对教师个体的专业发展具有特殊的意义和价值。

在实践层面，不论是工会主义对教师专业的批判，还是所谓的国内外教师对专业化的抗拒，对于教师发展而言都是不够真实的。教师专业化包括专业知识和专业能力等一系列方面的专业化，教师自身的专业水平和群体的专业水平是教师获得社会承认的内在依据。在这方面，工会主义的批判是对教师权力和地位的片面强调。在实践层面，"教师对专业化的抗拒"的说法更是远离了教师专业发展的实践。教师具有专业发展的内在要求，但在现实生活中，教师在专业发展道路上饱受折腾，精英主义、学科主义和功利主义在强势的文化话语中往往让教师迷失了方向，他们对此颇有怨言甚至自觉抵制强加给他们的"劳神费力，于教无补"的所谓的"弥补"机会或"转型"机会，这往往被一些人或机构批评为"教师对专业化的抗拒"。我们认为，这种批评事出有因，但却对中小学教师而言是不公平的。教师对专业学习机会的珍视是建立在充分了解他们的现实需要、学习内容的有效性基础上的。教师抵制或抗拒的不是自身的专业发展，而是不符合自身专业发展要求的乱折腾或瞎指挥。

本课题与以往课题的不同在于以解决问题为出发点，通过促进教师行为改变来促进学生积极的发展。与一些研究相比，这样的研究更具有生命力，因为它基于实践，着眼于基础教育实践品质的改造和教师专业的发展，着眼于基础教育课程改革目标的真正落实，更着眼于学生积极的发展。把教师与课程结合，重在促使教师对学生行为品质的正确理解和引导。在这个意义上，教师对行为的理解是一个重要的交会点，也是课程实施有效性的重要领域。就目前国内外研究状态来看，此研究的提出有充分的理论基础和依据，但目前任何一种理论都只是提供部分的解释，而无法完整地解释教师如何促进学生行为的积极变化。在这方面，我们还有很长的路要走。

四

我们认为，随着新课程改革的不断推进和深化，在实践层面不断产生越来越多的需要进行理论研究和实践探索的问题，其中一些问题是深化基础教育课程改革必须面对和解决的重大课题。如何引导教师正确观察和分析学生的行为，引导学生主动学习、发展积极行为、矫正不良行为，是新课程改革推进中亟待研究和解决的重要问题，也是一个在教育领域中值得长期重视的课题。随着教育改革的不断深入，越来越多的人意识到，教育要更有效地促进学生的发展，就必须有赖于积极有效的教师行为。

要有效地促进学生的发展，必须重视教师的行为。积极有效的教师行为是促进学生发展的支持性条件，科学地观察学生行为又是积极有效的教师行为的基础。教师在准确地观察学生行为的基础上，获得学生发展的信息，作出专业的判断和有效的行为决策，并根据学生的变化调整和执行决策，是师生互动交往的过程，也是通过教师行为不断促进学生发展的过程。

当从行为的角度对教师的观察进行研究时，我们主张用"教师观察行为"，而不是用"教育观察"。在我国教育学的传统理解中，"教育观察"容易被理解为"教育性观察"，这样，观察的内涵就缩小了。"教育观察"更多是从能力角度提出的，强调的是教师的基本能力。在研究教师行为时，我们一般不从具有内隐性的能力角度出发，而主要揭示教师行为的过程和机制。从行为发展的链条看，"教师观察行为"是行为的一个阶段。从"教师个体专业发展"的角度直接研究教师行为，"教师观察行为"的研究是具有范式意义的尝试。"教师观察行为"作为核心概念，为在实践层面研究教师行为开辟了新思路。

教师观察行为是指教师在一个意义单元内收集有意义的信息的过程。意义单元是在教育活动中对某一教育目标的设定。在这个意义上，意义单元是由师生交往的目的性决定的。在意义单元中，教师的观察行为表现为为实现已有的目的或解决某一特定问题而收集信息的过程。在意义单元内，教师需创设一定的情境，在一定的关系中收集信息并完成自我设定的目标。在这里需要着重指出两点。一是意义单元和教育情境并非是一对一的关系。从时间维度看，一个意义单元可以有一个情境，也可以由一系列的情境构成。从意义单元的实现看，情境所体现出的各个因素是否有利于已有目标的实现或是否有利于相关问题的解决，并不由情境决定，也不由意义单元的意义来决定，而是由包括观察在内的一系列教师行为和学生行为来共同决定。二是意义单元不同于教学目标，教学目标是对学生学习结果的结构性设计，而意义单元则是对师生在活动中产生的影响活动进程的时空关系的把握，是在行动过程中动态地真实地生成的价值关系的反映。

教师观察行为研究并不研究感觉器官的感知过程，而主要研究教师在已设定的教学情境中发现并收集有意义信息的过程。这里的"有意义"是指教师所收集的信息对于后续行为和意义单元而言的价值。在收集信息的过程中，如果教师所收集的信息有利于促进教师专业行为的呈现，有利于意义单元目标的实现，我们则称教师所收集的信息是"有意义的"。在这个意义上，教师观察的质量是影响教师行为有效性和合理性的一个初始因素，教师所收集的信息对于后续行为和意义实现的价值是衡量教师观察专业水平的最终或最彻底的标准。因而，教师的行为观察能力是教师重要的专业素养之一，也是教师行为有效性的基础。无论从教师专业发展的角度，还是从学生发展的角度，教师行为观察的研究和教师行为观察能力的培养都具有极为重要的价值。教师对学生行为的观察是联结教师专业发展和学生发展的桥梁，教师观察行为的研究，对于教师专业标准的建立和基础教育质量的提高，都具有基础性价值。

教师观察行为不应是"照镜子"式的观察，而是教师运用自己的经验与教育情境相互作用的过程，是教师主体性向情境敞开的过程，体现为经验主体面临教育情境因素的一种能动的建构。教师观察行为是教师基于自己的"生活史"，以教育情境因素为线索而展开的意义探寻和文化阐释过程，是在行动过程中重建意义之网的过程。在这个过程中，教师的经历和人格等因素会使教师观察行为表现出个体性特征。面对真实的事件，教师或者根据经验中相关事件的想象来观察，或者根据自己的理性来观察，或者根据经验中的效用关系来观察，或者根据生命冲动的要求来观察。无论采用哪一种形式或几种形式的综合来观察，教师个体与当前的情境性因素都是能动的建构者。在这个意义上，观察对于师生而言具有相互生成的特征，教师和学生均在对方的发展中得到发展。在一般意义上，教师主体性发挥程度影响着某一时空范围内教师观察行为的专业品质，但不从整体上决定或改变教师观察行为的专业水平。教师观察行为水平的发展与教育观念、教育效能感、沟通等具有直接的关系，与教师行为的发展性因素和支持性因素等具有间接关系。教师观察行为发展途径和机制的研究在"教师专业发展是一个长期的发展过程"这一国际共识下，已超越了具体的技术范畴，而逐渐演变成系统的文化实践过程。在这个过程中，健康的行动研究是教师观察能力发展的重要机制之一，教师可以在行动性的行为观察研究中发展自己的专业能力。

教师观察行为对教师和学生具有双向意义。教师观察行为是教师收集学生信息、了解教与学行为、分析教学方法有效性的基本途径，是教师专业发展水平的重要体现，是教师基于专业发展的行为改变的基础和依据。教师观察行为的专业性同时也是学生发展的基础和依据，在学校教育中，基于学生观察的教师行为是学生发展的重要影响力量。教师观察行为存在着一个合理性的内在言说过程。在这个过程中形成的评价性认识，构成观察的意义、依据或支持性氛围。在本课题研究中，我们从教师观察的角度，认为教师观察行为具有单向性特征。教师观察行为的单向性指的是教师收集信息的决策过程是由教师作出的。教师观察行为可以直接在与观察对象的互动中产生，也可能以文本的形式或以其他形式产生。在教师观察过程中，教师无论是否亲自参与教育教学活动，教师的观察行为策略都是教师自己决定并选择的，在这一点上，体现出教师观察行为的单向性特征。

五

教师观察行为的研究及其成果对于课题顺利开展具有重要的价值。把观察视为行为，重视在行为过程中产生的意义单元并根据该意义单元收集相关信息，是我们在行为研究方法论上的一些突破。教师观察行为的研究解决了一直以来一些同志对课题的质疑。有同志质疑，你们是研究教师的观察还是学生的观察。这种问法，反映了一种二元对立式的对教学理论的传统的理解方式。我们认为，我们既研究学生的学，也研究教师的教；我们不孤立地研究教师行为，而是把教师行为放到与学生的相互关系之中去，在与学生的相互关系中理解教师行为的专业性。就本项目而言，我们研究教师行为是基于教师对学生行为的观察而言的，教师在对学生行为的观察过程中所形成的判断被自己所捕捉，其自身行为会随之发生变化，从而形成不断变化的链条。

在这个过程中，专业的观察和随之而产生的专业行为对于学生的发展具有重大价值。研究教师的观察力必须基于在教师影响下的学生行为表现，而教师形成专业的观察力成为促进学生发展的基本方面。

我们认为教师观察是一系列基于复杂情境的社会认知过程。对教师科学主义的分析在训练和科研方面的价值远远大于师生生活的现实价值。因此，我们没有对教师行为进行分解，也没有强调科学主义的课堂观察方式，而是强调教师在意义单元的统摄下对信息的收集过程。

儿童发展是一个相对独立的心理学领域。在20世纪，儿童心理学家对儿童的生物基础、身体发育、认知和语言的发展、个性和社会发展以及发展的条件等进行了大量的研究，形成了精神分析理论、行为主义理论、认知发展理论、信息加工理论、生态系统理论等许多理论，这些理论在解释儿童发展方面具有重要影响，但还不足以使我们在实践上理解儿童的发展。因此，我们的儿童发展概念不能局限于心理学领域，我们必须对儿童发展有一个操作性定义。为了研究的方便，我们缩小了儿童概念的范围，把研究对象锁定在小学和初中学生身上。为了使研究更具有操作性，在对二十多所中小学调查研究和大量文献研究的基础上，根据21世纪的时代特征，我们对该阶段的学生行为进行分解，逐渐把研究集中到学生的道德行为、交往行为、情感行为、学习行为和创新行为五个领域。在这个基础上，我们对学生发展的操作性定义就是学生在教师行为的影响下，在道德行为、交往行为、情感行为、学习行为、创新行为五个领域发展的过程。在这个意义上，教师行为促进儿童发展就可以认为是教师促进学生这五个领域的发展。

有些同志表示疑惑，你们研究教师还是学生？研究教师为什么只对学生行为进行分解，是不是教师也存在这五大行为？这种困惑，不仅存在于课题研究之初，在整个课题研究过程中，部分同志仍然存在着这方面的疑惑或不坚定。对这一问题的解答，在很大程度上影响着课题的健康发展。对于这一质疑，我们认为，从学生角度而不是从教师行为方面划分研究领域，对这种设计思路的坚持恰恰体现和坚持了该课题研究的实践品格。本项目不是学科意义上的儿童研究，而是教师行为研究，从教师与学生的相互关系中研究教师行为，从学生的行为来认识和理解教师的行为，这样的基本思路在当前的教育研究中恰恰具有研究范式转型的重要意义。

对于教师行为与学生发展而言，五个领域是学生发展领域的一个操作性划分。但对于实践来说，这五个领域还是显得过于宏观，比较缺乏操作性。如何从复杂的学生生活中抽取有意义的信息便成为了衡量课题实践性的另一重要方面。观察对象是复杂的整体，用来对观察对象进行定位、识别和分类，并假设或推测其含义的线索，我们称为观察维度。观察维度描述观察的方向，是从完整的观察对象身上抽取出来的具有辨别性的特征。观察维度不是随意的发现，而是观察主体对于对象特征性信息的结构性识别。在这个意义上观察维度是可以分级的，可以一级一级地分下去。

为了增加教师观察行为对于中小学教师实践的价值和可用性，我们在观察维度上只是设计了三级维度的观察框架。

一级维度把握观察对象的结构性，具有较大的概括性。根据马克思主义教育学观点和我国的教育学传统，我们尝试把学生发展划分为五个观察维度：道德行为、交往行为、情感行为、学习行为和创新行为。

二级维度是每个维度具体的行为。为了提高研究的可操作性，二级维度并不是包括一级维度的所有方面，而是指一级维度的一些正在受到密切关注的方面。根据研究，我们分别确定了五个领域的具体观察维度：（1）道德行为领域主要包括知关爱、敢负责和懂判断；（2）情感行为领域主要包括有自信、会表达和善体验；（3）交往行为领域主要包括乐交往、会沟通和善合作；（4）学习行为领域主要包括爱学习、善于学和学会学；（5）创新行为领域主要包括想创新、知创新和有成果。

三级维度是根据二级维度所提出的具体行为的发展阶段或行为发展程度的描述。如道德行为中"敢负责"包括一个"遵守规则、承担责任、尊重敬畏"的行为发展阶梯；情感行为中的"会表达"包括礼貌待人、情事一致、激情控制三个发展的水平；交往行为中"会沟通"维度包括一个从低到高的发展阶段：（1）能耐心、积极聆听对方发言，理解对方意图；（2）能运用语言、表情、体态语等清晰地表达自己的观点；（3）能适时、适地、适人综合运用合理交流和沟通的方法、方式，达到沟通目的。

为了在课题研究中增强操作性和实践性，我们没有制定一个评估性的量表或标准让实验学校套用。观察维度的形成在课题研究过程中是实践的产物，是大学教育理论工作者与中小学教师在实践中共同生成的成果。一级观察维度是这样，二级观察维度和三级观察维度更是如此。总体而言，观察维度对于课题人员具有开放性和发展性的特征。观察维度对于学生具体行为是开放的，教师可以根据自己的需要和习惯把学生某一行为放到某一维度中，也可以根据与大学教育理论工作者共同研讨的结果对行为进行描述和归类，具体行为的归类观察对于中小学教师而言是自由的。观察维度的发展性特征包括两个方面。一是指观察维度的可发展性，教师可以在第二级维度中收集学生行为的相应信息，把其总结为二级观察维度，并在第三级维度中基于观察作出自己的描述。这个结构不是现成的评估依据，而是根据需要对学生进行观察的结果；如果相应的行为学生已经形成，便可根据需要观察新的行为，在这个意义上观察维度具有可发展性。二是指随着教师专业水平的提高，人们对观察对象的认识也是发展的，观察维度为教师更深入地观察预留出了空间。

在课题中，我们倡导三级观察维度的生成，但教师可以在三级维度的基础上根据实际需要划分第四级维度。如有教师根据第三级维度"倾听"，制定以下分级观察标准。（1）优秀专心倾听：与演讲者保持了目光接触，所回忆的信息准确；为了寻求理解而提问了相关的问题；讨论期间进行了相关的交流；依次接受了他人的思想和观点。（2）良好专心倾听：有些时间与演讲者保持了目光接触；能回忆大多数信息；有提问，但是有些提问与问题无关，有时使用他人的观点，但不能总是让他们完成演讲。（3）倾听差：注意力不集中，容易分心，烦躁不安；回忆的信息不多；所作的评论与主题无关；没有提问其他人，讲话时打断别人。（4）没有倾听：不试图进行倾听。

"意义单元"的核心概念和"生成性的观察维度体系"为教师观察儿童、反思自己的行为提供了方法论支持。中小学教师对学生进行观察具有得天独厚的优势和条件，观察学生是教师获得实践性知识的重要来源，是促进教师专业发展的重要环节。观察可以帮助教师形成描述课堂情境的方法，使教师意识到自己的教学经验、生活经验都会影响教学决策，使教师能了解并使用对学生学习和发展有积极意义的方法；帮助教师正确运用相关的理论和概念，把研究成果与课堂教学方法结合起来，从而对课堂教学产生新的理解并改进自己的教学。

近年来，课堂观察问题在国外的相关研究和教师教育课程中越来越受重视，课堂观察的能力与技巧普遍视为教师必备的一种重要的专业素养和教师有效教学的一种不可或缺的影响因素。然而，我国在这方面的工作显得相对滞后，没有引起应有的重视。有相当多的教师在进入教学现场时，由于缺乏足够的课堂观察能力，从而影响教学效果，甚至导致教学失败，影响个人的工作成就感。目前，我国的教师教育缺乏针对观察对象的系统观察研究，以致在教师教育中出现了空白，教师无法得到有关观察行为水平提高方面的培训，观察水平的提高就成为教师在专业发展道路中自发的过程，这在一定程度上延缓了教师的专业发展，影响了教育教学水平的提高。因此，观察行为的研究及其内容建设成为一个影响教师专业发展的非常实际的问题。

教师观察行为作为教师专业能力的组成部分不仅为教育理论界所关注，而且是教师个体专业发展的途径。教师观察行为的研究可以以校本研究的形式出现，这对于教育理论人员和中小学教师都是极大的挑战。教师观察行为的研究将会成为推进中小学教师专业发展的一个充满希望的途径，对于中小学教师的专业发展和教师培养培训内容的完善都有重要的促进作用。总之，方法论的创新为教师开展校本研修、参与培训提供了重要的理论武器。重视中小学教师观察能力的提高，重视大学教育理论工作者与中小学合作，在教学中，在与学生深入接触的基础上观察学生并促进学生的发展，已成为新时代教育科研可以依赖的路径之一。

六

本课题的初步研究成果就是这个《教师与学生行为发展丛书》，它包括如下六个分册：

蔡亚平教授著的《教师与学生道德行为的发展》一书；

陈永华副教授等人著的《教师与学生交往行为的发展》一书；

茅育青教授等人著的《IT环境下教师与学生沟通行为的发展》一书；

徐丽华教授等人著的《教师与学生创新行为的发展》一书；

徐云教授等人著的《教师与学生学习行为的发展》一书；

朱晓斌教授著的《教师与学生情感行为的发展》一书。

从总体上看，从立题到现在，我们对教师行为与学生行为发展的认识比当初深刻多了，也丰富多了。这个丛书的内容就是课题组成员在教师行为研究领域所取得的部分成果。这些成果具有明显的实践品格，是在实践层面对教师和学生的研究，在很大程度上，也是一种超越具体学科的具有整合意义的研究。在此，我们不愿说本成果是从多学科的角度对教师行为与学生发展的思考，而宁愿说是从实践层面为教师个体的专业发展和促进学生的发展所作的努力。在这个努力过程中，与其说是多种学科知识在解释教师行为与学生行为发展，毋宁说是多学科知识融入了实践中，表现出其鲜活的力量。在此意义上，我们认为，本课题所形成的这个丛书是实践的学问，是学问中的实践。课题成果无情地证明了盲目地开展实践、忽视理论建设在一般哲学方法论上的错误，也无情地证明了不顾实践而产生的理论在实践中的空疏。马克思主义认识论的认识路线在课题研究中得到了贯彻，从实践的层面来看，理论和实践是一个相互滋养的过程，只有从认识和实践的辩证关系中我们才能真正地发现和解决问题，才能发现真理和勘正谬误。用人类的知识武装自己，走到变革的实践中，形成有利于指导变革的理论，这是五年来我们的栖梦之所，是我们所走的路，也是自傅道春先生以来二十多年教师行为研究所循的路。这条路的基本精神就是切实以实践为价值取向，促进教师个体的专业发展。

我们发现，这条教育研究路线不仅符合中国基础教育课程改革的需要，而且还与汹涌的国际潮流相合。进入21世纪以来，重视教师发展和教育质量成为一种国际潮流。比如，2000年联合国教科文组织（UNESCO）会员国与国际社会通过了《全民教育行动框架》，呼吁教师专业发展应逐渐成为国际社会教育研究、课堂教学和教育体制诸层面创新实践的焦点；又如，近年来联合国教科文组织与国际劳工组织（ILO）合作，联手发起了一项"教师与全民教育质量"旗舰计划，并在东亚、南亚及世界其他地区大力实施。[①] 在

[①] 华东师范大学国际教师教育中心. 第二届国际教师教育论坛第一轮会议通知 [EB/OL]. (2006-03-27) [2009-08-01]. http://icte.ecnu.edu.cn/cfs/edit/UploadFile/2006327182722969.doc.

这种国际背景下,我们更有充分的信心,把教师与学生发展结合起来进行研究,把教师行为放到与学生的相互关系之中去,在与学生的相互关系中理解教师行为的专业性。

这是一条具有实践品格的艰难的道路,"路漫漫其修远兮,吾将上下而求索"。在这个过程中,我们也"嘤其鸣矣,求其友声",希望更多志同道合的朋友参与到这项研究中来。这个丛书如能作为"引玉"之砖,我们几年的艰辛也就算有了回报,也就值了。

杭州师范大学教师发展研究中心
林正范　贾群生

目 录

第一章　教师对学生道德行为的影响

第一节　学生道德行为的界说 / 1

一、道德行为概念的厘定 / 1

二、学生道德行为与道德发展的关系 / 3

三、学生道德行为的形成机制 / 9

第二节　教师观察对学生道德行为的影响 / 13

一、教师观察是教师基本的专业行为 / 14

二、教师观察对学生道德行为的影响 / 22

三、教师观察对自身专业发展的意义 / 25

第三节　教师人格魅力对学生道德行为的影响 / 28

一、教师人格的基本意蕴 / 29

二、教师人格魅力的教育价值 / 35

第二章　教师对学生道德行为观察的现实定位——以生活为基点

第一节　学生道德行为教育存在的问题 / 43

一、基础性道德品质没有真正成为中小学道德教育的目标 / 43
　　二、道德认知与道德实践相脱离 / 45
　　三、道德评价陷入了"主智主义"的泥潭 / 49
　第二节　生活教育理论视野下的现实定位 / 51
　　一、杜威的生活教育理论 / 51
　　二、陶行知的生活教育理论 / 53
　　三、生活教育理论的发展趋势 / 57
　　四、生活教育理论在当代中国的发展 / 59
　第三节　新课程视野下的现实定位 / 61
　　一、中小学德育课程的基本理念 / 61
　　二、中小学德育课程的内容分析 / 62

第三章　教师对学生道德行为的观察线索

　第一节　学生道德行为观察线索的作用 / 77
　　一、学生道德行为观察线索的价值 / 77
　　二、学生道德行为观察线索的研制思路与方法 / 79
　第二节　学生道德行为的观察线索 / 80
　　一、学生道德行为观察线索的内容 / 81
　　二、学生道德行为观察线索的基本特征 / 92
　第三节　学生道德行为观察线索的运用 / 93
　　一、学生道德行为观察线索运用的基本步骤 / 94
　　二、学生道德行为观察线索的运用案例 / 95
　　三、基于网络的开放式观察平台的运用案例 / 101

第四章　教师对学生道德行为的指导方式

　第一节　道德叙事方法：一种历久弥新的道德学习方式 / 106

一、道德叙事的渊源与特点 / 106

　　二、道德叙事方法的理论依据 / 109

　　三、道德叙事的指导方式 / 112

第二节　行为契约方法：一种自由、平等、守信的道德学习方式 / 118

　　一、行为契约的核心理念 / 119

　　二、行为契约的基本类型 / 120

　　三、行为契约的指导方式 / 123

第三节　道德两难方法：一种经典的道德学习方式 / 128

　　一、道德两难的含义 / 128

　　二、道德两难的经典案例 / 130

　　三、道德两难的指导方式 / 132

第五章　导师制模式下的教师指导方式

第一节　导师制的内涵 / 139

　　一、导师制的含义 / 139

　　二、班主任制与导师制的关系 / 142

　　三、中小学施行导师制的可行性分析 / 145

第二节　中小学导师的角色规范与作用 / 147

　　一、价值观的引导者 / 147

　　二、心理咨询师 / 148

　　三、学习的促进者 / 151

　　四、代理家长 / 152

第三节　导师制模式下的教师指导方式 / 154

　　一、实施导师制的基本程序 / 154

　　二、基于学生共同特点的导师模式 / 163

　　三、基于学生个别特性的导师模式 / 170

　　四、生活问题学生辅导模式 / 174

附　录　基于网络的开放式观察平台的设计与开发

第一节　概　述 / 179

　　一、使用基于网络的开放式观察平台辅助教师观察行为的缘由 / 180

　　二、基于网络的开放式观察平台的特点 / 181

第二节　基于网络的开放式观察平台的系统设计 / 183

　　一、系统目标 / 183

　　二、体系结构 / 183

　　三、功能模块设计 / 187

第三节　基于网络的开放式观察平台的开发 / 191

　　一、开发环境和关键技术 / 191

　　二、主要功能模块的实现 / 193

参考文献 / 209

后　记 / 214

第一章

教师对学生道德行为的影响

一定社会或阶级对学生的道德要求只有转化为学生个体的道德行为,形成个体的道德品质时,才能发挥有效的作用。而这种转化既与学生道德行为发展的内在规律有关,也离不开教师的有效引导。因此,研究学生道德行为发展的特点,探讨教师对学生道德行为发展的影响,对提高学生道德教育的实效性具有重要价值。

第一节 学生道德行为的界说

学生道德行为是一种在道德认识基础上产生的理性行为,是衡量学生道德发展水平的标志,具有自身的形成特点和发展规律。

一、道德行为概念的厘定

所谓"道德行为",是指道德主体在一定的道德意识支配下,在实践中所表现出来的,经过意志抉择所发生的涉及他人和社会的利害关系,并对之能够进行善恶评价的行为。它具有以下几个特点。

（1）道德行为是涉及他人和社会利害关系的行为。在社会生活中，只有涉及他人和社会利益的行为，才具有道德意义；与他人和社会利益无关的行为，则无所谓道德与不道德，不构成道德行为。因此，是否同他人或社会发生了有利或有害的关系，对其造成有利或有害的影响，是区分道德行为与非道德行为的主要依据。凡是有利于或有害于他人和社会的行为，属于道德行为，可以对它们进行道德上的善恶评价；反之，则不属于道德行为，不能进行道德评价。

（2）道德行为是行为主体自知的行为。也就是说，行为主体对行为的动机、目的以及由此所产生的行为后果的道德性质，具有清醒的认识。"外在行为如果脱离心灵的感情或意图来看待，只不过是身体的运动而已，既构不成享乐或痛苦，也构不成善或恶。"[①] 道德行为一定是自知的行为，没有自觉意识的行为构不成道德行为。

（3）道德行为是自愿、自择的行为。主体对行为的选择要受一定条件的限制，并不是随心所欲的。但在一定条件下，主体可以自主选择行为，凡是属于主体自愿选择的行为，就具有道德意义，行为主体就负有道德上的责任。如果在主体失去意志自由，或迫于某些压力下发生的行为，则不具有道德意义，就无法对行为主体在道德上进行善恶评价。只有当行为主体在一定的道德意识和道德价值观念的支配下，自觉、自愿选择的行为，才具有道德意义，属于道德行为。

道德行为是一种社会行为，它属于道德实践的范畴，是一个人道德面貌的表现，是评价人的道德活动价值的基本依据。正确认识和理解道德行为，必须与以下相关概念加以区分。

（1）道德行为与非道德行为。与道德行为相对而言的是非道德行为。非道德行为不是由一定的道德意识引起的，也不涉及他人和社会利益，它是既无道德意义，也不可能且不应该对其进行善恶评价的行为。比如，精神病患者的行为、无知幼儿的行为，就属于非道德行为。区分道德行为和非道德行为的一个重要标准，就是行为是否出于行为主体的自觉和自主。道德行为必

---

① 亚当·弗格森. 道德哲学原理 [M]. 孙飞宇, 等, 译. 北京：人民出版社, 2003：95.

须是行为主体基于对他人和社会利益的某种自觉认识而自主做出的行为。没有这种对他人和社会利益的自觉认识，没有行为选择的自主性，就不能构成道德行为，只能属于非道德行为。比如，精神病患者放火烧毁公物，给国家财产造成重大损失，但由于行为主体是精神病患者，他不可能认识到其行为的危害后果，无法控制自己的行为，因而其放火行为不能属于道德行为，可以不负道德责任，当然也不承担法律责任。

（2）道德的行为与不道德的行为。道德行为包括道德的行为和不道德的行为。通俗而言，所谓道德的行为，是指出于善良动机的，有利于他人和社会的行为。所谓不道德的行为，是基于邪恶动机的，不利于或有害于他人和社会的行为。米卢（Milo）认为不道德的行为源于三方面：一是不良偏好或价值观。尽管行为者已经认识到他所做的是错的，但是他喜欢某种目标的达成，而不是避免做错事；二是缺乏对他人利益的关心；三是缺乏理性的自我控制。[1] 在现实的社会生活中，区分道德的行为和不道德的行为的直接标准，就是从一定社会利益引申出来的道德原则和道德规范。凡是符合一定社会利益的道德原则和道德规范的行为，就是道德的行为；凡是不符合一定社会利益的道德原则和道德规范的行为，就是不道德的行为。

二、学生道德行为与道德发展的关系

从某种意义上讲，学生道德发展过程，就是一种道德行为的学习过程，是社会道德规范经学习和实践演变为学生内在的道德品质的过程。这既是一种接受教育的过程，又是一种自我教育的过程。自我教育的主体虽然是学生自身，但离不开教师的引导，因而，教育与自我教育的过程，都要与学生道德发展的特点与规律相适应，才能使道德教育真正取得实效。

关于学生道德发展的阶段与特点，曾经有许多学者作过深刻的论述。但迄今为止影响最大的当属道德认知发展理论，儿童道德行为发展阶段理论是

---

[1] 里奇，戴维提斯. 道德发展的理论[M]. 姜飞月，译. 哈尔滨：黑龙江人民出版社，2003：160.

该理论的核心。道德认知发展理论是由瑞士心理学家皮亚杰（Piaget）创立的，美国心理学家科尔伯格（Kohlberg）则对这一理论加以了修正与完善。

（一）儿童道德认知发展的三阶段理论

皮亚杰把儿童关于社会关系的知识和判断看做道德的核心成分。他认为心理发展的根本动力来自个体与环境的相互作用，是个体对所理解的经验的建构。基于这一观点，皮亚杰运用间接故事法，从儿童对游戏规则的理解和使用以及对权威的认识等方面，揭示儿童道德发展的特点，把儿童道德认知的发展划分为三个阶段。

1. 前道德阶段（出生到5岁）

皮亚杰认为这一年龄阶段的儿童正处于前运算思维时期，他们对问题的考虑都还是以自我为中心的。他们不顾规则，感情泛化，行为直接受行动的结果所支配，道德认知不守恒。

2. 他律道德阶段或道德实在论阶段（5岁到10岁）

这一阶段儿童产生了遵守规则的意识，道德认知具有以下几个特点：

（1）单方面地尊重权威，具有道德绝对主义观点。有一种遵守成人标准和服从成人规则的义务感，例如，绝对遵从父母、权威者或年龄较大的人。儿童认为服从权威就是"好"，不听话就是"坏"。又如，把规则看做固定的、不可变更的。

（2）从行为的后果来判断行为的好坏，而不是根据主观动机来判断。例如，认为打碎杯子数量多的行为比打碎杯子数量少的行为更坏，而不考虑有意还是无意打碎杯子。

（3）在对错误行为进行惩罚的方式上，主张抵罪式的惩罚。例如，这一阶段的儿童可能更赞成用打屁股的方式来惩罚打碎玻璃的孩子，而不是让这个孩子用他的零用钱进行赔偿。

（4）相信存在着一种内在公正。这一阶段的儿童认为违反了社会规则，就免不了要以这样或那样的方式受到惩罚，容易把道德法则与自然规律相混淆，认为不端的行为会受到自然力量的惩罚。例如，有个小男孩到商店偷了糖逃走了，过马路时被汽车撞倒，问孩子"汽车为什么会撞倒小男孩？"，回答是"因为他偷了糖"。在这一阶段的儿童看来，惩罚就是一种报应。

3. 自律道德阶段或道德相对论阶段（10岁后）

这一阶段儿童的道德认知具有以下几个特点。

（1）从道德绝对论变为道德相对论。儿童认识到社会规则是由人所制定的，是可以修改的，在大家都同意的情况下规则是可以改变的。

（2）判断行为的主要依据是主观动机，而不是行为的客观后果。这一阶段的儿童明确表示，因偷吃果酱而打碎一个杯子比在吃饭时不小心打碎十个杯子的行为更坏。

（3）不再相信内在公正。这一阶段的儿童已经从经验中知道，违反社会规则的行为如果没有被发现就不会受到惩罚。

（二）儿童道德认知发展的三水平六阶段理论

科尔伯格的道德发展研究，虽沿用皮亚杰的方法，但目的却不像皮亚杰那样旨在了解儿童对行为是非的道德判断，而是借助道德两难问题情境，探讨儿童对道德判断的内在认知心理历程。

科尔伯格依据道德判断的结构，认为儿童道德认知发展经历了前习俗、习俗和后习俗三个水平，每个水平都可以分成两个阶段，共六个阶段。科尔伯格关于儿童道德认知的三水平六阶段理论的基本思想概括如下[①]。

1. 水平一：前习俗水平

第一阶段：服从与惩罚的道德定向阶段。这一阶段的个体以惩罚为导向，

---

① 陈会昌. 道德发展心理学［M］. 合肥：安徽教育出版社，2004：100-103.

道德判断以避免受到惩罚为依据。下面是对"海因兹偷药救妻两难故事"①的两种回答,反映了这一阶段儿童道德发展的特点。

支持方:他开始要付钱,他没有破坏别的东西,也没有偷别的东西,他偷的药只值400美元,不值4000美元。

反对方:海因兹的这种行为是违法的。他不能去撬仓库门,把药偷走。他是一个小偷,偷窃这么贵重的东西是很严重的犯罪。

第二阶段:天真的快乐主义。处于这一阶段的儿童会为了获得奖赏或达到个人的目的而遵守规则,开始在某种程度上考虑别人的想法,但是考虑别人是为了得到回报。

支持方:海因兹偷药其实不会对药剂师造成任何损失,他总会还给他钱的。如果他不想失去他的妻子,他就应该去偷药。

反对方:药剂师并没有错,他只是想赚钱。他发明这种药就是为了赚钱。

2. 水平二: 习俗水平

第三阶段:好孩子的道德定向阶段。这一阶段儿童的道德行为是为了让人高兴、给人帮助或受到别人的认同的行为。"他是好意的"是这个阶段儿童表达道德认同的常用语。从下面的典型回答中可以看出,这一阶段儿童的道德发展目标是被别人看做一个"好人"。

支持方:偷窃是不好的。但是海因兹只是在做一个丈夫应该做的事情。你不能谴责他,因为他是出于对他妻子的爱才做了这种事。如果他不去救他的妻子,才应该被谴责。

---

① 法国有个叫哈尔塔的小镇。镇上有个妇女患了一种特殊的癌症,生命垂危。医生认为只有一种药能救她,就是本镇一个药剂师最近发明的镭。药剂师花了400美元制造镭,但一小剂药他竟索价4000美元。病妇的丈夫海因兹到处借钱,试过各种合法手段,可只借到2000美元,只够药费的一半。不得已,他只好告诉药剂师他的妻子快要死了,请求药剂师便宜一点卖给他,或者允许他赊账,但药剂师说:"不行!我发明这种药就是为了赚钱。"实在是别无他法,海因兹最后决定晚上撬开药剂师的仓库门,把药偷走,挽救妻子的生命。——摘自:郭本禹. 道德认知与道德教育——科尔伯格的理论与实践[M]. 福州:福建教育出版社,1999:231.

反对方：如果海因兹的妻子死了，他也不能受到谴责。你不能说他没去偷药就没有良心。药剂师是一个自私的、没有同情心的人，海因兹真的是在尽其所能地挽救妻子。

第四阶段：维护法律和秩序的道德阶段。此阶段的儿童相信规则和法律能够维护社会秩序，认为应该遵守社会规范与公共秩序，以法制观念判断是非。下面的典型回答就反映了这一阶段儿童道德发展的观点。

支持方：如果药剂师真的让人去死，那么他的生活观就是错误的。因此，救人是海因兹的义务，但是海因兹不能违反法律。他必须偿付药剂师的钱，并且为他的偷窃行为而接受惩罚。

反对方：对海因兹来说，救他的妻子是理所当然的事情，但是偷窃总是错误的。你必须遵守法律，无论你的感受如何，或者情况如何特殊。

3. 水平三：后习俗水平

第五阶段：社会契约的道德定向阶段。这一阶段个体把法律看做表达大多数人的意愿、促进人道主义价值的工具。认为人人都有遵守法律的义务，并认为以牺牲人类权利或尊严的法律是需要完善的。这一阶段的儿童已经能将守法与道德区分开来，下面的典型回答就反映出这一阶段儿童道德发展的特点。

支持方：必须在考虑了整个情境之后，我们才能说偷窃在道德上是错误的。当然，海因兹的行为并没有合法的基础。但是，任何人处在这种情况下都会去偷药的。

反对方：海因兹有义务遵守法律。你不能说海因兹偷药是完全错误的，但是即使他处在那种情况下也不能说他做得对。

第六阶段：良心的个人原则阶段。此阶段的个体判断是不受外在的法律和规则的限制的，而是以具有普遍意义的道德原则如正义、公正、平等，个人的尊严、良心、生命的价值等为依据。下面的典型回答就反映了这一阶段儿童道德发展的特点。

支持方： 当一个人必须在违反法律和挽救人的生命之间作出选择时，维持生命的更高原则就会使偷药在道德上具有正义性。

反对方： 由于癌症病人如此之多，药物如此之少，可能并没有足够的药物满足病人的需要。只有在所有有关的人都认为这样做是正确的时候，这种行为才是正确的。海因兹应该依据他认为公正的人在此情境下的表现去行动，而不是根据情绪或法律。

皮亚杰对儿童道德发展的研究侧重于道德判断与道德情感两方面，而科尔伯格对儿童道德发展的研究主要集中在道德判断上。科尔伯格认为，相对于其他道德因素——道德情感、道德意志、道德行动而言，道德判断是以认知为基础，存在着一个渐进的发展过程，分为一系列不同的阶段。道德判断是道德情感、道德意志和道德行为的前提，是人类道德要素中最重要的组成部分，是决定道德行为的最根本的因素。因此，他十分重视儿童道德判断发展水平的研究。

道德判断与道德行为密切相关。道德判断是个体道德行为选择的基础。道德行为是在道德判断的支配下表现出来的自觉行为，是道德判断的外在表现，对道德行为选择具有指导作用。道德判断水平直接影响着道德行为的选择。不同的道德判断水平，就会有不同甚至相反的道德行为。

道德行为又检验着道德判断的准确性。道德行为作用于社会后，产生一定的效果会对行为主体产生一定的影响，表现为强化或削弱其道德判断的水平。

道德判断对道德行为有较大的预示性，道德判断发展的阶段越高，道德行为的成熟度就越高，道德判断与道德行为也就越具有一致性。但道德判断并不是道德行为的充分条件，只是必要条件。

因此，道德认知发展理论尽管侧重于研究道德判断以及道德情感，但从中可以了解儿童道德行为的发展特点。

从道德发展形成的各要素而言，任何个体的道德形成都需经过道德认知、道德情感、道德意志和道德行为，也就是知、情、意、行的过程。在道德形成的各要素中，道德判断是道德发展的开端和基础，也是道德情感产生的根据，对道德情感、道德意志、道德行为起支配和调节作用。道德行为是在知、情、意的基础上，通过一定的训练，克服实现道德行为过程中的种种困难，发挥道德情感的支撑和道德意志的定向作用而形成的。因此，道德行为是衡量个体道德发展水平的标志，道德行为及习惯是道德品质形成与发展的目标和归宿。一切道德价值的存在，都要依靠道德行为来证明，道德认知、道德情感、道德意志只有转化为道德行为并形成道德行为习惯，才能促进个体的道德发展。

三、学生道德行为的形成机制

为了使学生养成良好的道德行为习惯，有必要探讨学生道德行为形成的内在机制，从而明确学生道德行为习惯形成的过程既是教育者对学生行为不断强化的过程，也是社会道德个体化与个体道德社会化相统一的过程。

（一）道德行为习惯形成的基础是"强化"

行为产生的原因是什么？这是一个长期以来为各国学者深感兴趣并众说纷纭的话题。其中，当代美国著名的心理学家阿尔伯特·班杜拉（Albert Bandura）在吸取前人的理论与观点的基础上创立的社会学习理论在解释社会性行为的机制方面具有重大的影响。

观察学习理论是班杜拉社会学习理论体系中最富特色的组成部分之一。这是一种强调间接经验的学习理论，在观察学习过程中，被观察的对象称为榜样或示范者，观察主体称为观察者，榜样通过观察者的观察活动而影响观察者的行为。因而，观察学习也称为替代学习。

班杜拉非常重视"强化"在观察学习中的作用，他认为在社会学习中存在着三类强化：一是外部强化，当个体出现合乎要求的行为后所导致的学习结果的知悉，如表扬、实物或其他象征物的获得，就有可能加强该态度和行为。二是替代强化，指个体因观察他人的某种行为受到强化而增强自己该种行为的出现频率或强度。班杜拉尤其重视替代强化的作用，在他看来，示范者的行为得到强化，会对观察者产生很强的信息作用和情感作用，从而促使观察者学习与保持那些示范者受到强化的态度和行为。三是自我强化，个体的态度与行为会因是否达到自己设置的目标而自我肯定或自我否定。当人达到了自己的标准时，会肯定自己的能力，产生或增强自我效能感。班杜拉的社会学习理论突破了传统行为主义学习理论的框架，把强化理论和信息加工理论有机地整合起来，既强调了行为的操作因素，又重视行为获得过程中的内部活动，使得他的理论显示出认知与行为综合的趋向，在解释社会性行为的产生机制时更具有说服力。

根据班杜拉的社会学习理论，我们认为学生道德行为的形成离不开"强化"，强化是道德行为形成的基础。因为，从学生进入社会环境的那一刻起，他便开始观察他人的言行进行学习，使自己的言行符合社会的道德规范与要求，换言之，就已经受到社会规范的约束。随着学生年龄的增长，活动范围的扩大，学生对他人的观察也从父母亲友逐渐扩展到同伴、教师等与其生活相关的各种人群，所接受的社会要求和受到的社会规范的约束也越来越多。这就使学生道德行为的形成，受到多方面因素的影响。表扬与批评、奖励与惩罚等外部强化手段，既能对学生道德行为的结果进行及时反馈，促使学生自觉遵守有关的道德准则与规范，又有助于学生自我强化的形成，因而外部强化在学生道德行为的形成与发展过程中是必不可少的强化手段。

作为一种中小学思想品德教育的基本方法，榜样示范早就被教育实践证实为行之有效的教育方法。它之所以在学生道德行为的养成过程中具有重要的地位，实质上是替代强化作用的结果。如学生在生活中看到"爱人者，人恒爱之；敬人者，人恒敬之"①，就会受到示范者的行为强化的影响而学会"爱人"与"敬人"。因而，替代强化也是学生养成良好的道德行为习惯的一种重要手段。

自我强化是学生将自己对行为的预期与行为的现实结果进行对比和评价来调节自己的道德行为，是一种内在的强化手段。具备道德行为的自我强化

---

① 金良年．孟子译注［M］．上海：上海古籍出版社，1995：184．

能力，不仅有助于学生产生较强的自我效能感和行为满意度，而且往往伴随着积极情绪体验，更能自愿地遵守社会的道德规范与准则，更能自觉地进行自我规划、自我检查与自我评价，因而，自我强化是学生自觉养成良好的道德行为习惯的一种内在力量。

外部强化、替代强化与自我强化既相互独立，又有一定的联系，它们共同作用于学生的道德行为的形成与发展过程之中，使学生的道德行为由被动变为主动、由他律转为自律，最终内化为良好的道德素质，外化为自觉的道德行为习惯。

（二）道德行为习惯形成的关键是"内化"

著名伦理学家唐凯麟认为："道德内化是指个体在社会实践中，通过对社会道德的学习、选择和认同，将其转化为自身内在的行为准则和价值目标，形成相应的个体道德素质的过程。"[①] 这一界定强调了主体"选择"，在一定程度上体现了道德内化的主体性，蕴涵在道德内化过程中，个体根据时代精神和内在要求对现存社会道德体系进行积极扬弃，从而形成个体道德素质和道德人格。

道德内化的动机是什么呢？人为什么要将外在于己的社会道德内化为自身的道德品德呢？人的自我实现是在一定的社会关系中完成的，而这种社会关系就包含道德关系，为了完成自我实现，个体必然要将源于自我、外在于自我并已然成为客观社会关系的社会道德规范重新内化。所以，社会道德规范向主体的内化是自我实现的必经途径，是人的内在需要，这也是道德内化的内在动机。

道德内化是主体自觉的能动过程，离不开主体的自主学习、选择与认同，是道德主体通过理性的体认、情感的认同和自愿的接受，使外在规范逐渐融合为自我的内在道德意识，并在道德实践中内化为稳定的德性的过程。因而道德内化过程应该充分发挥学生的主体性。

在学生道德规范内化的过程中，存在着不同而又密切联系的发展层次，

---

① 唐凯麟. 伦理学 [M]. 北京：高等教育出版社，2003：161.

以规则（纪律）、习惯（动力定型）、意志（自我意识、自我调控行为）以及意志的更高层次——信念为基本要素。

规则，这是内化的较低层次，然而学生一旦遵守规则或纪律，就意味着内化的开始。许多学校在实施行为规范教育过程中首先加强了纪律，如"一日常规"、学习纪律等，具有一定的科学性。然而，教师还必须帮助学生准确地理解规则、规范，在经验的基础上遵守与执行规则。

习惯，是一种稳定的动力定型。良好习惯形成以后成为一种稳定的、经常出现的、伴随愉快体验的行为。习惯一旦形成，还具有选择性和排斥性，好的习惯可以带来更多的积极行为，反之，则带来更多的消极性。不能把习惯仅仅看做个人的行为，它在很大程度上体现了社会规范意识或道德取向。

意志，是一种有目标导向的行为。可以把意志看做一种深层次的内化的品质。

信念，是人按照自己所确信的观点、原则和理论去行动的个性倾向，是实现目标的一种强大的内在力量。没有信念，人就不会有意志，更不会有积极主动性的行为。因而，可以把意志与信念看做一种深层次的、内化的品质。学生道德规范内化就是这样一个有层次的、连续的发展过程[①]。

（三）道德行为形成的目标是"外化"

道德外化是指个体将已经内化了的思想观点、道德信念转化为道德行为实践的道德运行过程。当一定的道德行为稳定地、持续不断地进行并形成一定的道德习惯时，就表现为一个人的道德品质。

道德内化是外在道德要求转化为内在的道德观念的过程，道德外化是将内化形成的道德认识、情感和道德信念表现在行为上，体现在具体的社会生活实践中。道德外化有三种表现形式：一种是代表人们内心活动的道德语言；第二种是人们的道德行为，它是心理活动的直接表现；第三种是体现在诸如诗歌、小说、绘画、音乐、建筑等之中的道德观念。

---

① 顾锐萍. 学生道德行为习惯形成的机制探析 [J]. 江西教育科研，1999（2）：30.

道德行为的外化一般可分为显现、定向和行动三个阶段①。

显现阶段的道德行为仅仅是个体行为的一种倾向，行为处于"萌芽"状态。从心理活动过程分析，由于心理品德要素的发展还不成熟，还没有树立起坚定的道德信念和道德理想，因此，行为常常表现为"犹豫"、"彷徨"和"优柔寡断"的特征。

定向阶段是个体道德外化的重要时期，也是道德内化过程基本结束的阶段。不论内化过程多么复杂或出现多少次的反复，最终势必通过形成的道德信念来选择行为方式。这个阶段的行为表现，既不像显现阶段那样"犹豫"，又不像行动阶段那样"坚定"，是一种不容易察觉到的行动。

行动阶段也叫实现阶段。经历了前两个阶段的"考验"，个体道德外化最终以坚定的行动表现出来。处在这个阶段的个体，其道德内化过程已走到一个十分完美的境界，心理品质各要素完全"融会贯通"成为相互依赖、相互制约、相互促进的有机体。不论处在哪个阶段，不管有什么样的具体表现，在一定意义上讲，道德行为外化过程的每一步都集中反映了道德内化的水平，是道德内化由不成熟到成熟的直接体现。

综上，在道德行为习惯的形成过程中，强化、内化与外化是一个连续不断和循环往复的动态发展过程。在这个过程中，教育要求的各种信息以社会道德个体化的方式不断地向受教育者进行灌输和传递，进行强化和内化。与此同时，个体品德内化又以外化的方式不断地向社会作出反应，即个体品德社会化的过程。因此，学生道德行为养成教育必须坚持"强化—内化—外化"的内在统一，这既是道德行为习惯形成的有效机制，也是养成良好道德品质的必然选择。

第二节　教师观察对学生道德行为的影响

研究学生道德行为的发展，既需要从学生道德行为的特点与形成机制等内

---

① 顾锐萍.学生道德行为习惯形成的机制探析［J］.江西教育科研，1999（2）：30.

在的道德行为发展的规律进行分析,也需要从学生道德行为的影响因素加以探究。尽管影响学生道德行为的发展有社会环境、学校教育、家庭教育以及学生自身努力等多方面因素,但学校教育中教师的行为对学生道德行为的发展具有极为重要的作用。正如前言所述,"要有效地促进学生的发展,必须重视教师的行为。积极有效的教师行为是促进学生发展的支持性条件,科学地观察学生行为又是积极有效的教师行为的基础。教师在准确地观察学生行为的基础上,获得学生发展的信息,作出专业的判断和有效的行为决策,并根据学生的变化调整和执行决策,是师生互动交往的过程,也是通过教师行为不断促进学生发展的过程"。因而,有必要研究教师观察对学生道德行为发展的影响。

一、教师观察是教师基本的专业行为

"观察"是人类的一种基本的认识活动,在人类历史上,尤其是科学发展史上的诸多成功大都来自于观察。意大利科学家伽利略是从观察教堂里铜吊灯的摇曳开始,经过实验研究,发现了摆的定时定律;伟大的生物学家、进化论的创始人达尔文撰写的《物种起源》是一部划时代的巨著,但他认为自己并没有突出的理解力,也没有过人的机智,只是观察那些稍纵即逝的事物并对其进行精细观察的能力,可能在众人之上;英国发明家瓦特正是从对烧开的水顶动壶盖的观察中琢磨出蒸汽机的基本原理,由此带来一场深刻的资本主义工业革命;中国古代伟大的医学家、药物学家李时珍幼年时就爱观察各种花卉、药草的形态与生长情况,他经过长期的观察与研究,写出了流芳百世的《本草纲目》……科学发展史上,诸如此类的事例,不胜枚举。可以说,观察是科学研究的起点,也是检验和发现科学理论的重要手段。同样,教育领域中,无论是提高教育质量还是促进学生的全面发展以及教师自身的专业成长,都离不开教师观察。

何谓"教师观察"?当前主要有以下几种观点。一是把教师观察简单地理解为"多看""多听"。诚然,观察是以感知为基础,但并不是任何感知都可称为观察。真正的观察过程既包含感知的成分,也具有思维、情感等因素,如果在观察过程中缺乏思维、情感等活动,那么观察也只能是笼统、模糊和杂乱的,既不可能抓住事物的主要特征,更不可能作出科学的判断。二是把教师观察定位于一种教育科研的基本方法。"在我国的教育文献中,观察主要被当做一种教育研究方法来看待,指的是搜集非言语行为资料的初步方法,即使在为中小学教师所写的课堂观察论著中,观察仍旧主要定位于教师从事教育科研的基本方法。"① 虽然有研究者提出"教育观察是教师的一项基本能力"②,但是,人们仍然从教师通过观察获得一手资料,为教育教学提供依据的方法与手段的角度来认识观察。三是把观察视为教师的基本专业行为。从当前发达国家的教育研究来看,对教师观察的认识已经跨越研究方法的疆域,延伸到课堂教学、教师教育等诸多领域。国内也有不少学者认为教师观察不仅是教师日常教学活动的行为方式,而且是教师专业研究活动以及谋求自身专业发展的行为方式。③

综上,教师观察应该超越教育研究方法的视野,从教师专业行为的层面透析教师观察的内涵与意义。它是以一定的教育理论为指导的一种理性的自觉的专业行为,具有以下几方面特征。

(一)理论性

关于观察与理论的关系,历史上曾出现过四种不同的观点。

1. 古典经验主义的"纯观察说"

古典经验主义者是近代科学观察理论的倡导者,他们首次从认识论的高度对观察活动进行了研究,英国哲学家弗兰西斯·培根和约翰·洛克是这一理论的代表人物。

培根认为,观察是一种纯粹的感官反应活动,它不受任何理论因素的影响。洛克也把观察看成是消极的、被动的、纯感官的生理反应过程,认为观

---

①③ 王凯. 教师观察行为的专业主义视野 [J]. 教育研究与实验,2009 (2):30.
② 劳凯声. 教育学 [M]. 天津:南开大学出版社,2001:137.

察和感觉是等同的，观察过程就是人们对客体的感觉过程。

古典经验主义的"纯观察说"曾在科学界产生过极大的影响。如 19 世纪英国生物学家赫胥黎就曾告诫年轻的科学研究者："你们要像一个小学生那样坐在事实面前，准备放弃一切先入之见，恭恭敬敬地照着大自然指的路走，否则，就将一无所得。"① 赫胥黎的这一训诫反映了当时科学家对科学发现的一种基本观点，即认为由纯粹的观察可以导致理论的发现。但是，"纯观察说"实质上是把观察过程等同于纯粹的生理反应过程，即把观察看做类似于镜面对物体的物理成像，是一种"镜式"反应。它强调事实的客观性，却没有看到认识主体的"先见"对事实的建构作用。"'纯粹观察说'的出现是与近代自然科学早期的低级科学水平相适应的。"②

2. 逻辑经验主义的 "中性观察说"

20 世纪 30 年代，现代逻辑经验主义继承和发展了古典经验主义的理论，提出了"中性观察说"，代表人物是德国哲学家卡尔纳普（Rudolf Camap）。卡尔纳普所构造的关于科学知识结构的"两层语言模型"，集中体现了逻辑经验主义者对观察性质的理解。

这个模型将科学语言截然分为性质完全不同的两个层次。

第一层次是观察语言。它包括观察名词和观察陈述。观察名词是用来表示可直接观察或测量的对象或过程，以及这些对象的可观察的属性和关系，如"红的""木头""椭圆轨道"等。观察陈述是用观察名词作谓词的陈述，例如，"这朵花是红色的"。观察语言所反映的是个别对象的性质、状态，所表达的知识就是经验知识或经验事实，其客观性是自明的。

第二层次是理论语言。它由理论名词和理论陈述构成。理论名词是用来表示不可直接观察的对象、事件或事件之间不可观察的关系的名词，如电子、电磁场、基因，等等。理论陈述是由理论名词作谓词的陈述。理论语言的意义必须借助于一个解释的语义规则系统，从观察语言中获得经验内容，在未

---

① 贝弗里奇. 科学研究的艺术 [M]. 陈捷，译. 北京：科学出版社，1979：53.
② 刘大椿. 科学哲学通论 [M]. 北京：中国人民大学出版社，1998：68.

获得经验内容之前，它们是没有任何意义的，无所谓客观性和合理性。

逻辑经验主义者的观察理论虽然比古典经验主义者的观察理论严密得多，但二者的立场是一致的。逻辑经验主义者也认为，观察者的理论框架、既往经验、文化环境对观察过程不会产生影响，换言之，观察对不同的理论是保持中立的。

逻辑经验主义的"中性观察说"是不符合科学的实践活动。因为"把观察术语与理论术语严格区分存在着很大的困难。在观察某物之前，必须先明确究竟注意该物的哪些方面，而这取决于我的知识和我关心的是什么，观察和理论是互相渗透的"①。"所谓的'中性观察'是根本不存在的，一切观察不仅不自觉地渗透了理论，而且，科学的观察正是要求自觉地受到理论的指导"②，"任何完全独立于理论的'中立观察语言'是不存在的，任何观察陈述都不同程度地渗透着理论的因素。所以，观察陈述并非如逻辑经验主义者所设想的那样，通过观察陈述来给理论提供绝对可靠的基础"③。

3. 历史主义的"理论负荷论"

1958年，美国科学哲学家汉森（Hanson）在《发现的模式》一书中提出"理论负荷论"，也称为"观察渗透着理论"。他认为观察并非只是观察者对"刺激"的消极的机械反应，观察要受到观察者拥有的理论的支配和影响，持不同理论观点的人对同一观察对象可能会形成不同的观察结果，根本就不存在什么"纯粹的中性观察"。

我们经常见到的人像酒杯双关图形（图1-1），有人说是两个对视的侧面人像，有人则认为是一只高脚酒杯。前者是由于将图中的白色部分作为背景，因而从图中看到了两张彼此对视的面孔，而后者则将图中的黑色部分作为背景，因而从图中看到的是一只高脚酒杯。事实上，图形是不变的，变化的是人对视觉材料的组织方式以及人的"先见"知识。"一旦观察者的理论

---

① 林超然. 现代科学哲学教程［M］. 杭州：浙江大学出版社，1988：59.
② 赵妙法. 西方科学哲学中观察与理论关系评析［J］. 安徽大学学报，1998（4）：44.
③ 殷正坤，邱任宗. 科学哲学引论［M］. 武昌：华中理工大学出版社，1996：86.

观点发生了变化,这种变化就会向观察过程渗透,使观察者的视野发生相应的变化,看到以前所看不到的东西。"① 可见,观察不是纯粹的客观过程,尽管面对同一客观对象,但是,由于观察者的背景知识不同,其观察陈述也会有所差异。

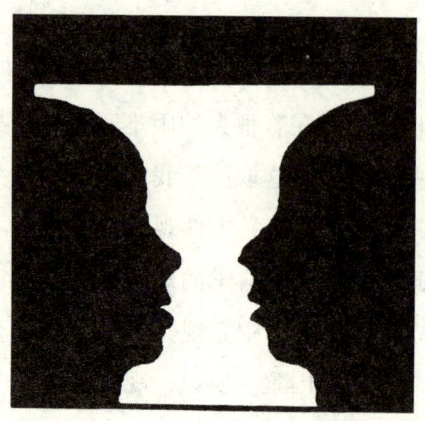

图 1-1　酒杯还是人像②

"理论负荷论"在一定程度上阐明了观察是主体对客体的作用,阐明了观察中主观能动性的重要作用,否定了由客体到主体的单线式的不可逆过程。但也应该看到这种观点的片面性,即观察中主体与客体是存在着相互关系的,而不仅仅是观察主体对客体的影响作用,夸大这种影响作用,也会走向谬误。

4. 新历史主义的 "观察与理论双向渗透说"

美国著名哲学家、西方新历史主义学派的主要代表人物达德利·夏佩尔(Dudley Shapere),关于观察的理论可以称为"观察与理论双向渗透说"。

夏佩尔认为观察对理论具有依赖性,没有理论就不能形成观察。他以太阳中微子实验为例来说明这一观点。在观察中微子的活动中,是自然科学的知识规定了什么是"适当的接受者"、什么是"信息"以及各类信息的传播和接收方式等。科学知识的这种规定作用表现在有关太阳核释放信息的理论、

---

① 黄顺基,刘大椿. 科学的哲学反思 [M]. 北京:中国人民大学出版社,1987:64.
② 叶奕乾,祝蓓里. 心理学 [M]. 上海:华东师范大学出版社,2006:81.

信息传播理论和信息的接收理论等方面。没有这些理论知识，通过探测中微子来观察太阳中心是不可能的。

夏佩尔同时认为科学中的任何理论最终要由观察来检验。观察对理论检验的作用不仅是可行的，而且是必然的。在他看来，正是通过观察这一环节，我们可以将过去的理论作为基础来建构新理论，从而推动科学向前发展。

夏佩尔的观察与理论双向渗透观点，既克服了逻辑经验主义企图把理论还原为观察陈述的片面性，也纠正了历史主义者把观察陈述视为完全依赖于理论、完全由理论派生出来的缺陷，因而，夏佩尔的观点具有一定的合理性，"但他对观察的客观性缺乏详细而令人信服的论证"①。

综上，任何观察都是观察主体在一定的理论指导下的行为。同理，作为一名教师，如果没有一定的教育教学知识与经验，或不具备正确的教育理论，他只能看到学生一系列的动作和表情，却不一定能读懂其动作与表情的意义，更谈不上正确理解学生了。另有研究表明，教师观看自己的教学录像时，如果缺乏一定的教学理论的指导，就会使观察流于表浅，很难科学地诊断并有效地调整自己的教学行为。② 正确的理论渗透得越广泛、越深刻，观察就越客观。而以错误的、不符合实际的理论指导观察，就会带来观察的主观性和易谬性。

因此，教师观察要以科学的教育理论为指导，摆脱狭隘经验论和形而上学思维方式的束缚，从而来保证观察的客观性。

（二）目的性

目的性是教师观察区别于一般感知活动的根本标志。一般的感知活动往往是无刻意目的的随意行为，抑或是事物或情境的特异新奇而引起的应激行为，或者是单纯兴趣驱动的行为。观察者的收获常常是事物变化与发展的笼统表象和一般性理解，或者是只鳞片爪的认识碎片，并容易受到不相关事物的干扰。科学的、有效的教师观察绝不是盲目的，它具有较强的目的性。

---

① 张谨．观察与理论关系的历史考察及其哲学思考［J］．科技进步与对策，2001（4）：114．
② 古德，布罗菲．透视课堂［M］．陶志琼，译．北京：中国轻工业出版社，2002：50．

教师观察的目的性主要表现在以下几个方面。

（1）以教育目的为导向，根据教育所需对观察对象作出选择的活动。学生日常行为的表现复杂多样，教师观察学生时不能"眉毛胡子一把抓"，而必须根据观察目的选择那些有观察价值的行为进行仔细观察。例如，发展学生的道德行为能力是教师设定的某一阶段的教育目标之一，学生在行为中表现出来的尊重信任行为、诚实守信行为、团队精神等，便成为教师观察过程中予以关注的有价值行为；至于学生的专注听讲、敢于质疑以及一题多解等行为，在这一特定阶段，则不能成为教师道德观察的有价值行为。

（2）具有较强预期的活动。它是为了实现预定的目的而孜孜以求地搜集信息的过程。教师不仅在与学生的交往中通过言语行为、眼神与面部表情、肢体语言等直接观察学生的行为表现，而且还可以借助于学生的作业、同伴的评价等间接观察手段，尽可能地多方面观察学生，以全面了解和把握学生的道德行为发展状况。

（3）具备科学的观察结构。一般的日常观察往往是结构松散，而不是系统有序的行为。有效的教师观察是为了实现预期的目标而进行的科学观察，科学的观察结构是保证观察结果的有效性的前提。因此，教师应该在具备科学的观察结构的基础上，在一定的观察目标引导下，进行系统的观察与思考，以解决自己在教育教学中的问题。当今课堂教学观察研究的新发展，就是开发出系统性观察工具以超越提倡观察可能带来的偏见，以此规范教师的观察行为，保证观察行为的有效性与结果的科学性。

因而，教师在从事教育教学观察活动时应该具有目标意识，能依据观察目标导向，对观察的整个过程作出系统的规划，在纷繁复杂的教育教学现象中，遴选与梳理观察对象，使观察有目的、有计划、有系统地进行。

（三）职业的敏感性

敏感性，原是生物学领域中指称生物体或其某一部分对某些因素易于感受的性能。一般情况下，动物所具有的敏感性是在长期生活的特定环境中而形成的一种对周围生活环境的本能反应，从动物心理发展的角度来看，这些反应多是"学习"的结果,是一种对环境的习惯化的反应。

同样,人的敏感性,尤其是对一种职业所形成的敏感性也是日积月累学习的结果,是从事职业行为的主体,基于自身的知识与经验并结合主客观环境,对现实存在的现象作出的具有专业执行能力的主观判断。它是在长期职业实践中形成的一种习惯和迅捷反应能力。医学科学发展史上,弗莱明发现"青霉素"就是其职业敏感反应的典型事例。1928年,英国科学家弗莱明在研究葡萄球菌的变异问题的观察过程中,意外地发现了一个非常奇怪的现象:从空气中飞来的一种绿色真菌落到了培养器皿中繁殖开来,并把周围的葡萄球菌全部杀死了。弗莱明敏锐地察觉到这一变化,果断地由原来的观察目标转向这一新的观察对象,并进行了深入的研究,结果发现了抗菌药物"青霉素",揭开了世界医药史上崭新的一页。同样,教育实践中要取得良好的教育教学效果,也离不开教师的职业敏感性。其具有以下几个方面的特点。

(1)教师的职业敏感性是指教师对教育现象、教育问题、教育事件等蕴涵的教育意义所具有的敏锐的感知和辨别的能力。一名优秀教师能在纷纭繁杂的教育现象中,敏锐分辨、及时发现有价值的教育问题,凭借的就是自身所具有的职业敏感性。

(2)教师的职业敏感性属于一种直觉猜测、判断的能力,它是以其发现问题的及时性和准确性在教育活动中发挥着极为重要的作用,是教师高度的责任感、丰富的教育经验和敏锐的教育观察能力等因素的综合体现,是一种超时空智慧的体现。

(3)教师的职业敏感性是教师在长期的教育教学实践中所积累并自觉地反思而形成的一种较为稳定的职业倾向性。这种敏感性往往在不经意间,在微不足道的现象上或一次平常的谈话和聊天中体现出来。实际上这是教师长期有意识地关注学生、积累经验、不断反思、刻意观察而孕养出的职业品质,因而,教师职业敏感性是一种素养、一种习惯,直接影响教师观察的有效性。

综上所述,正因为教师观察具有理论性、目的性与职业敏感性特点,从而使其观察行为不仅成为教师专业研究活动的行为方式,影响学生的健康成长与发展,而且成为教师谋求自身专业发展的行为方式,并积极有效地促进其专业发展。

二、教师观察对学生道德行为的影响

(一) 教师观察有助于找到师生沟通的契合点，实现有效沟通

叶澜、白益民等人在《教师角色与教师发展新探》一书中指出："学校教育系统是一个人—人为主的工作系统。尽管随着教育技术手段现代化的加速，教师的部分工作将被计算机或其他技术手段代替，但是，学校教育作为人—人系统的本质不会改变，越是具有人性化的丰富性的工作，机器越不能代替。技术手段的现代化恰恰是更强化了教师作为人的作用，其中最根本的是精神的沟通、情感的交流和个体人格的影响力。正是从这个意义上，我们强调教师理解他人和与他人交往的能力。这里的他人，首先是指学生。教师要实现有效的教育，要使学生积极主动地投入教育活动中去，都离不开与学生对话和沟通，建立起你—我关系。"[①]

但在教育实践中，教师与学生缺乏沟通造成师生矛盾与冲突的现象大量存在。我们常常看到这样的情境：教师情绪高昂地向学生传递有关的知识、技能以及价值观，而学生却表现出注意力不集中、漠然、反感甚至厌学情绪。相当一部分师生因为双方沟通的不畅，长时间地处于互相埋怨与不信任以及对对方的不满意之中，继而对自己也产生了失败感，甚至对教育失去了信心。

教育是师生之间的交往活动，教师的教与学生的学是在师生之间的沟通中进行的。沟通是教师达成教育目标，实现教育理想的重要手段。师生之间如何沟通，用什么样的品质沟通，决定了教育具有多大程度的有效性。要实现有效的师生沟通，教师就必须观察学生，了解与研究学生的性格特征、思想状况以及行为特点，找到师生沟通的契合点，从而有效地教育与引导学生。

---

① 叶澜，白益民，等. 教师角色与教师发展新探 [M]. 北京：教育科学出版社，2001：25.

（二）教师观察有助于及时了解学生的道德行为发展状况，提高教育的有效性

教师了解学生，不能事事依靠他人的介绍，或单纯通过学生本人的回答或解释。教师不仅要"听其言"，而且还要"观其行"。由于青少年学生正处于身心发展的重要时期，他们的思想、情感、态度、智力以及身体状况随时在变化发展，又由于他们受到学校、家庭、社会多方面因素的影响，学生的思想教育的结果、学习成绩的优劣都会出现曲折起伏，甚至多次反复。教师只有加强观察，及时察觉学生的情绪波动苗头，掌握学生的思想脉搏的变化，发现那些隐蔽行为的外表线索，才能对学生的内部心理活动作出科学判断，进而采取相应的教育策略，引导与帮助学生健康地成长与发展。

杭州市朝晖教育集团沈洁老师在自己任教的班里，观察到一个叫小张的男生，小张在福建老家上的小学，初一开始随父亲到杭州读书。在他的小学教师的描述中，沈老师感到他是一个热心、守纪、成绩优秀且又多才多艺的学生，他的绘画和声乐都曾在省、市获过奖，获奖证书有厚厚一叠。但开学仅仅一个月，沈老师就发现他常常故意犯错，甚至成了全班著名的"老赖"，所有的作业几乎都不交。沈老师惊诧于他的变化，通过多方面的观察与了解，发现致使其变化的主要原因是小张到杭州读书后，由于父亲工作繁忙，出差频繁，而母亲还在深圳工作。因而，他常常独自一人在家，感到十分的孤单、害怕。同时，随着初中学习难度的加大，他的数学学习有一定的困难，于是，他失去了小学阶段优秀生的优越感，进而自暴自弃。针对小张的情况，沈老师一方面积极鼓励他发挥自己的特长，树立自信，另一方面请数学老师加强对他的个别指导。同时，与家长联系，共同商讨家庭教育的策略与方法。一晃两年过去了，虽然他的父亲还是经常出差，学习压力也不断加大，但小张已经学会了面对，积极进取，热心班级工作，学习成绩也在班级里名列前茅。

（三）教师观察有助于把握教育契机，获得教育上的成功

众所周知，教育情境和教育事件纷繁复杂，教育契机稍纵即逝，只有具备一定的专业素养、具有高度的教育责任感以及丰富的教育知识和经验的教师，才能对教育领域体察得比较深刻，使教育直觉处于一种显意识状态，当与之相关的新事物、新现象、新问题刚一出现时，就能迅速地激活直觉，触发教育灵感。因而，具有敏锐观察力的教师，往往能从学生的"奇谈怪论"或"戏言"中，捕捉到学生思想感情的变化，进而能够明察秋毫，或因势利导，或防微杜渐，以促进学生的健康成长与发展。

例如，有一个班的学生习惯乱丢纸屑，屡次教育都无效。有一次，班主任老师走进教室，见地上有几团纸屑。当时还有三个学生未进教室，老师突然想到这是进行教育的好时机，于是，指着地上的纸屑对大家说："这儿有几团纸屑，进来的同学都没有捡起来，现在，还有三位同学未进来，我们要看看他们会不会发现。"经老师一说，全班学生都瞪大眼睛等着瞧。第一个学生看也不看就冲进了教室；第二个看了一下地面却无动于衷，上座位去了；第三个学生，一看地上有纸屑，就弯腰捡了起来。全班同学报以一阵热烈的掌声。于是班主任老师郑重宣布班会开始了。第一个受到表扬的是这个捡纸屑的学生，从此，教室地上再也看不到纸屑了。[①] 从这个事例中，可以看到教师之所以能因势利导地引导和激发学生认识并改正乱丢纸屑的坏习惯，不仅取决于教师的高度的责任感与对学生的热爱和尊重，而且取决于教师的观察与发现。教育经验丰富、职业敏感性强的教师，善于在微不足道的细节之处，发掘潜在的教育资源。善于在瞬间捕捉到学生的情绪变化和临场表现的积极因素，通过有效引导，激发出蕴藏在学生内心的积极因素，使学生朝着健康成长的方向发展。

教育中微不足道的细节之处，往往反映着教师的教育水平，折射着教师的教育思想，表现着教师的教育风格。教育无小事，事事是教育，因此教育

---

① 王道俊. 教育学 [M]. 北京：人民教育出版社，1989：402-404.

中要关注细节，注重细节，通过不断的观察，发现教育的切入点，把握教育契机，发掘教育智慧，使教育真正促进学生的健康成长与发展。

三、教师观察对自身专业发展的意义

（一）教师专业发展的动力来自反思，教师观察是反思的基础

教师成长和发展的每一步，都离不开教师自身的反思。教师的反思不是一般意义上的"回顾"，它是以自己的教育教学行为为思考对象，对自己在教育教学中的行为以及由此所产生的结果进行审视和分析的过程。在反思过程中，教师把自己当成一个理性的有思想、有见解、有独立判断和决策能力的人，对自己的教育教学行为以及教育教学过程中施之于学生的影响进行评述与分析，对发生在自己周围看似平常的教育现象进行思考与探究，对自己所从事的教育实践进行判断与反省。这种反思是以新的教育理念为指导，以学生发展需要为内在的根本依据，以教师自身在教育教学实践中的成败为直接事实依据，对教育教学活动进行观察并反省、思考、探索和解决教育教学过程中存在的问题。因而，反思是教师专业发展和自我成长的核心因素，是教师专业发展的重要方式。而教师观察为反思提供了保证。

教师对教育教学活动的反思是多角度的，例如，反思新理念在教育上的落实是否肤浅或是偏颇；反思教育教学情景的创设是否因把握不当导致教育教学质量的降低；反思教育教学方法的运用是否合理有效；反思教育教学评价是否关注学生的个性差异，促进学生的发展。但无论何种形式的反思，其展开和深入都必须依赖于观察，因为观察是反思之源，没有认真细致的观察，就不可能有深层次的反思。比如，当今课堂教学反思中常见的话语片段：本节课教学思路清晰，结构严谨；教学理念新颖，教学方法灵活多样；注重学生的主体地位，同时发挥了教师的主导作用；充分体现了新课程"三维目标"的理念。这种反思只是冠之以一些新课程理念的名词，完全脱离了课堂

教学的实际，缺乏课堂教学最核心的要素——情境性，是课堂观察缺失的典型反映，这种反思空洞无物，缺乏针对性。

观察能够使教师真正地了解学生，认识课堂生活，增进教师对自己行为的认识，增强对自己行为的责任心，促使教师系统地、批判性地反思自己的教育和教学行为，提高专业判断力，从而有效地改进教育教学工作，提高教育教学质量，在使学生得到健康成长发展的同时，逐渐提高了教师自身的素质，促进了教师自身的专业成长与发展。

（二）教师观察是教师实践性知识生成的基础

教师实践性知识是在教育教学实践活动中形成的，并实际产生影响的对教育教学的认识，它包括那些非正式的、难以表达的教学技能、技巧与经验，还包括个人的直觉、灵感、洞察力、价值观和心智模式等，大多表现为高度个人化的隐性知识。教师实践性知识深藏于教师个人的教学行为、价值观念与认知模式之中，直接影响教师日常的教育教学行为方式。

早在20世纪60年代初，英国思想家波兰尼（Michael Polanyi）对隐性知识作了系统的论述，他指出："人类有两种知识。通常所说的知识是用书面文字或地图、数学公式来表述的，这只是知识的一种形式。还有一种知识是不能系统表述的，例如我们有关自己行为的某种知识。如果我们将前一种知识称为显性知识的话，那么我们就可以将后一种知识称为缄默知识。"[①] 他认为隐性知识（缄默知识也被称为隐性知识），来源于个体对外部世界的判断和感知，是"深深地植根于那些不能充分表达的经验之中"[②]。人类知识的绝大多数属于这种隐性知识，而表现为文本、报告等外显形式的显性知识，只是知识宝藏的冰山一角。"我们认识的多于我们所能告诉的"[③]，教师工作也是这样一个存储着大量隐性知识的专业。教育活动中由于学科内容的特殊性、

---

① 石中英．知识转型与教育改革［M］．北京：教育科学出版社，2001：223．
② 同①：229．
③ 同①：224．

课堂语境的多变性、学生认知与学习方式的差异性以及教师特性的不同,教师的教与学生的学呈现多样化、个性化和动态化的特点。教学过程不是现成的教学原理与技术的合理引用和验证,而是教师在复杂的语境中展开的实践性问题的解决过程,固然,有许多已揭示的教育教学规律与原则可以遵循,有具体多样的教学方法可供选择,但也存在着行之有效的教学方法在变化了的教学情境中难以运用,或不同问题有多种解决方法,所谓"教无定法"隐含着教师的专业知识与能力远不只已经被格式化、编码为各分支的教育科学知识,更丰富的知识和才能还积聚在教师的教育教学经验之中。

教师实践性知识是教师专业知识结构的重要组成部分,具有强大的价值导向和行为规范功能,不仅对教师接受外界信息和理论性知识进行筛选,并在教师解释与运用知识时起重要的引导作用,它是真正指导与监控教师专业思考及行为的行动准则。教师拥有实践性知识,不仅是知识量的增加,更是质的变化,意味着在网络层次上的知识增值,具有创新知识的能力。因此要改善教师的专业实践品质,提升教与学的效果,必须重视教师实践性知识,形成以广泛理论为基础的"实践性话语"体系。

但教师的许多实践性知识是一种结构较为松散的知识形式,概念之间缺乏严密的逻辑关系,是教师面对教学情境瞬间作出的直觉反应,是教师的即席创作,具有浓厚的个人色彩,与教师的个性、经验和情境交织在一起,以至于难以分清是具有一定普遍性的知识与能力,还是与个人魅力连在一起的独特才能。许多教师自身也难以说清这种知识与才能是如何获得或生成的,更难说出用何种方法将它们传授给其他教师。要理解教师实践性知识的意涵,常常需要置于原有的教学情境之中,需要学习者亲身的观察与体验。例如,优秀教师在教育实践中表现出来的职业敏感性,准确判断生成和变化过程中出现的新问题的能力,把握教育时机、转化教育矛盾与冲突的机智,根据对象实际和面临的情境及时作出决策和选择、调节教育行为的能力,使学生积极投入学习、追求创新、愿意与他人进行心灵对话的能力等,只有靠教师长期的课堂观察,在真实的课堂情境中体验,及时地运用于自己的教育教学实践中,对应用的效果进行直接的课堂印证,并在自己日常教育教学实践中不断反思、探索和创造,只有这样,才能促进自身教育教学智慧的发展,提升自身的实践性知识。

（三）教师观察是教师进行教育科研的基本方法

苏联教育家苏霍姆林斯基就曾这样说过："无论就其本身的逻辑来说，就其哲学基础来说，还是就其创造性来说，教师的劳动不可能不带有研究的因素。这是因为，我们所教育的作为每一个个体的人，他在一定程度上就是一个充满思想、情感和兴趣的很特殊的、独一无二的世界……凡是感到自己是一个研究者的教师，则最有可能变成教育的能手"[①]。真正意义上的教育能手，都能自觉地将教育科研融入到自己的教育教学实践中去，在工作中研究，在研究中工作，将研究与工作整合为一体，由此提高教师的职业专业化水平，因而，教育科研是促进教师专业成长的重要途径。

课堂是学校教育的基本单位，是学校教育过程真正开展的地方，是研究教与学最适当的场所，它蕴藏着丰富的、有价值的研究要素。英国学者斯滕豪斯认为："教育科学的理想是，每一个课堂都是实验室，每一名教师都是科学共同体的成员。"[②] 教师的主要活动场所就是教室，教室就是教师的天然实验室，学生就是他最好的实验合作者，而教师在学习中所接触到并认同的教育教学理论成为他实施改革的指导思想。教室中发生的一切教师可以有效地控制，教师可以自然地融入到教室环境中，在尽力保持教育教学活动的"原貌"下，进行自己的科研活动——教师观察。因而，观察是教师进行教育科研的最基本的也是最常用的方法之一。

第三节　教师人格魅力对学生道德行为的影响

学生道德行为的发展，既离不开教师的观察等有意识的教育与引导，也

[①] 苏霍姆林斯基. 给教师的建议 [M]. 杜殿坤, 译. 北京: 教育科学出版社, 1984: 472.
[②] 高慎英. 教师成为研究者"教师专业化"问题探讨 [J]. 教育理论与实践, 1998 (3): 31-32.

与教师无意识的因素如主体的人格魅力密切相关。"教师的人格是教育事业的一切,只有人格才能影响人格的发展和形成。"① 自古以来,无论从教育目标的达成及教师教育作用的发挥,还是从教师自身的发展和成长而言,教师人格都是教育理论与实践必须关注的重要问题。在当前教师专业化发展的进程中,教师具有时代特点的人格特征不仅有利于自身的专业发展,而且能更好地促进学生的健康成长与发展。

一、教师人格的基本意蕴

从字源上看,我国古代汉语中没有"人格"这个词,但是有"人性""人品""品格"等相关的词,汉语"人格"一词源自 personality 的意译。而英文中的 personality 一词源自拉丁文的 persona。最初指古希腊戏剧演员在舞台演出时所戴的面具,与我们京剧中的脸谱类似。现代心理学沿用 persona 的含义,转意为人格。其中包含两个意思:一是指一个人在人生舞台上所表现的种种言行,即人格所具有的"外壳",就像舞台上根据角色的要求而戴的面具,反映一个人的外在表现。二是指一个人由于某种原因不愿展现的人格成分,即面具后的真实自我,这是人格的内在特征。

人格在心理学中是一个很复杂且又十分重要的研究主题。不同的研究者对人格的理解不同,对人格所下的定义也很不相同。但基本可以理解为:人格(personality)是一个人的才智、情绪、愿望、价值观和习惯的行为方式的有机整合,它赋予个人适应环境的独特模式,这种知、情、意、行的复杂组织是遗传与环境的交互作用的结果,包含着一个受过去影响以及对现在和将来的建构。② 在心理学中,还经常运用"个性"一词表达人格的概念。我国的《中国大百科全书·心理学卷》中就有人格即个性的提法。

---

① 杰普利茨卡娃. 教育史讲义 [M]. 华东师范大学教育系教育史教研组翻译室,译. 上海:华东师范大学出版社,1958:375.
② 黄希庭. 心理学导论 [M]. 北京:人民教育出版社,2007:564.

伦理学意义上的人格，俗称为道德人格，主要是指人应该具有崇高的道德理想，善于道德实践，勇于承担对他人和社会的道德义务，正确处理个人与集体、个人与他人、个人与社会的关系，并能做到自尊、自爱、自强、自律。①

法学意义上的人格，是法律赋予自然人依法享有的权利或承担义务的资格。

我们认为教师这一崇高的职业，要求教师必须具有良好的人格特质和特有的行为规范。因此，教师人格要基于多学科的视野进行认识，"是教师为胜任其本职工作所必须具备的良好的性格特征、积极的心理倾向、创造性的认知方式、丰富的情感、坚强的意志、高尚的道德品质、规范的行为方式等特征的综合体"②。

近几年来，随着教师专业化理论与实践研究的推进，教师队伍的整体素质得到了不断的提升。但环视教师专业化的发展路径，可以清晰地看到：由于受功利主义价值取向的影响，无论是职前教师培养还是职后教师培训都侧重于教师专业知识与专业能力的培养，相对忽视对教师的人格、职业道德等专业伦理的引导。在为数不多的关于教师人格、教师职业道德的论述中，欠缺从专业化、从新的时代需求的角度来反思教师的人格要求。事实上，人格、知识、技能是一个不可分割的整体，专业素养是专业知识、专业能力、情感态度和价值观等多方面内容的整合。任何一种专业都有自己的伦理要求，教师作为一种特定的专业同样也不例外。而且与其他一些专业相比，教师的职业活动更凸显伦理意义，这是因为教师的专业活动首先意味着是对学生的人格产生影响，即"教学首先是一种道德和伦理的专业"③，教学作为人与人相互作用的活动，"不仅要遵循科学合理性标准，而且要符合伦理正当性标准"④，在此意义上而言，教师人格在教师专业发展、教师专业化中具有特殊的意义。今天的教师尽管被赋予了多种角色，如"组织者""指导者""咨询

---

① 李春秋. 教育伦理学概论［M］. 北京：北京师范大学出版社，2007：302.
② 刘恩允. 教师人格的内涵及其教育价值［J］. 教育探索，2002（4）：98.
③ 蔡亚平. 教师教学行为中的伦理缺失现象分析［J］. 教育发展研究，2010（12）：77.
④ 周建平. 教学伦理研究：一个值得关注的课题［J］. 教育评论，2001（3）：18.

者""合作者"等,但任何一种角色的教师都应该同时具备一定的价值观和人格要求,具备时代发展所需要的职业观念。所以,教师专业发展不能仅仅追求教师专业知识技能的提升、教师专业地位的改善,特定的人格追求也是教师专业化走向完善和成熟的重要标志,没有人格的现代化、专业化,教师专业化是不完整的。

在大力倡导教师专业化的时代,教师人格应该包括以下几方面的内容。

1. 高度的责任感

高度的责任感几乎是古今中外教师人格要求的共同特征。在专业化背景下,教师在享有一定的专业权利和专业自主性的同时,也必须尽到一定的责任,并且这种责任应当是更加明确的、具体的,应当是多个维度和多种层次的,应当是与教师的权利具有内在的一致性和相关性的。具体而言,教师这个专业所特有的责任是指教师应为学生的发展负责,这隐含着教师应该把学生的发展看做学生生命的发展过程,而人的生命只有一次,而且人的生命经验和生命历程不可重复,其价值无法衡量。俗话说,一个学生的失败,对一个教师来说,只是几十分之一的失败,但对学生个体及其家庭来说,就是百分之百的失败。因而,教师对学生生命成长的承诺和责任也就具有了其他责任所不具有的神圣性和沉重感,具有一定意义上的特殊性。正因为如此,人们都对教师寄予了厚望,希望教师能够切实承担起自己的责任,有的甚至把教师的责任提高到了事关教育成败的高度来看待。美国加利福尼亚州在制定教师专业标准时就明确指出:"重视专业责任并保持对教学的热情。"[1] 克莱特基础教育工作组在2003年的报告《我们的学校与我们的未来:我们仍然处在危险之中吗?》中,把责任作为重建美国基础教育的基本原则,指出:"责任制、选择机制和透明化是重建美国基础教育的三大基本原则,三者缺一不可。三者形成合力,将改造美国教育体制的重心、权力关系和激励机

---

[1] 加利福尼亚州教育部. 教师专业标准(1997)[G]//李方,钟祖荣. 教师专业标准与发展机制——教师专业化国际研究译文集. 北京:北京出版社,2004:38.

制。"① 因而，教师的责任应该成为教师专业标准中不可或缺的因素，教师的爱心、责任意识、奉献意识以及严格的管理等因素一起共同构成引导和规约教师行为的力量，使教师能够真正尽职尽责，从事专业化的教育实践，从而能更好地促进学生健康地成长与发展。

2. 关爱学生

关爱，源于关心，即英文所表示的"caring"。简·沃尔森（Jean Watson）认为"caring"传达的是一种将爱和关心结合而形成的一种深度的人际关系，是介于爱和关心之间，这就使关爱在伦理和心理上的意义明显高于认知层次上的意义②，这启示我们对关爱学生的认识也不应该仅仅停留在认知层面上，那么，如何正确理解关爱学生呢？

首先，关爱学生是教师的一种最宝贵的专业情感。关爱学生作为人类复杂情感中最高尚情感的结晶，它不是一种直觉的情绪反应，也不是一种个人的狭隘感情，它是一种超越血缘、超越私利而源于人类教育本性的崇高而永恒的教育情感。只有当教师真正把关爱学生当成自己全部教育教学实践活动的基本出发点的时候，教师的人格魅力、学识魅力才会潜移默化地影响学生、感染学生，从而生成有效的教学。没有爱的教育，是干枯的教育、苦涩的教育、专横的教育，这样的教育是违背人性的，是必定要失败的。

其次，关爱学生是一种现代教育理念。教育理念是教育行为的内隐形式，教育行为是教育理念的外在表征。只有在正确的教育理念指导下，才会产生正确的教育行为。教学实践中教师关爱学生的行为源于关爱学生的理念。

很多时候，我们常听到教师的抱怨："我这可都是为学生好啊，都是为他们的将来着想啊，学生怎么就不理解呢？"思忖起来，其实，我们对学生进行的是自以为是"善"的教学，是围绕"应试"来构建的。在"应试"的教育理念下，一个个活生生的学生便都变成了一部部应试的机器，教师采

---

① 克莱特基础教育工作组. 我们的学校与我们的未来：我们仍然处在危险之中吗？[G]//国家教育发展研究中心. 发达国家教育改革的动向和趋势：第七集. 北京：人民教育出版社，2004：167.
② 蔡亚平. 中小学教学伦理困境探究[M]. 北京：中国言实出版社，2009：119.

用"题海战术""考试分数公开排名公布""双休日补课"等无视学生身心健康发展的做法，片面追求升学率，但学生对教师的良苦用心往往并不领情。这其中的奥秘就在于人才观的异变导致了对关爱学生的理解上的偏差。因此，教师在教学实践中要树立"育人为本"的教育观、"人才多样"的人才观、"学生为主体"的学生观，用关爱学生的理念指导自己的行为，真正为了学生的发展服务。

另外，关爱学生是一种教育实践能力。教师关爱学生，其教育教学活动就充满了人性的光辉，就富有生命的活力；教师关爱学生，其具体的教育教学行为就充满了艺术性和创造性，教师在活动中就有了不竭的创造冲动和丰富的创造灵感，使整个教育行为体现为真、善、美的和谐统一；教师关爱学生，就会视教育如生命，不断学习，不断创新，真正从自己的教育教学活动中体验到人生的最高价值和极大的人生乐趣。

教师关爱学生就是应该平等对待每一个学生，赏识学生，激发学生的主体意识，培养学生的自主能力，更好地促进学生的健康成长与发展。

3. 批判与创新精神

就教师自身的专业发展而言，"教师应该批判性地分析教育实践过程中一切行为的合理性"[①]，从伦理、效率、法律等视角来反思和批判自己的教育观念与教育行为，从而不断提高自身的专业素质与人格境界。就教学效果而言，教师是教育教学的直接参与者、创造者，也是改革教育教学的主导性力量，只有教师批判性地审视教育教学的目标、内容、方法以及教育教学的全过程，不断地改进和创新教育教学的过程与方法，才能使教育教学逐渐趋于理想的境地。就学生的批判精神和创新意识的培养而言，学生批判性的态度和思维方式不是与生俱有的，而需要一定的环境和教师的引导、示范，所以，教师自身就应该模范地进行批判性思维以及创新活动，并努力引导学生具有批判意识与创新能力。因而，批判与创新精神就应该成为教师专业化时代教师人格的重要标志，这也是衡量教师专业自主发展水平、衡量教师专业化成

---

① 麦金太尔，奥黑尔. 教师角色［M］. 丁怡，马玲，译. 北京：中国轻工业出版社，2002：2.

熟度的重要尺度。

4. 对话与合作观念

对话与合作蕴涵了时代所需要的平等、理解、尊重、信任、互相支持和共同负责等价值观念，教师应该把这些价值观念内化为人格的组成部分，成为自身教育实践的行为准则与规范。一方面，现代心理学、教育学等研究表明，学生的学习是在与周围环境相互作用的过程中积极主动的建构过程，学生是在与教师的相互交流、相互激发和促进的过程中成长的；另一方面，学生的发展是全方位的，任何一个教师、学校或家长都只是影响学生发展的一个因素，只有各种教育影响之间相互协商、沟通、合作，形成合力，减少彼此的冲突和摩擦，才能更好地、最大限度地促进学生的发展。所以，现代教育倡导教师应该积极主动地从孤立的、疏离的、专断的甚至是冲突的人际关系中摆脱出来，树立平等的、协商的、互相帮扶以及共同解决问题的姿态，来处理教师与学生、教师之间、教师与家长、教师与领导等各方面的关系，建构合作与对话、共享与创新的教师文化。

对话与合作，不仅是一种教学理念，还是一种思维方式，更是一种人生态度。从教育本有的价值追求这个角度来看，对教师而言，对话与合作本身就是一种道德的实践，是教育在当今这个时代应有的价值追求。正因为如此，一些国家和地区在制定教师专业标准时，也明确把对话与合作作为教师人格、教师专业标准的重要内容。美国威斯康星州曾把教师的合作意识和合作能力作为一条重要的教师资格专业标准，提出"教师应具备与其他教师、与社会密切联系通力合作的能力，应具备建立与学校同事、家长、社区的各方人士良好关系的能力，以寻求支持为学生创建良好的学习和生活环境"①。卡耐基基金会的改革委员会在《教师专业标准大纲》中也指出，教师是学习共同体的成员，应该同专家合作、同家长合作，会运用社区的资源和人才。在新课程改革和素质教育的实施过程中，我国也越来越重视对教师的对话与合作能力的培养，要求教师以清醒冷静的头脑、健康开放的心态、宽容协作的精神

---

① 教育部师范教育司. 教师专业化的理论与实践［M］. 北京：人民教育出版社，2001：240.

与学生、家长以及社会各界积极沟通，在促进学生发展的同时也提升自己的专业水平。

二、教师人格魅力的教育价值

所谓"魅力"，是自身非权力的一种影响力，《现代汉语词典》对"魅力"的释义为，"很能吸引人的力量"，是一个人的人格、人品、学识、兴趣、才能、情感、意志、体力等素养的综合。教师的人格魅力，是教师凭借自己的真才实学、真情实感和真知灼见所酿成的人格吸引力，它是教师具有的高度的责任感、批判与创新精神、对话与合作观念以及关爱学生的人格特征所表现出来的才、情、智、气质、能力、品质、语言等方面的感染力的综合，对学生具有强烈的感召力、感染力、说服力和示范性，是教师内在多种素质和外在形象的有机统一。

（一）教师人格魅力对学生学习效果产生重要的影响

许多研究材料表明，教师的人格特征直接影响着学生的学习效果。著名心理学家瑞安斯（Ryans）曾就教师的个性特征对学生的影响作了详尽的研究，其研究表明[1]：不同行为模式的教师对学生的学业成绩及个性产生不同的影响。教师的热情对学生的成绩、学习兴趣及其行为的丰富性、创造性等有显著的影响；教师的条理性、系统性、责任心和务实性等行为特征与学生的学习成绩之间呈正相关；富有想象力和激情的教师会刺激学生的学习行为、激发其认知动机，并使其达到更深的理解力。西尔斯（Sears）的研究表明：当教师热情鼓励的时候，学生更富有创造性。[2] 罗森幸（Rosenshine）的研究也指

---

[1] 瞿葆奎. 教育学文集·教师 [M]. 北京：人民教育出版社, 1991: 10.
[2] 皮连生. 学与教的心理学 [M]. 上海：华东师范大学出版社, 1997: 10.

出，教师对学生思想的认可与课堂成绩有正相关的趋势。[1]

关于教师期望研究最著名的著作当属罗森塔尔和雅各布逊的《课堂中的皮格马利翁效应：教师期望与学生智力发展》，我们从罗森塔尔的实验中分析教师积极期望的功能以及传递机制，从而了解教师期望是如何对学生的学习效果产生影响的。

[案例] 罗森塔尔的"教室里的期望效应"实验研究[2]

*实验假设

在希腊神话中，雕塑家皮格马利翁爱上了他创作的女雕像。当期望效应出现在实验室之外的人与人之间的自然交往中时，罗森塔尔称其为"皮格马利翁效应"。罗森塔尔怀疑，在小学教师得到学生的某些信息（如IQ分数）时，他们或多或少地会对学生的潜能产生某种期望，这种期望会使他们无意识地对那些可能会成功的学生的行为表现给予一些鼓励和鞭策，使这些学生产生自我实现的预期，变得更加出色。当然，这似乎是以牺牲那些教师对其期望不高的学生为代价的。为了检验这些假设，罗森塔尔和他的助手雅各布逊在一所小学进行了研究（这个小学位于某个大城镇的中低阶层生活区）。

*实验过程

1968年开学初，在学校有关人员配合下，研究者对1—6年级的所有学生进行了IQ测验，同时还进一步对教师解释，该实验的成绩可以对学生未来在学术上是否会有成就作出预测。但实际上，这个测验并不具备这种预测能力。

在学校的6个年级中，每个年级有3个班，每个班有1位班主任和18个学生。每位班主任都得到一份名单，上面有测验成绩得分最高的前20%的学生，以便教师们了解本学年有哪些学生有发展潜力。但是，下面才是本研究的关键：即教师所得名单中前20%的学生是被完全随机分配到这种实验条件下的。这些学生和其他学生（控制组）的唯一区别就是，教师以为他们（实

---

[1] 皮连生. 学与教的心理学 [M]. 上海：华东师范大学出版社，1997：10.
[2] 哈克. 改变心理学的40项研究 [M]. 白学军，等，译. 北京：中国轻工业出版社，2004：123-133.

验组）会有不同寻常的智力发展表现。

接近学期结束时，研究者对所有学生进行相同的 IQ 测验，并计算出每个学生 IQ 的变化程度。通过实验组和控制组的 IQ 变化差异的检验来看，在现实情境中是否也存在期望效应。

实验结果显示：那些被教师认为智力发展会有显著进步的学生，其 IQ 平均提高幅度显著高于控制组的学生。

正如罗森塔尔所预测的，教师对学生行为的期望转化成了学生的自我实现预言。此外，对高年级学生而言，自我实现预言的作用似乎并不明显，对这一现象的解释很重要。在本文和后继研究中，罗森塔尔提出了下面的几种可能的解释：

第一，低年级儿童的可塑性一般较高年级儿童更强。

第二，小学低年级学生还未在教师心中形成牢固的印象。也就是说，如果教师没有对学生的能力形成某种认识，那么研究者所说的期望就会产生更重要的影响。

第三，在教师把对学生表现的期望传递给学生时，他们在不经意间使用的微妙方式更容易影响和带动低年级的学生。

第四，低年级教师向学生传递期望的方式与高年级教师不同。

罗森塔尔等人研究的意义在于，它表明教师的期望效应对学生在校表现会产生长期的潜在影响。后来出现了几项有趣的后续研究，这些研究考察了教师是如何在不经意间向他们认为有较大潜能的学生传递他们的期望的。

在查肯、西格尔和德莱岗（Chaiken, Sigler, Derlega, 1974）的研究中，研究者对课堂教学情境中的师生互动情况进行了录像，研究者告诉教师其班里的某些学生极为聪明（这些所谓的"聪明"学生其实是从全体学生中随机抽取的）。仔细观看录像我们就会发现，在很多细微之处，教师都表现出对"聪明"学生的偏爱：他们给予这些学生更多的微笑，更多的眼神交流，对这些学生的课堂回答表示更多的赞同。研究者还指出，这些在教师心目中存在较高期望值的学生更喜欢学校生活，更乐意接受教师对其错误的建设性批评，并更努力地进行改进和提高。该项研究及其他一些研究的结果表明，虽然教师对学生的期望不是学生在校表现的唯一决定因素，但它的影响绝不仅限于 IQ 成绩。

从罗森塔尔的实验中,我们可以概括出教师的积极期望具有以下几方面的功能。

(1) 暗示功能

教师把从各方面得到的学生信息经过自身的认知加工后形成了对学生的基本看法和期望,并通过教师自身的态度、表情和行为方式表现出来。罗森塔尔认为,教师往往鼓励他们寄予更大期望的学生更积极地回答问题。他们对这些学生提问的次数多,向他们提出的问题难度较大,给他们的回答时间也较久,并且能更耐心地引导他们作出正确的回答。而对低期望的学生,教师更容易打断这类学生的回答,而且往往把他们的注意力引向对学习内容的表面特征的理解上,而不是像对高期望的学生那样把注意力引向学习内容的深度把握以及思维的发展上。可见,教师的态度、表情和行为方式等都往往暗含着期望,并且在潜移默化地影响着学生,使学生的积极性得到鼓励或是受到挫伤。

(2) 调节功能

教师的期望转化为学生的内在需要,这实质上是师生的一种情感活动过程。当学生感受到教师真诚的期望时,就会倾向于接近教师,缩短教师与学生之间的情感距离;而教师期望要为学生所接受,也必须倾注教师的真诚与爱心。因而,教师期望具有调节师生关系的功能,使师生产生认识、情感和思维等方面的共鸣。

(3) 激励功能

教育心理学研究表明:教师以激励的方式诱导学生产生内驱力,从而把教师的教育教学要求内化为学生的自觉行动,促使学生获得生动、活泼、主动的发展。教学是一种特殊的师生交往过程,只有相互理解才能有效交往与沟通,理解是期望的基础,而期望是理解的具体体现。因此,教师如果能对学生进行全面正确的分析,充分理解学生,形成切合学生实际的期望,就能激励学生的课堂行为有良好的表现,促使学生朝着教师所期望的目标发展,形成一种良性循环。

教师期望是如何产生作用呢？心理学家布罗菲（Brophy）和古德（Good）提出了教师期望实现的"五步模型"[①]。

第一步，教师期望某个特定学生持有的行为和成绩；第二步，由于这些不同的期望，教师对不同的学生表现出不同的行为；第三步，这种区别对待，使学生了解到，教师期望自己有什么样的行为和成绩。这种不同的对待，还影响到学生的自我概念、成就动机和抱负水平；第四步，如果这种对待一直持续下去，这种期望会影响学生的成绩和课堂行为，被期望高的学生会不断地提高成绩，而被期望低的学生学习成绩会下降；第五步，随着时间的推移，学生的成绩和课堂行为越来越接近和符合教师对他们的最初期望。

根据布罗菲和古德提出的教师期望实现的"五步模型"，可以设想教师期望实现的具体运作过程。

第一步，教师根据学生的现状和有关的信息对某一学生持有期望。不同学生由于其表现、特点不同，给教师形成的主观印象自然有所差异，教师对学生的行为和成绩就会产生不同期望。一般而言，教师对聪明伶俐、有礼貌的学生比较有好感，对学习成绩优秀、具有较强的独立思考能力的学生比较容易产生高期望。

第二步，教师在对学生的综合信息进行判断的基础上，表现出不同的行为。罗森塔尔把这些行为归结为四因素。一是气氛。教师为高期望的学生营造的是较为亲切温暖的心理气氛，如面带微笑、眼光注视等，而为低期望学生营造的是较为紧张的气氛。二是反馈。主要指教师对学生的评价，如表扬、批评或忽视，教师对高期望的学生表扬比其他学生要多。三是输入。教师给不同期望的学生提供难度不同的学习材料、学习要求。四是输出。指教师给学生回答问题的机会，教师给高期望的学生更多的机会，更有耐心地听取这些学生的回答，更有热情启发他们的思维。

第三步，教师期望转化为学生目标和信心的内化过程。无论是高期望还

[①] 胡俊丽，杜红芹，杨梅．论教师期望理论与初中生发展的关系［J］．重庆文理学院学报，2009（9）：152.

是低期望，都要通过学生的内化才能产生积极或者消极的作用。从一定意义上说，最重要的不是教师本身的行为，而是学生对教师行为的知觉。学生把知觉到的教师期望与自己的实际进行比较、整合，从而确定自己的行为的内在过程。

第四步，教师期望转化为学生自我期望。教师期望对学生学业成绩的影响，主要是通过学生的成就动力以及自我效能感来实现的。教师期望通过学生自身的分析、理解、思考等认知环节影响和改变学生的自我观念，将教师的期望转化为自我期望，产生学习信心和学习活动的内驱力，进而影响学习成绩。

第五步，随着时间的推移，学生会逐步形成教师所期望的成绩和行为。这就是教育中的"自我实现"。学生的新状态和原有信息的结合会形成新的教师期望，开始新一轮的循环。

（二）教师人格魅力对学生的世界观、人生观、价值观以及道德品质的形成产生重要的影响

俗话说"桃李不言，下自成蹊"。教师的人格魅力是重要的教育力量，它比任何语言具有更强的心灵渗透力，对学生形成科学的世界观、人生观、价值观具有积极的影响。

世界观是人们对整个世界的根本看法。人生观是人们关于人生的目的、态度、价值和理想的根本观点。它主要回答"什么是人生""人生的意义""怎样实现人生的价值"等问题。人生观是世界观在人生问题上的表现。而价值观是决定人的行为的心理基础。是指一个人对周围的客观事物（包括人、事、物）的意义、重要性的总评价和总看法。中小学生正处于世界观、人生观、价值观形成的重要时期，教师的人格理想与人格特征对学生世界观、人生观、价值观的形成具有重要的作用。加里宁曾说："教师的世界观，他的品行，他的生活，他对每一现象的态度都这样或那样地影响着全体学生。这一点往往是觉察不出的。但还不只如此，可以大胆地说，如果教师很有威

信,那么这个教师的影响就会在某些学生身上永远留下痕迹。"① 下面这个事例充分印证了加里宁的这段话。

陈寅恪是中国现代最负盛名的历史学家、古典文学研究家、语言学家。他精通我国史学、古典文学和宗教学,具备了阅读梵、巴利、波斯、突厥、西夏、英、法、德八种语言文字的能力,与当时最有名望的学者王国维、梁启超、赵元任一起,被尊称为清华四大国学大师。因为清华研究院主任吴宓、朱自清教授以及北大的外籍教师钢和泰等都前来听他讲课。陈寅恪被誉为"教授的教授","他讲课都是讲他的心得和卓见,所以同一门功课可以听上好几遍,因为内容并不相同。他最令同学们敬佩的,就是用一般人都能看到的材料,讲出新奇的见解。大家听完后都会有我们怎么竟想不出的感觉……每当下课铃响大家都有依依不舍、时光消逝太快之感"②。陈寅恪不仅学问渊博,人品也高。太平洋战争爆发后,陈寅恪正执教于香港大学。香港沦陷后,他的生活十分艰难,大概有日本学者仰慕陈寅恪的学问,写信给日本军部,要他们不可麻烦陈教授,军部行文香港司令,司令派兵照管陈家,送去面粉。但宪兵往里抬,陈先生和陈师母往外拖,就是不食敌人的面粉。陈寅恪的人品学问赢得了众多弟子由衷的钦佩。1966 年,中山大学的"造反派"要将卧病不起的陈寅恪抬到大礼堂去批斗,陈寅恪的学生、中山大学历史系主任刘节主动代替陈寅恪接受批斗。会上有人问刘节有何感受,刘节说:"能替陈老师挨批斗,感到光荣。"③

(三)教师人格魅力对学生心理品质的形成产生重要的影响

健康的心理与健全的人格是一个人成就事业的前提和基础,是保持良好的学习、工作和生活状态,享有人生幸福的重要条件。就学习而言,健康的

---

① 加里宁. 论共产主义教育和教学[M]. 陈昌浩, 沈颖, 译. 北京: 人民教育出版社, 1957: 177.

② 孙孔懿. 论教育家[M]. 北京: 人民教育出版社, 2006: 198.

③ 同②: 199.

心理有利于学生聪明才智的发挥。就品德修养而言，健康的心理是良好道德品质的组成部分。就学生的未来发展而言，健康的心理是提高学生承受挫折和应对挫折能力的必要条件。因此，培养学生良好的心理品质是学校教育的重要目标与任务。

教育实践表明，学生健康的心理品质与教师高尚的人格有着密切的关系。教师不同的心态对学生的心理品质产生不同的影响：严厉、粗暴、蛮横的教育态度，会使学生情绪紧张、心情压抑、思维停滞、师生关系紧张；而民主、和谐、尊重、宽容的教育态度，则会使学生情绪稳定、心情舒畅、思维活跃、师生关系和谐。教师的个性品质对学生心理影响是一种"润物细无声"的境界。例如，一个心胸豁达的教师由于能够接纳与自己不同的看法、见解以及价值观念，所以他往往能对身体、智力、感知、情绪等各自有异的学生做到一视同仁。而长期与这样的教师相处，那些存在于学生心中的孤独、偏执、焦虑等不同类型的心理障碍就容易得到缓解，学生的心胸也就会像教师一样开阔、豁达。

高尚而富于魅力的教师人格是学生模仿学习的榜样。有助于性格懦弱的学生学会勇敢坚韧，脾气急躁的学生学会忍耐自制，自由散漫的学生学会执著敬业，孤僻封闭的学生学会乐观开朗。可见，教师不仅是在对学生传授知识，更是在塑造学生的人格。

由此可见，教师的人格魅力对学生个性心理品质的形成以及道德发展都具有重要影响。因而，教师应该不断加强自身的道德修养，积极进取，积淀才学，在实践中培育自身的教育教学智慧，从而有效地提升自己的人格魅力，并与教师的观察与引导相结合，在学生道德行为的发展中发挥更大的作用。

第二章

教师对学生道德行为观察的现实定位

——以生活为基点

生活是道德生长的土壤,生活中蕴涵着道德。道德教育作为一种为人的教育,一种提升人精神的活动,同样离不开生活这块沃土,离不开实践这座桥梁。道德教育只有走向学生的生活与实践,才能真正成为呵护学生生命成长的实践活动。

第一节 学生道德行为教育存在的问题

长期以来,中小学的道德教育缺乏实效,究其原因,主要存在着以下几方面的问题。

一、基础性道德品质没有真正成为中小学道德教育的目标

调节人与人、人与集体、人与社会之间的关系有两种方式,一是道德调

节，二是法律调节。法律调节具有强制性，而道德调节对人的行为的约束随着人的道德素质的不同而不同。也就是说，人们可以用同样的法律标准来规范所有的人，但不能用同样的道德标准来要求所有的人。因为，道德品质是分层次的，有些道德要求是基础性的，具有全民性；有些道德要求是高层次的，具有个体性，只有一部分人能够做到。由此，我们可以发现我国中小学道德教育的一个弊端，就是提出了近乎"完人"的道德教育目标。这就提出一个问题，我们是否能把一部分人才能达到的道德要求推及未来的全体公民——中小学生？正如有的学者所指出的："在集体主义的视野中，舍己为公的人具有以天下为己任的高尚品德，有利于社会的发展，但我们不能因此而将舍己为公说成是公德。在现有的经济发展状况和道德发育水准下，舍己为公只能是少数先进人物的操行，不可能推及到全社会，成为人人奉行的道德规范。如果不顾社会发展的客观情况，由权威团体硬性地将这种高水准的私德指认为公德，就会造成公德建设的空心化。缺乏个人内在的价值认同，公德建设就会丧失牢固的基础，成为华而不实的虚饰，一触即溃的空中楼阁。其严重的后果是社会普遍的人格二重化，一旦社会发生动荡，这种人格二重化又会导致非理性的宣泄，造成不良社会后果。"[①] 这无益于真正提高中小学生的道德素质，培养出的学生只会对政治、理想、人生境界夸夸其谈，然而对现实生活中各种关系的处理却是模糊的、困惑的。当他们走向现实社会，面对生活中多元价值、多样选择时，或随波逐流，"跟着感觉走"，"跟着时尚走"；或消极逃避，如离家出走、自杀等现象屡有所闻，更有甚者是非不清，荣辱不分，"耻言道德""蔑视道德"，最终走入了人生的歧途。

中小学是基础教育阶段，其根本的使命是为学生今后各方面的发展奠定良好的基础，提升学生各方面发展的潜能，因此中小学道德教育应该坚持和体现基础性原则，重视基础性道德教育目标的达成。诸如"孝敬父母""诚实守诺""尊敬师长""谦虚礼貌""自强不息""严己宽人""勤劳节俭"等，都是作为一个社会公民所必须具有的基本修养，也是中小学道德教育

---

① 张云胜，张世贵. 公德的指认与公民道德建设［N］. 中国教育报，2003-02-26（3）.

的基本目标。"圣人"道德目标既必要且重要,但应该以现实的需要为基础,渗透在当下学生的需要之中,道德教育目标如果僭越了基础性修养,必将造成学生道德上的双重人格,正如《学会生存——教育的今天和明天》中指出的:"在一个世界里,儿童像一个脱离现实的傀儡一样,从事学习;而在另一个世界里,他通过某种违背教育的活动来获得自我满足。"① 这种道德教育是极为有害的。

二、道德认知与道德实践相脱离

我国中小学道德教育上的另一个失误,就是长期以来把道德教育当做一种知识体系来传授,忽略了道德教育本质上是一种实践教育这一特性。

以传授道德知识为特点的中小学道德教育,其教育内容是按知识的逻辑体系进行建构,然后再按知识教学的方式进行,是"读道德"。"背道德"的教与学的方式,即远离道德知识得以产生和运行的历史的、现实的生活,虚构一个虚幻的道德知识世界,热衷于对道德知识的记诵和逻辑演绎,而遗忘了道德知识所蕴涵的生动而丰富的道德意蕴。更缺乏道德体验与道德实践,致使学生的道德知识与道德行为严重脱节。

也许,我们可以从美国小学一堂"灰姑娘"的故事的道德叙事教学案例中领略道德教育真谛之一二。

[案例] 灰姑娘②

上课铃响了,学生们跑进教室,这节课老师要讲的是"灰姑娘"的故事。

老师先请一个学生上台给同学讲一讲这个故事。

学生很快讲完了,老师对他表示了感谢,然后开始向全班提问。

---

① 联合国教科文组织国际教育发展委员会. 学会生存——教育的今天和明天[M]. 上海师范大学外国教育研究室,译. 上海:上海译文出版社,1979:14.
② 丁锦宏. 叙事德育方法探究:"灰姑娘"故事与品格教育[J]. 思想·理论·教育,2004(3):13.

老师：你们喜欢故事里面的哪一个？不喜欢哪一个？为什么？

学生：喜欢辛黛瑞拉（灰姑娘），还有王子，不喜欢她的后妈和后妈带来的姐姐。辛黛瑞拉善良、可爱、漂亮。后妈和姐姐对辛黛瑞拉不好。

老师：如果在午夜12点的时候，辛黛瑞拉没有来得及跳上她的南瓜马车，你们想一想，可能会出现什么情况？

学生：辛黛瑞拉会变成原来脏脏的样子，穿着破旧的衣服。哎呀，那就惨啦！

老师：所以，你们一定要做一个守时的人，不然就可能给自己带来麻烦。另外，你们看，你们每个人平时都打扮得漂漂亮亮的，千万不要突然邋里邋遢地出现在别人面前，不然你们的朋友要被吓着了。女孩子们，你们更要注意，将来你们长大和男孩子约会，要是你不注意，被你的男朋友看到你很难看的样子，他们可能就吓昏了。（老师做昏倒状，全班大笑）

老师：好，下一个问题：如果你是辛黛瑞拉的后妈，你会不会阻止辛黛瑞拉去参加王子的舞会？你们一定要诚实哟。

学生：（过了一会儿，有学生举手回答）是的，如果我是辛黛瑞拉的后妈，我也会阻止她参加王子的舞会。

老师：为什么？

学生：因为，因为我爱自己的女儿，我希望自己的女儿当上王后。

老师：是的，所以我们看到的后妈好像都是不好的人，她们只是对别人不够好，可是她们对自己的孩子却很好，你们明白了吗？她们不是坏人，只是她们还不能够像爱自己的孩子一样去爱其他的孩子。

老师：孩子们，下一个问题，辛黛瑞拉的后妈不让她去参加王子的舞会，甚至把门锁起来，她为什么能够去，而且成为舞会上最美丽的姑娘呢？

学生：因为有仙女帮助她，给她漂亮的衣服，还把南瓜变成马车，把狗和老鼠变成仆人。

老师：对，你们说得很好！想一想，如果辛黛瑞拉没有得到仙女的帮助，她是不可能去参加舞会的，是不是？

学生：是的！

老师：如果狗、老鼠都不愿意帮助她，她可能在最后的时刻成功地跑回家吗?

学生:不会,那样她就可以成功地吓倒王子了。(全班再次大笑)

老师:虽然辛黛瑞拉有仙女帮助她,但是,光有仙女的帮助还不够。所以,孩子们,无论走到哪里,我们都是需要朋友的。我们的朋友不一定是仙女,但是,我们需要他们,我也希望你们有很多很多的朋友。

老师:下面,请你们想一想,如果辛黛瑞拉因为后妈不愿意她参加舞会就放弃了机会,她可能成为王子的新娘吗?

学生:不会!那样的话,她就不会到舞会上,不会被王子看到、认识和爱上她了。

老师:对极了!如果辛黛瑞拉不想参加舞会,就是她的后妈没有阻止,甚至支持她去,也是没有用的,是谁让她决定要去参加王子的舞会?

学生:她自己。

老师:所以,孩子们,辛黛瑞拉没有妈妈爱她,她的后妈不爱她,这也不能够让她不爱自己,就是因为她爱自己,她才可能去寻找自己希望得到的东西。如果你们当中有人觉得没有人爱,或者像辛黛瑞拉一样有一个不爱自己的后妈,你们要怎么样?

学生:要爱自己!

老师:对,没有一个人可以阻止你爱自己,如果你觉得别人不够爱你,你要加倍地爱自己;如果别人没有给你机会,你应该加倍地给自己机会;如果你们真的爱自己,就会为自己找到自己需要的东西。没有人能够阻止辛黛瑞拉参加王子的舞会,没有人可以阻止辛黛瑞拉当上王后,除了她自己,对不对?

学生:是的!

老师:最后一个问题,这个故事有什么不合理的地方?

学生:(过了好一会儿)午夜12点以后所有的东西都要变回原样,可是辛黛瑞拉的水晶鞋没有变回去。

老师:天呐,你们太棒了!你们看,就是伟大的作家也有出错的时候,所以出错不是什么可怕的事情,我担保如果你们当中谁将来要当作家,一定比这个作家更棒!你们相信吗?

学生们欢呼雀跃……

"灰姑娘"的故事，蕴涵着"守时""整洁""友爱""自爱""自信""批判精神"等教育价值。在这节课中我们可以清晰地感受到价值观教育与学生的生活经验与生活实际紧密结合的道德教育方式，诸如：

"守时"——"你们一定要做一个守时的人，不然就可能给自己带来麻烦"；

"整洁"——"你们每个人平时都打扮得漂漂亮亮的，千万不要突然邋里邋遢地出现在别人面前，不然你们的朋友要被吓着了"；

"爱"与"偏爱"——"我们看到的后妈好像都是不好的人，她们只是对别人不够好，可是她们对自己的孩子却很好"，"只是她们还不能够像爱自己的孩子一样去爱其他的孩子"；

"朋友"——"无论走到哪里，我们都是需要朋友的"，"希望你们有很多很多的朋友"；

"爱自己"——"没有一个人可以阻止你爱自己，如果你觉得别人不够爱你，你要加倍地爱自己；如果别人没有给你机会，你应该加倍地给自己机会；如果你们真的爱自己，就会为自己找到自己需要的东西"；

"批判精神"——"就是伟大的作家也有出错的时候"。

在这节阅读课上，教师既没有生硬的说教，也没有牵强附会的引导，而是从简单的故事中延伸出几个有深度的道德教育问题，结合学生的思想与生活实际，在问题探讨的过程中引申出深刻的人生哲理，从而"润物无声"地对学生进行了道德教育。

我们可以想象常见的教育方式：教师在讲述"守时"这一道德规范时，先从时间的重要性，到不守时的危害性，再总结出守时的几点要求，教师声情并茂地讲着，学生无动于衷地听着。再来看本案例中教师的叙述方式："你们一定要做一个守时的人，不然就可能给自己带来麻烦。"一个人也许不理解甚至不理会"不守时"行为给他人带来的麻烦，但是，他（她）一定知道和理解给自己带来的问题。本案例中的教师用"灰姑娘"的故事告诫学生，应该做一个"守时"的人，应该具有"守时"的品格。可见，道德教育只有与学生的生活经验、情绪感受相结合，才能触动学生的心灵，激发学生的情感，增强学生的体验，学生的道德认知才能真正转化为道德行为。当今，我国中小学道德教育存在的"告知""灌输"的教育方式，是难以增强道德教育的实效性的。

三、道德评价陷入了"主智主义"的泥潭

中小学对学生的道德评价主要是通过思想品德课与操性评定体现出来，就思想品德课评价而言，目前，道德评价已经陷入了"主智主义"的泥潭。

请看某市 2004 年 6 月采用的 8 年级一份政治试题的内容。

试卷说明：本学科考试为开卷考试，考生所带资料不限，但必须独立完成答卷。本试题分为第Ⅰ卷和第Ⅱ卷两部分。第Ⅰ卷（1—4 页）为选择题，50 分；第Ⅱ卷（5—7 页）为非选择题，50 分。

第Ⅰ卷"选择题"包括单项选择题和不定项选择题两部分：

"单项选择题"某题为：

我国宪法规定：任何公民享有宪法和法律规定的权利，同时必须履行宪法和法律规定的义务。这表明在我国：

A. 公民的权利具有广泛性和真实性

B. 公民履行义务比享有权利更重要

C. 公民的权利和义务具有一致性

D. 公民享有权利，就是在履行义务

"不定项选择题"某题为：

第十三届亚洲杯足球赛今年七月在我市举行，这为我们加强国际交往提供了良好的机遇。在本次足球赛期间与外国人交往时，我们中学生应该做到：

A. 自尊自重，不卑不亢

B. 自觉履行维护祖国安全、荣誉和利益的义务

C. 既不能崇洋媚外，也不能妄自菲薄

D. 文明礼貌，友好交往

第Ⅱ卷是问答题，包括4个题目，其中某题为：

某地一对七旬老人，身患重病生活不能自理，又没有经济来源，可他们含辛茹苦抚养成人的两儿四女却长期不管不问。老人要求儿子尽赡养义务，儿子却说，你的女儿家比我们富，让她们养活你们吧。老人找到女儿，女儿却说，我们已经出嫁，没有义务养活你们了。无奈之下，二老将儿女告上法庭，法院判令他们的儿女每人每月支付赡养费100元。

（1）请评析这对老人的儿女们的言行。

（2）我们中学生应该怎样孝敬父母？

我们见过许多类似的思想品德课试卷，应该承认，这份试卷还是比较重视培养学生运用理论知识分析实际问题的能力，但也应该看到，这类试卷传递了这样一种评价信息：评价学生的道德认知，而不是评价学生的道德行为以及实际的道德发展水平，对学生的现实生活关注不够。这种道德教育评价指向产生的后果极为严重。一方面，它容易使学生对道德教育产生反感、抵触心理，对思想品德课缺乏兴趣。据《中日韩美四国高中生学习意识与状况比较研究报告》显示，政治课是中国学生最不喜欢的课程，中国高中生将政治课列为语文、数学、英语、物理、化学、历史、音乐、生物、地理等14门课之尾，仅有31.3%的高中生表示喜欢政治课。另一方面，也使不少学生将思想品德课考试分数的高低与道德品质好坏画上等号，上思想品德课的目的不是为了得到道德水平的提升，而是为了考试过关。这种思想品德教育不但起不到培养学生良好的道德品质的作用，反而成为应试教育的手段。道德教育评价不评道德，不与学生的现实生活相联系，这也是我国中小学道德教育长期处于低效甚至无效的重要症结之所在。

道德是实践性的知识，它不是脱离于人的实践之外的一种知识体系，而是一种实践智慧。所以在中小学道德教育的评价体系中，道德知识虽然也应该具有一个合理的比例，但更重要的是评价学生在生活实践中所反映出来的道德行为。

同时，道德教育评价重"规范"轻"关怀"，片面强调受教育者思想品德行为与社会规范是否相符，而缺乏对其思想品德内在动机进行分析和探讨，忽视了对道德认知能力和道德情感的评价和培养。致使学生掌握了一堆似乎与他们的现实生活毫无关系的知识，难以真正触及学生的内心世界。

因而，我们必须深刻地反思中小学道德教育究竟如何定位？道德是现实生活中利益调整的一种规则或关系，离开了现实的生活，学生的道德就无法生成，因此，中小学道德教育必须回归生活，建立以生活道德教育为基础的学校道德教育体系，这是中小学道德教育的必由之路。下面，我们从生活教育理论以及基础教育课程改革的视野来分析道德教育以生活为基础的原因之所在。

第二节 生活教育理论视野下的现实定位

生活教育思想可谓源远流长，它始于文艺复兴时期倡导的对人本身的关注，使人、人的生活开始出现在道德教育的视野中。随着社会的进步与科学的发展，17—19世纪，人们对儿童的生活与发展的认识更为深刻，教育应该适应自然、贴近儿童的自然本性和真实生活的主张，出现在许多教育家的教育思想中。其中，卢梭、裴斯泰洛齐等人就明确阐述了教育不能与生活相分离的思想，旗帜鲜明地提出了生活教育的主张。到了20世纪上半期，西方教育界掀起了一场轰轰烈烈的现代教育运动，而现代生活教育、生活道德教育就属于现代教育运动的重要组成部分，其中，美国进步主义教育家杜威创立的生活教育理论，其影响遍及世界各国。在我国，陶行知的生活教育理论，对这一时期乃至今天的中国教育都具有重要的现实意义。

一、杜威的生活教育理论

"教育即生活"是杜威生活教育理论中最重要的理念。杜威认为，传统教育所主张的"教育为未来作预备"的思想是错误并且有害的，这种思想容易忽视儿童现在的生活,强化了以成人标准来要求儿童,造成对儿童的灌输和天性的扼杀,因此,他明确提出:"教育是生活的过程,而不是将来生活的准备。"① 杜威的生活教育理论主要有以下几方面的含义。

(1) 强调教育是生活的需要。杜威批评传统教育"消极地对待儿童,机械地使儿童集合在一起,课程和教法的划一……学校的中心是在儿童之外,在教师,在教科书……唯独不在儿童自己即时的本能和活动之中"②,是脱离了社会生活和儿童生活的教育。因此,杜威明确指出:"教育是生活的需要。"他在《民主主义与教育》一书中,把"教育是生活的需要"作为开篇第一章的标题,并断言"教育在它最广泛的意义上就是这种生活的延续"③。

(2) 强调教育要基于现实的生活。杜威认为④,传统教育所主张的"教育为未来作预备"的思想,一方面容易使学生丧失学习动力,"由于所预备的将来非常遥远","在将来变为现实以前要经过很长的时间",这就容易助长学习上的犹豫不决并使"拖延的引诱大大增加"。另一方面也使学习成为外在于学生自身的行为,学生缺乏学习的兴趣,"如果预期的未来和现在的可能性割裂,就没有激发的和指导的力量,必须另外搭上一些东西,才能发生作用。于是就采用威逼利诱的方法,以奖赏为诺言,以痛苦作威胁",借助于外来的快乐和痛苦来为未来作预备。由此,杜威提出教育要以儿童为中心,以儿童的活动和经验为内容。

(3) 强调教育对改造或创造新生活的意义。杜威认为,生活就是有机体与环境相互作用的过程,而经验就是在这种相互作用的生活中产生的。随着环境的变化,生活也在不断地变化。既然生活是朝着更高的、更完善的方向不断变化和生长,那么,人就必须不断地改造已有的经验来适应新环境、新生活的要求。这就意味着教育具有改造或创造新生活的意义。

道德教育作为教育的组成部分,同样不能脱离生活而存在。杜威认为道

---

① 约翰·杜威. 杜威教育论著选 [M]. 赵祥麟,王承绪,译. 上海:华东师范大学出版社,1981:4.

② 同①:31.

③ 约翰·杜威. 民主主义与教育 [M]. 王承绪,译. 北京:人民教育出版社,1990:3.

④ 同③:58-59.

德作为生活经验的一部分，就存在于实际的生活之中，它不能从生活中分离出来，道德经验的积累和改造是为了生活更好地得到生长和延续，"生长自身才是唯一的道德的'目的'"[①]。在此意义上，作为改造道德经验的教育也不能离开生活。所以，杜威认为参与社会生活既是道德教育的目的，同时也是道德教育的根本途径，"离开了参与社会生活，学校就既没有道德的目标，也没有什么目的"[②]。在杜威眼中，生活之于道德教育的意义是本体性的、全方位的，实际地参与、从事、进入社会生活就是道德教育的本性、根本的方法和目的。

杜威的生活教育理论的重要意义，并不仅仅在于对传统教育弊端的彻底批判，更在于从根本上更新了人们的观念，对当今世界各国正在进行的教育改革与实践具有重要的指导意义。

二、陶行知的生活教育理论

在我国，陶行知是生活教育理论的代表，开创了风靡一时的生活教育运动。虽然对于"生活德育"陶行知并没有明确的界定，但他的生活教育理论蕴涵丰富的生活德育的思想，成为他生活教育理论中的一个核心内容。不仅在当时产生过重要的影响，而且对当下中小学教育改革与实践也具有重要的价值。

（一）生活教育的目标：培养"真人"

1943 年，陶行知先生在《百侯中学复校十周年纪念》贺词中写道："千

[①] 约翰·杜威. 杜威教育论著选 [M]. 赵祥麟, 王承绪, 译. 上海：华东师范大学出版社，1981：248.

[②] 约翰·杜威. 学校与社会·明日之学校 [M]. 王承绪, 译. 北京：人民教育出版社，1994：146.

教万教兮,教人求真;千学万学兮,学做真人。"① 这一"教人求真""学做真人"的思想,成为陶行知生活教育的根本目标。"教人求真"是从教的角度对生活教育目标的具体诠释,"学做真人"是从学的角度对生活教育目标的精辟阐述,二者从不同角度反映了陶行知生活教育的目标。陶行知的"真人"目标是针对传统教育为升学而读书,为做官而读书,为个人发财而读书提出来的。他要培养的真人是以改造社会、改造农村为己任,能为中国农村、为农民的幸福作出贡献的人。从陶行知创办的晓庄师范的培养目标看,"真人"的标准就是三个条件②:第一,有农夫的身手;第二,有科学的头脑;第三,有改造社会的精神。他要培养的真人,要具备五种生活力:科学的生活力,健康的生活力,劳动的生活力,艺术的生活力,改造社会的生活力。从而最终达到他所倡导的提高国民素质,建立民主共和国家的教育理想。

(二) 生活教育的内容:以"生活"为中心

陶行知的"生活即教育"表明:给生活以教育,用生活来教育,为生活向前向上的需要而教育。从生活与教育的关系而言:是生活决定教育。他的生活教育内容博大无比,随着生活的变化而变化,具有动态的、积极促进学生创造力发展的特点。具体而言,他提出教学内容选择的三条标准③:第一,"看它有没有引导人动作的力量,看它有没有引导人干了一个动作又要干一个动作的力量"。换言之,教学内容应该具有引导学生动手的作用。第二,"看它有没有引导思想的力量,看它有没有引导想了又想的力量"。也就是说,教学内容应该具有引导学生积极思维、丰富想象的作用。第三,"看它有没有引导人产生新价值的力量,看它有没有引导产生新益求新的新价值的力量"。即教学内容应该具有引导学生创新的作用。为此,陶行知提出了十

---

① 陶行知. 陶行知全集:第七卷 [M]. 成都:四川教育出版社,1985:922.
② 陶行知. 陶行知全集:第二卷 [M]. 成都:四川教育出版社,1991:361.
③ 同②:661-662.

分广泛，且又与生活密切联系的教学内容体系。大致分为五大类①：第一类有关健康的教学内容；第二类有关劳动生活的教学内容；第三类有关科学生活的教学内容；第四类有关艺术生活的教学内容；第五类有关社会改造生活的教学内容。可见，陶行知生活教育的内容，是以"生活"为中心，是社会生活所需要的内容。

（三）生活教育的方法："教学做合一"

"教学做合一"是陶行知生活教育理论学说中最富有创造性的现代教育方法论之一，是"生活即教育"、"社会即学校"等原则的实施。它包含以下两层含义：第一，"教学做合一"是对教学法的界定。"教人者先教己"，但"教己"必须通过"做"来实现。他说："教的法子要根据学的法子，学的法子要根据做的法子。教法、学法、做法是应当合一的。我们对于这个问题所建议的答语是：事怎样做就怎样学；怎样学就怎样教；怎样教就怎样训练教师。"②他指出教学要以"做"为中心，既在"做"上教，又在"做"上学，师生都要边教边学边做。为此，他不仅要求学生向教师学习，还要求教师向学生学习，他说："我们要跟小孩子学习，不愿向小孩子学习的人，不能做小孩子的先生。"③共教、共学、共做才是真正的生活教育。第二，"教学做合一"是生活法的说明。陶行知指出："教学做合一是生活现象之说明，即是教育现象之说明。在生活里，对事说是做，对己之长进说是学，对人之影响说是教。教学做只是一种生活之三方面，而不是三个各不相谋的过程。"④值得指出的是："教学做合一"的"做"与杜威"从做中学"的"做"是有区别的。陶行知所说的"做"是指"劳力上劳心"，反对劳力与劳心脱节。单纯的劳力，只是蛮干，不能算做，单纯的劳心，只是空想，也不能算做，因而，"'做'含有行动、思想、新价值之产生三种特性，由行动而产生思

---

① 童富勇.陶行知生活教育理论的若干特色［J］.教育评论，2003（4）：88.
② 陶行知.陶行知全集：第一卷［M］.成都：四川教育出版社，1991：651.
③ 陶行知.陶行知全集：第四卷［M］.成都：四川教育出版社，1991：634.
④ 陶行知.陶行知全集：第二卷［M］.成都：四川教育出版社，1991：650.

想，由思想产生新价值，这就是创造过程"①。只有在做上教，才能教出真善美的活人；只有在做上学，才能成为有用的人才。陶行知"教学做合一"的教育理念实际上就是要求教学要真正地做到理论联系实践，强调让学生在"做事"中接受道德教育，这充分体现了陶行知的"行—知—行"的认识论哲学。

（四）生活教育的场所："社会即学校"

"社会即学校"是陶行知生活教育理论的又一个重要命题。陶行知认为，传统的学校教育往往是与社会隔离的。他曾拿鸟笼来比喻传统学校，指出这类学校既狭小又与社会生活隔绝，"在学校与社会中间造了一道高墙"。"社会即学校"就是要拆除学校与社会之间的高墙，"要把学校里的一切伸张到大自然里去"，"要把笼子里的小鸟放到天空中去，使它能任意翱翔"②。陶行知认为，"社会即是学校"，他说："这种学校是以青天为顶，大地为底，二十八宿为围墙，不运用社会的力量，便是无能的教育；不了解社会的需求，便是盲目的教育。倘使我们认定社会就是一个伟大无比的学校，就自然而然地运用社会的力量，以应济社会的需求。"③ 在陶行知看来，放眼社会，凡是生活场所都是教育之场所，工厂、农村、店铺、家庭、茶馆、军营、庙宇等，皆可成为课堂，"在社会的伟大学校里，人人可以做我们的先生，人人可以做我们的同学，人人可以做我们的学生。随手抓来都是活书，都是学问，都是本领"④。陶行知"社会即学校"的主张是为了克服学校教育脱离社会实际的弊端，实现学校教育与社会生活的彻底融通。为中国教育从传统向现代的转换作出了重要的贡献，并直接或间接地影响了整个20世纪中国教育的改革和发展走向。

---

① 陶行知. 陶行知全集：第二卷 [M]. 成都：四川教育出版社，1991：651.
② 同①：633.
③ 同①：712.
④ 陶行知. 陶行知全集：第三卷 [M]. 成都：四川教育出版社，1991：247.

三、生活教育理论的发展趋势

20世纪下半叶，尤其是20世纪80年代以来，生活教育理论与实践在世界范围内得到进一步的发展，并进而成为影响当前世界各国教育改革的重要因素。当今，具有广泛影响的道德教育思潮和模式，都十分强调直接面向学生的整体生活，注重通过学生实际的生活活动促进其道德的发展。

当代西方国家影响最深远的德育模式之一——体谅模式（Consideration Model），产生于20世纪60—70年代，是英国德育专家麦克费尔（Mcphail）及其同事首创的旨在引导学生学会关心的、以道德情感教育为主的德育模式（Consideration Model）。麦克费尔认为，道德教育不应该是对道德概念、规则、律令进行分析的过程，道德教育更应该使人学会如何体谅和关心别人，学会爱与被爱。他于1967—1971年，以问卷、访谈等方式对800多名13—18岁的英国中学生进行调查。调查显示，人类的基本需要是与他人友好相处、给予他人爱和接受别人爱，由此，麦克费尔认为满足青少年在实际生活中的真实的道德需要是学生道德教育的首要任务，教会学生关心人和体谅人，并在关心人、体谅人中获得快乐是道德教育的核心。为了让学生学会体谅人的生活方式，麦克费尔等人编制了生活指导丛书《生命线》（Lifeline）和《学会关心》（Learning to Care）的教师参考书。这套独具特色的德育教材，在英国深受中小学教师尤其是中小学生的喜爱。体谅德育模式印证了青少年的道德发展并不局限于认知方面，对他人的关怀、体谅、爱的情感也是道德教育的重要因素。因而，体谅模式可以看做道德教育的理论研究与实践中尊重青少年道德生活的一种尝试。

关怀伦理学则是当前西方教育伦理学上独树一帜的一种新的理论，兴起于20世纪70年代末80年代初的美国，经过三十多年的发展，已成为会聚众多学者的重要伦理学流派。关爱伦理（Ethic of Care）这个述语肇始于美国女性心理学家吉利根（Gilligan）。她通过对以往伦理规范的研究，认为人类社会一直存在着两种不同取向的伦理观，这就是公正取向和关爱取向。公正伦理强调原则、权利、义务，用刚性的规范来控制人的欲望、调节人的行为，从而维系社会的稳定。关爱伦理则强调人的情感、尊重主体的情感偏好、给弱势群体以关爱，是对人性的尊重与关爱，也是对公正伦理的补充。吉利根认为不能无限夸大公正伦理，要实现社会文明之进步，必须张扬以往被排挤、被忽视的关爱伦理。吉利根对关爱伦理这一概念的提出，引发了女性主义学者热烈的响应。很快，女性主义学者将关爱伦理的研究视角延伸到了教育领域。

美国哥伦比亚大学教授内尔·诺丁斯（Nel Noddings）在1984年出版的《关爱：一种女性主义的伦理和道德教育方法》一书中，首次对关爱教学进行了阐述与构想。诺丁斯批判传统教学以男性社会的标准和方式来建构，缺失了教育最原始的职能——关爱儿童、促进他们的成长。并指出在传统教学的框架下进行一些修正性的工作，并不能从根本上消解现代教学的弊病，必须采用另一种思维方式重新建构教育，这种思维方式就是"关爱"。关爱既是女性的本性，也是教育最原始的职责。她主张围绕"关爱"的主题而不是传统学科来组织教学活动，让学生通过"关爱"主题的学习，学会关心自己、关心他人、关心全世界的人，关心植物、动物、环境等。诺丁斯关爱教学这一崭新话语体系在西方教育界引起了广泛关注。"关怀伦理学和关怀道德教育在很大程度上改变了我们对道德发展和道德教育的认识，使道德和道德教育从概念化的、知识化的科学世界中重新返回到人的真实的生命世界"[①]，学生的情感、实践、生活等概念在道德教育中凸显出来了。

以纽曼（Fred New-mann）为代表的社会行动模式（Social Action Approach）也是一种倡导青少年积极参与和改造社会公共事务，通过参与社会活动培养学生道德价值观的道德教育模式。它是20世纪70年代中期发展起来的一个道德教育流派，其最大的特点在于关注了一般道德教育课程中缺乏足够重视的"行动"问题，课程内容具有较为显著的实用、实践色彩。

此外，在政策制定和管理层面上，也呈现出道德教育与生活的密切联系

---

① 唐汉卫. 道德教育向生活世界回归——20世纪下半期西方道德教育的基本走向[J]. 内蒙古师范大学学报，2005（3）：26.

的倾向。20世纪80年代以来,美国各级政府采取各种办法鼓励学生参加义务服务,让青少年在为社会和他人服务的行动中提高道德修养。1989年,美国"课程发展与管理协会"提出了加强学校道德教育的报告,报告指出,"使道德教育超越认知领域,既不简单地告诉学生什么是善,什么是恶,而是要让学生参与道德实践,对善恶作出自己的判断"①。在英国,《1998年教育改革法案》要求学校课程应促进学生精神、道德方面的发展。为了保证这项计划的实施,英国成立了专门的生活价值教育机构,主张让儿童体验和经历不同层次的价值观活动。

可见,20世纪下半叶以来,西方道德教育不仅在理论研究而且在政府决策以及实践层面上都呈现出向生活世界回归的态势。

四、生活教育理论在当代中国的发展

近年来,我国学术界对道德教育的反思和研究取得了一定的成果,提出了"生活德育"这一新的德育模式。其中,高德胜的专著《知性德育及其超越——现代德育困境研究》,在分析知性德育的弊端的基础上,提出对知性德育全面超越的生活德育观,即"通过具体道德的生活而学习道德。具体来说,生活德育是从生活出发、在生活中进行并回到生活的德育"②。郭元祥在《生活与教育——回归生活世界的基础教育论纲》一书中提出的"新生活教育"的观念对生活德育模式的建构有一定的启发③。刘铁芳在《走向生活的教育哲学》中,明确指出了现代德育的困境就是德育与生活的相疏离,要构建一种新的德育观,让德育回归生活。他认为:"德育并非与个人生活毫无

---

① 王桂生. 当代外国教育——教育改革的浪潮与趋势 [M]. 北京:人民教育出版社,1995:355.

② 高德胜. 知性德育及其超越——现代德育困境研究 [M]. 北京:教育科学出版社,2003:19-20.

③ 郭元祥. 生活与教育——回归生活世界的基础教育论纲 [M]. 武汉:华中师范大学出版社,2002:210.

牵涉，而是以个人生活为起点同时又是归宿的内含于个人生活进程的活动。德育过程是关于德性的现实生活展开的过程，在此过程中获得的不只是德性的完满而且同时是个人生活的完满。"① 唐汉卫认为："道德教育只能在生活中且通过生活教育来履行自己的使命……脱离生活，就使得道德不仅在理论上无法对自己进行较为充分的、合理的论证，而且，在实践中道德教育也疲软无力，无法承诺它在现代社会里应承担的塑造理想人格的崇高使命。"② 他还从道德源于生活、道德在生活之中、道德为了生活这三方面论证了生活道德教育的逻辑依据。

在对生活德育的模式建构方面，很多学者都提出了自己的观点。比如，梁钊华认为要从德育新理念、德育目标、德育内容、德育方法和途径等方面进行深入探讨。同时，他还分析了以生活为基点的德育的思想基础。③ 张玉茹、许惠芬提出情境体验是道德教育回归生活世界的基本模式，并认为："在道德教育过程中，由教师选取学生真实的生活场景，让学生通过自己的道德叙事并与教师进行平等无差别的道德对话，由学生自己的积极思考，引发对具体生活情境的体验感悟，而获得道德发展的道德教育模式。"④

关于生活德育的策略设计，王现军、冯建军认为，德育现实生活化的具体策略包括德育要关注完整的人、要重视学生的生活指导、从学生现实生活中生成新的德育内容、帮助学生寻找道德的生活价值以及对学生合理道德要求的满足和学校德育与家庭、社区德育一体化。⑤ 刘铁芳通过借鉴国外德育改革的经验，针对我国实际，提出回归生活德育的基本策略：一是要更新德育理念，关注个体生活和德性发展；二是要从学生生活出发，选择贴近儿童生活实际的德育主题；三是坚持教育者必要的价值引导，激发学生追求更高

---

① 刘铁芳. 走向生活的教育哲学 [M]. 长沙：湖南师范大学出版社，2005：153.
② 唐汉卫. 生活道德教育论 [M]. 北京：教育科学出版社，2005：1-2.
③ 梁钊华. 以生活为基点的德育解读 [J]. 经济与社会发展，2003 (12)：182.
④ 张玉茹，许惠芬. 情境体验：道德教育回归生活的基本模式 [J]. 高等农业教育，2005 (2)：24.
⑤ 王现军，冯建军. 走向生活化的德育 [J]. 思想·理论·教育，2003 (3)：16-17.

的价值理想;四是在面向儿童生活的同时,注重必要的思想文化熏陶。①

不少研究者还从各自实践情况出发,针对小学、中学、高校不同的教育过程,提出了不同的生活德育观。

综观学术界的相关研究,可以认为,生活德育的研究已经取得了显著成果,这些研究成果不仅拓展了后续研究者的理论视野,而且在当前基础教育德育课程改革中也有明显的体现。

第三节 新课程视野下的现实定位

当前基础教育德育课程改革的基本取向,是回归学生的生活,构建生活化、人性化的德育课程。小学低年级的"品德与生活"、小学高年级的"品德与社会"、初中的"思想品德"课程,都反映了基础教育课程改革背景下的生活德育理念。

一、中小学德育课程的基本理念

"在以往的道德理论和道德实践中,我们把'利他'、'奉献'和'自我牺牲'等视为道德的核心,并且无条件和不加限制地视之为道德的核心,常常毫不现实地提倡'毫不利己,专门利人',不讲前提地要求人们'先人后己'……这种道德标准缺乏对合理的个人利益最起码的尊重,因而缺乏公平、公正的内核,难以在现代社会中普遍推行。"② 德育方法注重单向传授、灌输,致使中小学德育远离学生的生活与实践,缺乏实效性。

强调德育回归生活,构建生活化、人性化的德育课程,是当前基础教育

---

① 刘铁芳.面向生活、引导生活——回归生活的德育内涵与策略[J].教育科学研究,2004(8):50-51.

② 叶澜.中国教育学科年度发展报告·2001[M].上海:上海教育科学出版社,2002:104-105.

德育课程改革的基本理念。这一理念的提出，改变了以往只注重以马列主义、毛泽东思想和邓小平理论作为德育课程教学大纲或课程标准的指导思想，而是将其作为新的德育课程中"思想性"这一特点的内容体现出来，这较以往是一次重大的创新。小学的"品德与生活"和"品德与社会"课程标准所体现出的德育课程的理论支点是：强调小学教育是终身教育的基础环节，是为终身教育奠基的；生活世界，即"我们的生活体验世界"①，是道德教育的根基，强调品德的培养应该回归生活；强调儿童是道德生活的主体，提倡儿童的自主建构与教师的价值引导相结合的新的道德教学观。

而初中"思想品德课程标准"则是以初中生逐步扩大的生活作为德育课程建构的基础，新的初中德育课程标准指出该课程的任务是"引领学生感悟人生的意义，逐步形成正确的世界观、人生观、价值观和基本的善恶、是非观念，学习做负责任的公民，过积极健康的生活"②，而这些只有通过学生自身的生活实践才能实现。因此，"我们必须把道德教育融合在整个学校生活之中，就像道德本身卷入集体生活的整张网中一样。所以，虽说道德教育大体上保持着统一性，却又像生活本身一样色彩斑斓。不存在任何能够充分包含和表达道德教育的准则"③。

由此可见，中小学德育新课程标准所体现出的基本理念和精神内涵，是对以往德育课程教学大纲或课程标准的一次历史性的超越。

二、中小学德育课程的内容分析

2001年教育部颁发的《基础教育课程改革纲要（试行）》（简称《纲要》），明确提出在小学设置"品德与生活"（1—2年级）、"品德与社会"

---

① 马克斯·范梅南. 生活体验研究——人文科学视野中的教育学 [M]. 宋广文, 译. 北京：教育科学出版社, 2003：65.
② 中华人民共和国教育部. 全日制义务教育《思想品德课程标准（实验稿）》[EB/OL]. [2009-10-02]. http://www.pep.com.cn/peixun/xkpx/sxpd/kbjd/jiedu/200807/t20080709_488113.htm.
③ 爱弥尔·涂尔干. 道德教育 [M]. 陈光金, 等, 译. 上海：上海人民出版社, 2001：123.

(3—6年级)，初中设置"思想品德"综合课程，作为小学与初中阶段的品德教育课程。2002年教育部又颁发了全日制义务教育《思想品德课程标准（实验稿）》（简称新课标），这就为品德教育课程的教材编写提供了科学依据。目前，经全国中小学教材审查委员会审查通过、在全国范围内具有重大影响的品德教科书，有人民教育出版社、北京师范大学出版社和教育科学出版社等出版的教材，我们以人民教育出版社主编的品德教科书为例，对中小学品德教育课程的教材内容作一分析。

（一）"品德与生活"课程内容分析

"品德与生活"是小学一、二年级的德育课程，它整合了思想品德、生活、科学、自然等课程的有关内容。在教育部制定的《品德与生活课程标准（实验稿）》中，明确指出"品德与生活"是以儿童的生活为基础，以培养品德良好、乐于探究、热爱生活的儿童为目标的活动型综合课程。课程设置的基本理念是："第一，道德存在于儿童的生活中。道德寓于儿童生活的方方面面，没有能与生活分离的'纯道德的生活'。儿童品德的形成源于他们对生活的体验、认识和感悟，只有源于儿童实际生活的教育活动才能引发他们内心的而非表面的道德情感、真实的而非虚假的道德体验和道德认知。因此，良好品德的形成必须在儿童的生活过程之中，而非在生活之外进行。第二，引导儿童热爱生活、学习做人是课程的核心。低年级的课程应当通过深入浅出的道德的、科学的、生活的启蒙教育，为儿童形成积极的生活态度和实际的生存能力打下良好的基础，为他们在价值多元的社会中形成健全的人格和正确的价值观、人生观打下基础。第三，珍视童年生活的价值，尊重儿童的权利。童年是一个蕴藏着巨大发展潜力的生命阶段。童年生活具有完全不同于成人生活的需要和特点，它不仅仅是未来生活的准备或教育的手段，其本身就蕴藏着丰富的发展内涵与价值。学校生活是童年生活的重要组成部分，参与并享受愉快、自信、有尊严的学校生活是每个儿童的权利。第四，在与儿童生活世界的联系中建构课程的意义。儿童是在真实的生活世界中感受、体验、领悟并得到各方面的发展的。重视课程与儿童生活世界的联系，让课程变得对儿童有意义,这将有利于他们构建真正属于自己的知识和能力,形成内化的道德品质。"[①] 从"品德与生活"课程的基本理念可以明显地看出,这是一门强调品德与生活的联系、并着眼于深入学生生活中以培养儿童品德和提高儿童生活能力的德育教材。

"品德与生活"课程标准强调用三条轴线和四个方面组成课程的基本框架,并据此确定课程的目标、内容标准和评价指标。"三条轴线是:儿童与自我;儿童与社会;儿童与自然。四个方面是:健康、安全地生活;愉快、积极地生活;负责任、有爱心地生活;动脑筋、有创意地生活。三条轴线和四个方面交织构成了儿童生活的基本层面。"在课标的逻辑中,"健康、安全地生活是儿童生活的前提和基础,它旨在使儿童从小懂得珍爱生命,养成良好的生活习惯,获得基本的健康意识和生活能力,初步了解环境与人的生存的关系,为其一生身心健康地发展打下基础。愉快、积极地生活是儿童生活的主调,它旨在使儿童获得对社会、对生活的积极体验,懂得和谐的集体生活的重要性,发展主体意识,形成开朗、进取的个性品质,为儿童形成乐观向上的生活态度奠定基础。负责任、有爱心地生活是儿童应当遵循的基本道德要求,它旨在使儿童形成对集体和社会生活的正确态度,学会关心,学会爱,学会负责任,养成良好的品德和行为习惯,为其成为爱祖国、爱人民、爱劳动、爱科学、爱社会主义的公民奠定基础。动脑筋、有创意地生活是时代对儿童提出的要求,它旨在发展儿童的创造性和动手能力,让儿童能利用自己的聪明才智去探究或解决问题,增添生活的色彩和情趣,并在此过程中充分地展现并提升自己的智慧,享受创造带来的欢乐"[②]。

根据"品德与生活"的课程性质、课程目标以及课程标准,人民教育出版社编写的《品德与生活》,以单元活动主题为基本单位,每一单元都注重融合儿童与自我、与社会、与自然三条轴线和健康安全、愉快积极、负责任有爱心、动脑筋有创意四个层面设计学习内容(参见表2-1、表2-2、表2-3)。

[①②] 中华人民共和国教育部. 全日制义务教育《品德与生活课程标准(实验稿)》[EB/OL]. [2009-09-10]. http://www.pep.com.cn/peixun/xkpx/peixun_7/kbjd/200807/t20080709_488889.htm.

表 2-1 人教版《品德与生活》一年级上册教科书三级主题学习内容

单元主题	活动主题	活动内容
一、我上学了	（1）我背上了书包	开学第一天 新生活开始了 我想
	（2）我们的校园	我们找一找
	（3）新朋友、新伙伴	我们认识一下 我们在一起 怎样交朋友
	（4）校园铃声	上课了 课间十分钟
	（5）平安回家	放学了 我会看标志
二、祖国妈妈，我爱您	（1）我们的国庆节	调查人们怎样庆祝国庆 我们庆祝
	（2）祖国妈妈在我心中	祖国知多少 找找国旗、国徽
三、我的一天	（1）和钟姐姐交朋友	钟姐姐对我说 按时起床和休息
	（2）我很整洁	好孩子，爱整洁 红花送给谁
	（3）我会好好地吃	怎样吃饭 和蔬菜交朋友
	（4）我自己会整理	比比赛赛
	（5）看我有精神	坐有坐相，站有站相 好榜样
四、过新年	（1）迎新年	新年到了 做贺卡
	（2）欢欢喜喜过春节	迎春节 逛庙会

表2-2 人教版《品德与生活》一年级下册教科书三级主题学习内容

单元主题	活动主题	活动内容
一、我的家人与我的伙伴	(1) 我的一家人	说出我的家庭成员 讲讲家里人的故事 说出家里人的相互关系 讲讲照片里的故事
	(2) 家人的爱	说说家人关爱自己的故事 记录一天中家人为自己做的事
	(3) 我为家人添欢乐	我能为家里做的事情 给妈妈过"三八"节 知道母亲节，了解父亲节
	(4) 我和小伙伴	讲讲伙伴们在一起的有趣事 伙伴们在一起怎样相处
二、走进大自然	(1) 春天来了	体验、观察春天 画、唱春天
	(2) 我们和太阳做游戏	做关于太阳的游戏
	(3) 风儿吹呀吹	寻找、感受、画出、制造风 风中的游戏
	(4) 小苗快快成长	春天的种植 我的种植
三、健康生活每一天	(1) 我换牙了	换牙与保健
	(2) 我有一双明亮的眼睛	眼睛的功能与保健
	(3) 小心、别伤着	伤害及处理
	(4) 夏天，我们注意什么	夏天的健康与保健

表2-3 人教版《品德与生活》二年级上册教科书三级主题学习内容

单元主题	活动主题	活动内容
一、我在集体中成长	（1）我升入了二年级	快乐的暑假生活 我的心愿 爱惜书本和文具
	（2）我们班里故事多	我们班里的故事
	（3）让我们的教室清洁又美丽	当好值日生 我是小小保洁员 装扮我们的教室
	（4）好书大家看	我爱看的书 我们一起看
二、金色的秋天	（1）秋天在哪里	找秋天、秋天的游戏 留住秋天
	（2）秋天的收获	收获的季节、小小丰收会 大家来品尝
	（3）秋游去	秋游去哪里 我们带什么
	（4）秋天的节日	团团圆圆过中秋 神秘的月亮
	（5）尊老敬老过重阳	尊敬老人
三、健康生活每一天	（1）你真棒	猜猜他是谁 榜样就在我身边
	（2）我也棒	看看自己棒不棒
	（3）学做小雄鹰	飞翔的小雄鹰 我们不娇气 我能行
	（4）做个快乐鸟	我们多快乐 变烦恼为快乐

从人民教育出版社编写的《品德与生活》三级主题框架中可以看到，首先，课程的单元活动主题是依循时空的变化、学生生活的逻辑而设计。比如，教科书一年级上册中，儿童刚入学，从"我上学了"进入学生的角色开始；到国庆节来临，学习"祖国妈妈，我爱您"；新年将近，有"过新年"的学习内容。教科书一年级下册和二年级上册的课程内容，也是按照时间线索安排的，其中，季节性主题的设计尤为明显。春天里，"走进大自然"；夏天，要注意"健康生活每一天"；"金色的秋天"里，儿童去大自然进行实地的观察和探究，等等，都体现了以儿童生活的时空逻辑为主线选择与组织教材内容，重视课程与学生真实生活世界的联系。

其次，新课标规定的三条轴线和四个层面在教材中有机地结合在一起。"我的一天""健康生活每一天"等单元，主要是围绕儿童与自我的关系这一轴线设计的；"祖国妈妈，我爱您""我的家人与我的伙伴""我在集体中成长"等单元，则是从儿童与他人、社会的角度编排的；"走进大自然""金色的秋天"等单元，侧重于儿童与自然的关系这一条轴线。单元内容虽各有侧重，但都或多或少地涉及其他轴线上的内容，如"我的一天"这一单元，在以儿童与自我的关系为主要线索设计内容的同时，融合了儿童与他人、社会方面的内容（参见表2-1）。而新课标规定的四个层面的内容则直观地体现在"爱""整洁""好好地吃""精神""欢欢喜喜""欢乐""健康""清洁又美丽"等单元主题及活动主题的动词所传达出来的内容、情绪和情感色彩上（参见表2-1、表2-2、表2-3）。

再次，按照儿童生活面的不断拓宽、认识体验的不断加深，由近及远、由浅入深的逻辑安排学习内容，如与小伙伴的关系，人教版一年级上册认识"新朋友、新伙伴"，一年级下册"我和小伙伴"一同做游戏，到二年级上册"你真棒""我也棒"，发现、肯定彼此的优点，相互学习。在儿童与自我、与家人的关系等方面的设计，也呈现同样的特点，体现了教科书"以儿童的生活"为基础的设计理念，有利于儿童在教科书的引导下，循序渐进地学会生活、学习做人、学习做事。

此外，教科书设计了游戏、调查、观察、讨论等各种教学活动，体现了让学生在学习中活动，通过活动进行学习的教育理念。从而使"品德与生活"课程实现了以学生的生活为基础，以培养具有良好品德和行为习惯、乐于探究、热爱生活的儿童为课程的总目标。

（二）"品德与社会"课程内容分析

"品德与社会"是小学三年级至六年级的德育课程，它整合了品德、行为法规、爱国主义、集体主义、社会主义、国情、历史与文化、地理环境等有关内容，是一门以儿童社会生活为基础，促进学生良好品德形成和社会性发展的综合课程。

课程标准明确规定"品德与社会"课程"根据小学中高年级学生社会生活范围不断扩大的实际、认识了解社会和品德形成的需要，以儿童的社会生活为主线，将品德、行为规范和法制教育，爱国主义、集体主义和社会主义教育，国情、历史和文化教育，地理和环境教育等有机融合，引导学生通过与自己生活密切相关的社会环境、社会活动和社会关系的交互作用，不断丰富和发展自己的经验、情感、能力、知识，加深对自我、对他人、对社会的认识和理解，并在此基础上养成良好的行为习惯，形成基本的道德观、价值观和初步的道德判断能力，为他们成长为具备参与现代社会生活能力的社会主义合格公民奠定基础"[①]。

"品德与社会"的总目标是："旨在促进学生良好品德形成和社会性发展，为学生认识社会、参与社会、适应社会，成为具有爱心、责任心、良好的行为习惯和个性品质的社会主义合格公民奠定基础。"[②]

在"品德与社会"的课程标准中，明确规定该课程的基本理念有以下几个方面。

（1）帮助学生参与社会、学习做人是课程的核心。课程要关注每一个儿童的成长，发展儿童丰富的内心世界和主体人格，体现以育人为本的现代教育价值取向，培养他们对生活的积极态度和参与社会的能力，成为有爱心、有责任心、有良好的行为习惯和个性品质的人。

（2）儿童的生活是课程的基础。儿童的品德和社会性源于他们对生活的认识、体验和感悟，儿童的现实生活对其品德的形成和社会性发展具有特殊的价值。教育的内容和形式必须贴近儿童的生活，反映儿童的需要，让他们从自己的世界出发，用自己的眼睛观察社会，用自己的心灵感受社会，用自

---

①②中华人民共和国教育部. 全日制义务教育《品德与社会课程标准（实验稿）》[EB/OL]. [2009－11－03]. http://www.pep.com.cn/peixun/xkpx/peixun_7/kbjd/200807/t20080709_488889.htm.

己的方式研究社会。课程以儿童生活为基础，但并不是儿童生活的简单翻版，课程的教育意义在于对儿童生活的引导，用经过生活锤炼的有意义的教育内容教育儿童。

（3）教育的基础性和有效性是课程的追求。儿童期是品德与社会性发展的启蒙阶段，教育必须从他们发展的现实和可能出发。同时，有效的教育必须采用儿童乐于和适于接受的生动活泼的方式，帮助他们解决现实生活中的问题，为他们今后人格的和谐发展与完善奠定基础。

根据"品德与社会"的课程性质、课程目标以及课程设计理念，人民教育出版社编写的《品德与社会》教科书，以"我在成长""我与家庭""我与学校""我的家乡（社区）""我是中国人"和"走进世界"六大生活主题来设计课程内容。其课程设计理念依然关注儿童个体的生活，则是将生活中心在《品德与生活》的基础上向社会生活偏移，其目的是系统地对儿童进行社会交往、法制和社会其他生活方面的教育。

从人民教育出版社编写的《品德与社会》教科书的学习单元来看（参见表2-4、表2-5），《品德与社会》教材具有以下几方面的特点。

表2-4　人教版《品德与社会》（3—4年级）教科书的学习单元

序号	三年级的学习单元	四年级的学习单元
1	家庭、学校、社区	珍爱生命
2	我在学习中成长	安全地生活
3	我与规则交朋友	花钱的学问
4	我的角色与责任	关心你，爱护他
5	爱在阳光下	一方水土养一方人
6	我们共欢乐	生活与生产
7	生活不能没有他们	交通与生活
8	寻路与行路	通信与生活

表2-5　人教版《品德与社会》（5—6年级）教科书的学习单元

序号	五年级的学习单元	六年级的学习单元
1	让诚信伴随着我	走向文明
2	我们的民主生活	不屈的中国人
3	我爱祖国的山和水	腾飞的祖国
4	我们是中华儿女	漫游世界

续表

序号	五年级的学习单元	六年级的学习单元
5	成长的快乐与烦恼	你我同行
6	追根溯源	人类的家园
7	独具魅力的中华文化	同一片蓝天下
8	我们生活的地球	再见,我的小学生活

首先,教材设计思路以儿童社会生活为主线,点面结合,综合交叉,螺旋上升。家庭、学校、家乡(社区)、祖国、世界是儿童生活的不同领域,社会环境、社会活动、社会关系等是存在于这些领域中的几个主要因素。儿童的品德与社会性发展就是在逐步扩大的生活领域中,通过与各种社会要素的交互作用而实现的。

其次,注重教材内容的现实性与发展性。《品德与社会》以儿童的现实生活为线索,选择了与儿童的生活关系密切的、儿童乐于学习的内容,体现了课程内容的现实性与发展性。例如,在三年级的《生活不能没有他们》单元中,教材以学生一天的现实生活为视角,让学生通过亲身的观察与体验,感悟每一位社会成员在我们生活中的重要性,从而培养学生尊重劳动和劳动者的思想情感,对儿童成年后的职业选择具有重要意义。

再次,注重发展儿童丰富的内心世界和主体人格。《品德与社会》改变过去同类教材中存在的对学生思想品德教育过于显性的灌输,在教材中融入小故事、连环画、诗歌、名人名言等,形象而具体地对学生进行思想品德教育,并结合学生的自主合作活动,促进其积极的情感态度与价值观的形成。例如,在三年级的《爱在阳光下》《我们共欢乐》单元中,教材以一则经典的家庭教育小故事,引导学生在比较与自我反省中认识到父母无私的爱,进而启发学生思考"我能为家人做些什么?"并展开行动,使学生受到传统文化的价值观熏陶,又充分发挥了学生的主体价值。

此外,突出了"体验""感悟""探究""研究性"等学习方式。《品德与社会》注重学生多角度的体验与实践活动,例如,在四年级的《关心你,爱护他》单元中,教材引导学生通过"伪装"成残疾人,切身体验残疾人的生活，亲身感受残疾人的艰辛，从而使学生从内心深处萌发出关心、爱护社会弱势群体的情愫，提高道德感受力。

可见，"品德与社会"课程立足于儿童生活、围绕儿童生活、引导儿童生活、提升儿童生活经验和生活能力这样一个"生活性"的理念，真正赋予了儿童生活的意义和生命的价值。

（三）"思想品德"课程内容分析

"思想品德"是为初中学生健康发展奠定基础的一门综合性的必修课程。课标明确规定了"思想品德"课程总目标是："以加强初中学生思想品德教育为主要任务，帮助学生提高道德素质，形成健康的心理品质，树立法律意识，增强社会责任感和社会实践能力，引导学生在遵守基本行为准则的基础上，追求更高的思想道德目标，弘扬民族精神，树立中国特色社会主义共同理想，逐步形成正确的世界观、人生观和价值观，为使学生成为有理想、有道德、有文化、有纪律的好公民奠定基础。"① 在"思想品德"的课程标准中，明确规定课程设计的基本理念是：

"第一，初中学生逐步扩展的生活是本课程建构的基础。人的思想品德是通过对生活的认识和实践逐步形成的。初中生生活范围逐渐扩展，需要处理的各种关系日益增多。本课程正是在学生逐步扩展的生活经验的基础上，为他们正确认识自我，处理好与他人，与集体、国家和社会的关系，促进思想品德健康发展，提供必要的帮助。第二，帮助学生学习做负责任的公民、过积极健康的生活是本课程的追求。初中学生正处于青春期，并向成年人过渡，自我意识和独立性逐步增强。在初中阶段帮助学生形成良好品德，树立责任意识和积极的生活态度，对学生的成长具有基础性的作用。本课程的任务是引领学生感悟人生的意义，逐步形成正确的世界观、人生观、价值观和基本的善恶、是非观念，学做负责任的公民，过积极健康的生活。第三，坚

---

① 中华人民共和国教育部. 全日制义务教育《思想品德课程标准（实验稿）》[EB/OL]. [2009 – 10 – 02]. http://www.pep.com.cn/peixun/xkpx/sxpd/kbjd/jiedu/200807/t20080709_488113.htm.

持正确价值观念的引导与启发学生独立思考、积极实践相统一是本课程遵循的基本原则。思想品德的形成与发展，需要学生的独立思考和生活体验，社会规范也只有通过学生自身的实践才能真正内化。本课程将正确的价值引导蕴涵在鲜活的生活主题之中，注重课内课外相结合，鼓励学生在实践的矛盾冲突中积极探究和体验，通过道德践行促进思想品德的形成与发展。"

根据"思想品德"的课程性质、课程目标以及课程标准，人民教育出版社编写的《思想品德》教材，与小学的《品德与生活》《品德与社会》一样，也是基于学生的认知水平和生活实际而设计。教材以"成长中的我""我与他人""我与集体、国家和社会关系"为主线，整合道德、心理健康、法律和国情教育等内容。例如，从《思想品德》教材七年级下册的学习内容（参见表2-6），可以看到各学习单元都围绕"成长中的我""我与他人""我与集体、国家和社会关系"而设计。在第一单元："做自尊自信的人"中，"成长中的我"部分，要求学生了解自我评价的重要性，客观地认识、评价自己的优缺点，形成比较清晰的整体形象；懂得自尊和知耻，不做有损人格的事；养成自信的生活态度。"我与他人的关系"部分，要求学生关心和尊重他人，体会"己所不欲，勿施于人"的道理，学会换位思考，能够与人为善。这一单元设立"珍惜无价的自尊""扬起自信的风帆"两课。在第二单元："做自立自强的人"中，"成长中的我"部分，要求学生形成良好的学习、劳动习惯和生活态度；养成自立的生活态度，体会自强不息的意义。"我与他人的关系"部分，要求学生理解权利与义务的关系，学会尊重他人的权利，履行自己的义务。第二单元设立"走向自立人生""人生当自强"两课。在第三单元："做意志坚强的人"中，"成长中的我"部分，要求学生能客观分析挫折和逆境，寻找有效的应对方法，养成勇于克服困难和开拓进取的优良品质；主动锻炼个性心理品质，磨砺意志，陶冶情操，形成良好的学习、劳动习惯。"我与集体、国家和社会的关系"部分，要求学生能正确认识生活中的困难和逆境，提高心理承受力，保持积极进取的精神状态。第三单元设立"让挫折丰富我们的人生""为坚强喝彩"两课。在第四单元："做知法守法用法的人"中，"成长中的我"部分，要求学生知道法律是由国家制定，并靠国家强制力保证实施的一种特殊行为规范；知道法律对未成年人的特殊保护；了解一般违法与犯罪的区别，知道不良行为和严重不良行为可能发展为违法犯罪；学习在日常生活中自我保护的方法和技能，知道未成年人获得法律帮助的方式和途径，树立自我保护意识，能够运用法律同违法犯罪行为作斗争。"我与他人的关系"部分，要求学生了解法律对未成年人生命和健康的特殊保护，学会运用法律保护自己和他人的生命和健康；了解法律保护公民的人格尊严不受侵犯。"我与集体、国家和社会的关系"部分，要求学生自觉遵守社会规则；理解有法可依、有法必依、执法必严、违法必究的意义，能够自觉守法，维护社会秩序。第四单元设立"感受法律的尊严""法律护我成长"两课。

表2-6 人教版初中《思想品德》七年级下册的学习内容

单元主题	课	框	目
第一单元：做自尊自信的人	珍惜无价的自尊	自尊是人人都需要的	快乐的自尊；知耻与自尊；虚荣与自尊
		尊重他人是我的需要	同样的自尊，同样的快乐；尊重他人，就是尊重自己
		彼此尊重才能赢得尊重	维护人格最重要；自尊者达观；善于尊重他人
	扬起自信的风帆	我能行	自信一族；超越自负，告别自卑
		自信是成功的基石	一对孪生子共有的心态；自信有助成功
		唱响自信之歌	看到进步与长处；增强信心与实力；做自信的中国人
第二单元：做自立自强的人	走向自立人生	自己的事自己干	自立人生少年始；人生需自立
		告别依赖，走向自立	不能再有依赖；自立与自主；多实践，多锻炼
	人生当自强	人生自强少年始	自强，进取的动力；自强，通向成功的阶梯
		少年能自强	理想，自强的航标；战胜自我，自强的关键；扬长避短，自强的捷径

续表

单元主题	课	框	目
第三单元：做意志坚强的人	让挫折丰富我们的人生	人生难免有挫折	挫折与人生相伴；不同的态度，不同的结果
		挫折面前也从容	艰难困苦玉汝于成；寻找应对挫折的有效方法
	为坚强喝彩	让我们选择坚强	坚强意志的力量；实现人生目标的保障
		钢铁是怎样炼成的	我的意志品质；磨炼意志，学会坚强
第四单元：做知法守法用法的人	感受法律的尊严	走近法律	我们身边的规则；生活离不开法律
		法不可违	谁都不能违法；犯罪必受惩罚
		防患于未然	认清犯罪危害；加强自我防范
	法律护我成长	特殊的保护，特殊的爱	家庭保护和学校保护；社会保护和司法保护
		善用法律保护自己	求助有路；敢打官司；善于斗争

初中《思想品德》教材注重学生的主体性。一方面体现在教材内容的选择上，《思想品德》教材内容的选择注重初中学生所关注的自我、人际和社会问题，重视学生的真实境遇、内心感受和体验，使教材"讲述的是初中生自己的故事"。例如，针对七年级学生面临的走向新的学习生活以及适应新的学习环境的问题，七年级上册教材的第一单元为"笑迎新生活"，开设"珍惜新起点""把握学习新节奏"两课，来引导学生适应新的学习环境，做新的学习生活的主人。八年级学生渐处于青春期过渡阶段，面临因亲子冲突、同学关系等各种问题引发的心理矛盾，需要引导学生处理好生活中遇到的各种交往关系，提升其道德品质。因而，八年级上册设立的四个学习单元为"相亲相爱一家人""师友结伴同行""我们的朋友遍天下""交往艺术新思维"，其目的皆在于使学生掌握交往与合作的能力。另一方面体现在教材内容

的呈现方式上。它是以学生的口气、从学生的立场进入求索过程,而不是强行灌注,这可以从教材的特色之一——"课"下设的"导言"可见一斑。人教版《思想品德》教材分"单元""课""框""目"四个层次(参见表2-6),"课"下设"导言"。从形式而言,"导言"是一个与本课主题相关的富有情境性的小故事,或一段富于辨析性的对话,或几句扣人心弦的歌词,或一段描述性的文字等,从来源而言,"导言"皆源于学生生活,切合学生的心理体验和认知发展的特点。"导言"的运用使课程内容与学生的生活紧密相连,既激发了学生的学习兴趣与参与意识,又使学生感到可亲可信,吸引学生以教材为切入口对人生进行探索。当学生学习完教材之后,教材之中也就跳跃着学生的生命符号,充盈着学生的鲜活的记忆,并成为学生在后续生命过程中乐于回味的精神财富。

当前中小学"品德与生活"、"品德与社会"和"思想品德"课程,都强调与学生的现实生活相联系,关注学生的自身以及周围的世界,这与生活教育理论的研究成果以及发展趋势相一致。因而,对学生道德行为的观察与指导的现实定位应该是以学生的生活为基点,从学生生活的逻辑与关爱学生的角度来建构道德教育方式,既体现了生活道德教育理论的发展趋势,也是造就现代社会所需要的人的有效途径。

第三章

教师对学生道德行为的观察线索

道德教育的合理定位是道德教育取得成效的前提，掌握科学的道德教育方法则是道德教育取得成效的关键。中小学教育实践中建构一种有效观察学生道德行为的工具，将有助于教师更好地了解学生的道德发展状况并进行科学的指导，以促进学生道德行为的发展。

第一节 学生道德行为观察线索的作用

建构一个科学合理的观察学生道德行为的线索或框架，不仅有助于教师准确把握学生道德行为发展的基本状况，增强道德教育的针对性，而且有助于提高德育工作的科学化，更好地促进学生道德品质的发展。

一、学生道德行为观察线索的价值

准确了解和掌握学生道德素质的发展状况，是做好道德教育工作的前提和基础。那么，如何了解学生道德素质的发展状况呢？由于受到科技理性思想的影响，当前中小学道德教育与评价，存在着盲目追求量化评价的现象。量化是以数量方式收集有关信息，描述有关特征的过程，由于量化评价注重指标的可测量性，评价指标的设计往往会忽视甚至放弃那些难以行为化和难以测量的指标。只评价那些具体可测的行为指标，就难以真实地反映评价对象的整体状况。如价值标准行为化，难以反映学生的整体发展。刻意地追求量化，力求在每一项指标上设计一种测度，而无视其测度是否相同，一律给予加权求和，汇总成一个最终的分数和等级，获得了一个效度不是很高的数字，也难以反映评价对象的本质特征。因为"教育现象是一个很复杂的社会现象，量化评价往往把复杂的教育现象简化为简单的数据，不仅不能保证客观性的承诺，而且更重要的是往往丢失了教育中最有意义、最根本的内容"[①]。道德行为评价指标体系是否科学，并不在于所提供的信息是定性的还是定量的，而在于信息是否准确地反映了评价的本质特征。

为了准确反映学生道德素质发展的状况，便于教师及时有效地加以指导，我们设想建构一个科学合理的观察学生道德行为的线索或框架。该框架立足于学生道德教育的现实定位，从学生现实生活逻辑与关爱学生为维度进行建构，把定量研究与定性分析结合起来。其具有以下几方面的价值。

1. 帮助教师准确把握学生道德行为发展的基本状况，增强道德教育的针对性

教师运用道德行为观察线索，能帮助教师准确判断学生道德素质发展中，哪些方面比较好，需要进一步坚持和发扬；哪些方面还存在着问题与不足，需要加以改进和提高。教师可以据此查缺补漏，做到有的放矢，进而增强学生道德教育的针对性，提高中小学生道德教育的实效性。

2. 有助于提高德育工作的科学化

学生的道德行为不是神秘的东西，是个体在某一时期的行为表现所决定的特征系统，是一种客观存在，是外部行为与内在品质的统一，有质和量的

---

① 钟启泉. 新课程师资培训精要［M］. 北京：北京大学出版社，2002：158.

形式，是可以被观察的。教师通过道德行为观察线索，经过定性分析与定量研究，可以比较准确地获取学生道德素质的发展状况，既避免了单纯量化所存在的简单化倾向，又克服了纯粹定性研究容易出现的主观片面性，使德育工作科学、准确、有说服力。

3. 有助于促进学生道德品质的发展

学生道德行为观察线索简明、直观，不仅有助于教师了解学生的道德发展状况，而且也有利于学生进行自我观察。学生依据道德行为观察线索所呈现的自己在不同时期的表现状况，对自己有更为系统的、全面的了解，及时改进自己所存在的问题，不断提高自我评价、自我教育能力，促进自身更好地成长与发展。

二、学生道德行为观察线索的研制思路与方法

(一) 研制思路

首先，我们在运用文献研究方法对学生道德行为进行合理界定的基础上，从教师行为入手，系统阐述了教师有意识的观察与指导、无意识的人格魅力等，对学生道德观念、个性品质、行为习惯的影响。

其次，根据当前道德教育理论的研究成果与发展趋势并结合目前基础教育课程改革的实践，对学生道德行为观察与指导进行了合理的定位，确立了以学生生活为基础的道德行为观察线索，并在实践中进行了检验与修正。

最后，运用于教师对学生道德行为的观察与指导之中。

(二) 研制方法

我们主要采用了以下几种研究方法。

1. 文献研究与调查研究相结合

我们从历史的视角系统梳理了教师观察的特点以及对学生道德行为发展与自身专业成长的影响。同时，为了切实掌握当前中小学生的道德发展状况，选取实证研究方法，在借鉴已有的有关量表的基础上，自制适用于教师和学生使用的小学生、中学生道德发展量表。并结合对教师与学生的大量访谈，对中小学生道德发展的现状进行了初步的归纳和分析，剖析其德育失效的症结所在。

2. 理论论证与实践验证相结合

我们从生活教育理论以及新课程的视角，阐释中小学生道德教育的逻辑起点——以生活为基点。从生活的逻辑与学术的角度，对学生道德行为发展的基本要素与发展水平进行理论阐释，建构了观察学生道德行为发展的框架。然后，将初步建构的观察框架回归实践基地——杭州市朝晖教育集团和杭州市行知小学，由课题合作组的中小学教师进行实践的检验、修正与完善。

3. 教师实践反思与课题组跟进式的个别指导及教师个性化的行为调整相结合

我们要求实验教师对自己确定的观察对象进行长期的追踪研究，对每一次观察的结果、指导方式以及成效进行理性反思，进而确定下一步的指导方式。这是一个循环教育过程，在这一过程中，我们一直采取座谈或跟进式个别指导，以促使一线教师从更高层面把握研究方向，确定有效的教师观察与指导行为。

第二节　学生道德行为的观察线索

学生道德行为观察线索或框架由学生生活的六个轴面与学会生活、学会做人的道德教育目标交叉构成，具体表现为：对自己学会自爱、对父母学会孝顺、对他人学会尊重、对集体学会负责、对社会（现象）学会判断、对自然学会爱护。

一、学生道德行为观察线索的内容

学生道德行为观察线索是基于学生的生活视野，以学生的整体生活为逻辑起点，以促进学生的道德行为发展，学会生活、学会做人为目标。

从生活的外延而言，根据不同的标准可以将学生的生活划分为不同的类型。依据空间来分，学生的生活包括家庭生活、学校生活和社会生活。学生的生活世界是由个人、社会、自然等基本要素构成，这些基本要素彼此交融，像"灌木丛"一样，相互交织在一起，形成各种关系。以生活为逻辑维度，是指按照学生逐步扩大的生活领域为逻辑起点，关注学生自身、学生与父母、学生与他人、学生与集体、学生与社会、学生与自然之间的相互关系，如图3-1所示。

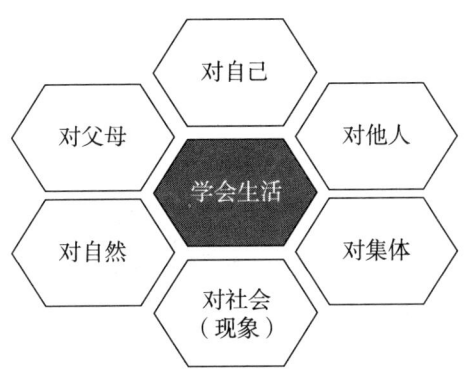

图3-1 学生生活的六个轴面

以生活为逻辑起点，并不是对生活的简单再现，而是意味着教育不仅应该源于生活，符合生活逻辑，而且更应该高于生活，指向美好的生活图景和理想的人生境界，使学生在生活之中学会生活，学会做人。因而，学会做人则成为教师观察与指导学生道德行为发展的目标，在学生生活的六个轴面分别表现为：对自己学会自爱、对父母学会孝顺、对他人学会尊重、对集体学会负责、对社会（现象）学会判断、对自然学会爱护，如图3-2所示。

图3-2 学生生活的六个轴面要达成的目标

从图3-2所示，学生道德行为观察框架是由学生生活的六个轴面以及要达成的行为目标作为二级指标来建构，以促进学生对自我、对他人、对社会和自然之间内在联系的整体认识与体验，谋求自我、社会与自然的和谐发展。

（一）注重学生与自我的关系：对自己学会自爱

道德不仅仅要求主体对自身之外的规则、规范负责，而且要求主体对自己负责，因为只有对自己负责的人，才可能对自己置身于其中的种种关系持积极的态度。因而，道德教育应该引导学生不断反思自己想要过何种生活。具体而言，应包括以下几个方面的内容。

1. 关心自己的身体健康

无论是现在的学习还是今后的工作，都需要拥有一个健康的身体。现在的父母十分重视给孩子以充分的营养，但由于缺乏足够的锻炼以及挑食等因素，肥胖学生越来越多，随之也出现了一系列的健康问题。因此，应该使学生明白健康的价值以及体育锻炼的意义。

2. 具有较强的自我保护意识

目前正在施行的《中小学生守则》强化了中小学生的自我保护意识，原《中小学生守则》中有"遇到坏人坏事要主动报告，敢于斗争"，现在正在施行的新《中小学生守则》去掉了"敢于斗争"四个字，意义非同寻常，因为它彰显了尊重人的生命权的理念。道德教育应该使学生具有较强的自我保护意识与能力。

3. 懂得珍惜生命

当前，常常有关于青少年离家出走的报道，国外对青少年离家出走的研究源于20世纪30年代，目前，青少年离家出走已成为社会普遍关注的问题。青少年离家出走有多方面的原因。从青少年身心发展特点而言，这一阶段的青少年具有强烈的成人感与自我意识。表现为独立意向强烈，迫切要求得到别人的尊重、信任和友谊。开始用自己的眼光来审视教师，分析家长，评价同学。明显地开始挑战家长的权威，如果家长们简单粗暴地对待他们，便会使他们产生对立情绪，以至于发展到出走。同时，这一阶段的青少年又特别期望得到父母的关爱。当感受不到家庭温暖，又面对学业的巨大压力时，就会通过一些极端的手段如离家出走，来释放心中的抑郁。从家庭教养方式而言，有关研究表明，家长如果采取保护的、合理的、民主宽容的教养态度，孩子就显示出独立、积极、态度友好、情绪稳定等性格特征；如果采取的是干涉、溺爱、独裁、压迫的态度，孩子就显示出适应性差、神经质、依赖、反抗和情绪不稳定等性格特征，容易导致离家出走。从学校教育方法而言，青少年若感到学习负担过重，就会产生厌学情绪和逆反心理，期望通过离家出走来逃避学业压力。从新闻媒体的报道而言，当前有的新闻媒体过分渲染一些中学生由于学业压力过大而弃学出走的消息后，有的学生错误地认为离家出走是解决压力的有效方法而加以效仿。

离家出走行为会给青少年本人以及家庭和社会带来各种危害。离家出走的青少年缺乏安全保障，生存状态困难，生存环境不安全，有可能受到侵害或受到不良诱惑而犯罪。离家出走也使青少年中断学习，遭受一系列的挫折，产生消极体验，影响正常的社会适应能力的养成。离家出走还容易使青少年遇到问题便以回避和逃跑的方式应对，从而形成这一固定的行为模式，以后面对困难时习惯于逃避，以至于延误解决问题的最佳时机，带来更大的困扰。

　　预防青少年的离家出走，就成人角度而言，应该营造民主的家庭氛围，变教训为指导，降低期望值，尊重青少年的自主自立的意愿。对青少年少一些限制，多一些肯定、鼓励和支持等。就青少年而言，至少应该意识到以下几点：①离家出走并不能解决问题和摆脱困境，应该寻找更积极、更具有建设性的解决问题的途径；②挫折可促使人的成熟与成长，应该正视挫折，提高自己承受挫折的能力；③掌握与家长、教师、同学等沟通的技能，掌握一些自我调节与疏导情绪的策略与方法，形成积极、健康、乐观的人生态度。

（二）注重学生与家庭（父母）的关系：对父母学会孝顺

　　家庭是学生生命中所从属的第一个群体，是第一个超越自己去关心他人的小天地。现在的学生大都是独生子女，他们将来要支撑起整个家庭，承担起对家庭的责任以及对父母的关心。因此，积极引导学生理解父母，更好地孝顺父母，是学校德育工作的一个新的任务，应该从以下几个方面入手。

1. 主动承担一定的家务

　　目前，许多中小学生的生活自理能力比较弱，究其原因，主要有以下两方面：一是家长过分溺爱孩子，不愿意让孩子做家务。二是学业压力过大，迫使孩子将所有精力放在学习上，没有时间做家务。这实际上是对家务缺乏正确的认识。让孩子参与家务劳动，其主要目的在于孩子身心的健康发展。换言之，不是家务劳动需要孩子，而是孩子的个性发展需要家务劳动。孩子参与家务劳动的着眼点并非在劳动效益上，而在于劳动对孩子个性的全面发展的价值上。因而，当孩子具备了一定的劳动能力时，就应该对家庭尽义务，参加适当的家务劳动。一个人如果连家庭义务感都不具备，又怎能具有社会义务感呢？家庭教育专家伊丽莎白·邦得里曾说过："给孩子布置家务是让孩子建立自我价值感和相信自己能力的一种最好方式……习惯于承担家务劳动的孩子,在走向成年的过程中,往往比那些缺少这种体验和责任感的孩子更容易适应生活。"[1]

2. 加强与父母的日常交流

父母的教育,孩子听不进;孩子的意见,父母受不了;你说你的,我做我的。这是不少学生都有过的一种心理状态,其原因在于代沟造成的思想、心理和行为的隔阂。作为父母应该重视孩子的生理和心理变化,民主平等地对待孩子。作为孩子,也应该掌握一些沟通的方法,主动与父母沟通。如巧用节日表达对父母的关心。当三八妇女节、父亲节或母亲节来临时,应该事先策划,设计好活动,一年一个创意,一年一个新活动,让父母年年过得有意义。又如,在一些特殊的日常情境中,为父母做一些事:父母下班,碰上下雨,你送来一把伞,他们会喜出望外;父母去车站,你送上一程,他们会无比感动;父母过生日,你买个小礼物,他们会激动万分。再如,结合教师布置的"我的父母"这一类命题作文,用心体悟,写出温馨、感人的父母形象,并请父母指正,从而增强与父母的情感交流。此外,平时离家外出时,写上一段留言,这留言不是三言两语的简单的"说明文",而是温馨的"抒情短文",让父母感受到子女的爱心。

3. 能体谅父母

现在有些学生不顾家庭经济条件,跟着流行走,互相之间攀比吃喝与穿着打扮。有的学生用父母省吃俭用的钱为自己买面子,给同学点歌,庆贺生日活动。有的学生当自己的要求达不到时则口出怨言,诸如此类,致使父母痛心、伤心。因而,教师应该引导学生在个人的消费上要自觉地考虑家庭的经济状况,体谅父母的难处,尊敬父母,体贴父母,关心父母的日常生活,使父母切实感受到孩子的成长与成熟,享受亲子之情。

---

[1] 李石华. 隔代教育——备受宠溺的孩子怎样教[M]. 北京:朝华出版社,2009:213.

（三）注重学生与他人的关系：对他人学会尊重

建设和谐社会的一个重要标志就是要实现人与人之间的和谐。实现人与人之间的和谐，必须把社会的公平正义作为处理人与人之间关系的标尺，把诚信友爱作为处理人与人之间关系的基本准则。学会尊重，即尊重人的尊严、尊重人的基本权利和责任、尊重人的价值、尊重人在自己发展中的主体地位等。对他人学会尊重，应该从以下几个方面进行培养。

1. 礼貌待人，不妨碍他人

如在公共场合降低自己说话的音量、没有他人的允许不打搅他人、具有良好的个人卫生习惯等，都是对他人的尊重，体现自身修养的表现。

2. 乐于助人

乐于助人的前提是善于助人，在别人需要帮助的时候给予帮助，避免出现这样的童趣：某红领巾硬扶老奶奶过了马路，才发现老奶奶并不想过马路。助人要防止将自己的价值观投射于人、强加于人。助人也并非是接过对方的伤痛背在自己的身上，而是伸出自己的双手，让需要帮助者知道，有人与他同行。助人是不带有功利心的行为，如果沽名钓誉，为了争名夺利而助人，就变成了伪善。

3. 诚实守信

诚实，就是忠于事物的本来面貌，不隐瞒自己的真实思想，不掩饰自己的真实感情，不说谎，不作假，不为不可告人的目的而欺瞒别人。守信，就是讲信用，信守承诺，忠实于自己承担的义务，答应了别人的事一定要去做。诚实守信是中华民族的传统美德，在我国的传统道德观念中，往往把有无"诚信"视为区别"君子"还是"小人"的重要标尺。随着时代的发展，诚信的内涵日益丰富，不仅是一种美德、准则，更是一种声誉和资源。同时，诚信的适用范围也越来越广泛，小至个人品行，大至企业、国家形象。另外，诚信的地位也越来越高，已从道德的范畴提升到制度范畴。

(四) 注重学生与集体的关系：对集体学会负责

中小学的集体往往以班级为基本单位，班集体不仅是学校教育和教学活动的基层组织形式，而且是学生发展和个性完善过程中能产生巨大教育功能的教育载体，是学生进行社会交往的重要舞台。因而，应该积极引导学生充分认识到集体的功能，对集体具有强烈的责任感，树立团队观念、集体荣誉感以及主人翁意识。

1. 团队观念

团队观念指团队成员为了团队的利益与目标而相互协作、尽心尽力的意愿与作风，是学生必不可少的素质。团队观念的基础是尊重个人的兴趣和成就，核心是协同合作，最高境界是全体成员的向心力与凝聚力。团队观念的形成并不要求团队成员牺牲自我，而是强调挥洒个性，表现特长，团结协作，优势互补。学生要具有团队观念，关键在于学会处理好两个关系。一是处理好自己与团队的关系，形成一种自己与团队的相互依存、休戚相关的关系。二是处理好自己与团队其他成员之间的关系，树立为了个人与团队共同目标的实现，会自愿、主动、积极地协同合作的意识，在学习和活动中能互相尊重，相互依从，互相配合，以发挥团队的整体效应。

2. 集体荣誉感

集体荣誉感是一种热爱集体、关心集体，自觉地为集体尽义务、作贡献的道德情感。具有集体荣誉感的学生，当集体受到赞扬、奖励的时候，会产生欣慰、光荣、自豪的感情；当集体受到批评或惩罚的时候，则会产生不安、羞愧、自责的情感。热爱集体是形成集体荣誉感的基础。学生热爱集体，才会珍惜集体，爱护集体的荣誉，不仅在任何时候都不做有损集体之事，而且还会为了维护集体的荣誉能主动地调整自己的行为。

3. 主人翁意识

与团队观念、集体荣誉感密切相关的主人翁意识，也是学生具有强烈的集体责任感的具体体现。具有主人翁意识的学生，能视自己为集体中的一分子，能真切地感受到自己在集体中的价值，在感情上与集体融为一体，做集体的主人。如主动关心集体，积极参与集体的各项活动，主动维护集体的荣誉，自觉地为集体服务等都是具有主人翁意识的表现。

（五）注重学生与社会的关系：对社会（现象）学会判断

信息化时代，知识呈指数级增长。"最近30年产生的知识产量等于过去2000年产生知识总量的总和；到2020年，知识总量是现在的3—4倍；到2050年，目前的知识只占届时知识总量的1%。"[①] 面对大海波涛般涌来的信息和知识，如果缺乏判断与选择能力，根本无法较好地分析、加工和存储信息。

同时，随着我国市场经济的进一步推进，国际间的政治、文化交往的日趋频繁以及因特网的发展，当今社会已呈现出多元化的特征，各种价值观之间的差异日益凸显。这些价值差异乃至价值冲突通常很难在短时间内获得真正意义上的消解或缓和，且愈来愈不可能仅由任何权威人士或权威机构施以简单的"正误裁决"便可决定取舍，人们将不得不经常面对价值冲突，不得不综合考虑外部压力与自身境况，对处于冲突之中的各种价值取向作出即时的选择。选择，将成为当今时代人们在道德生活中的一种"日常行为"。

中小学生思维活跃，善于接受新事物，但毕竟缺乏社会生活经历，缺乏对国情、世情的深刻了解，具有明显的知识局限性和思想方法的片面性，面对形形色色的各种社会信息、纷繁复杂的社会现象，有时会无所适从甚至迷失自我。时代要求激发学生的主体性，培养学生的道德判断与道德选择的能力。正如德国现代教育之父洪堡所言："教育必须培养人的自我决定能力，而不是要培养人去适应传统世界，不是首先要去传播知识和技能，而是要去'唤醒'学生的力量，培养他们自我学习的主动性、抽象的归纳力和理解力，

---

① 金哲，邓伟志. 21世纪世界预测 [M]. 上海：上海人民出版社，1996：123.

以便能使他们在目前无法预料的种种未来局势中自我作出有意义的选择。"①

培养学生对社会现象进行判断与选择的能力,应该注重以下两个方面。

首先,应该具有良好的社会公德意识。主要表现在能自觉遵守公共秩序。社会的公共秩序是人们在长期的社会生活中逐步形成与完善起来的,公共秩序代表着大家共同的利益、共同的意愿,遵守共同秩序是对集体的尊重,也是对自己的尊重。如果有个别人破坏公共秩序就会使许多人受到伤害,造成不良影响,因而,应该使学生养成自觉遵守公共秩序的习惯。具有良好的社会公德意识,还表现在积极参加社会公益活动,例如,有的学校组织的宣传交通法规,扶老携幼过马路活动,学生用自己的实际行动,维护交通秩序,保护公共利益。具有良好的社会公共意识,还表现在要敢于挺身而出,对违背与破坏公共秩序的人进行批评与劝说。

其次,应该遵纪守法。"纪"就是"纪律",是政党机关、部队、团体、企业、学校等为了维护集体利益并保证工作的正常进行而制定的要求,是每个成员都应该遵守的规章制度。"法"是由国家制定或认可,受国家强制力保证的行为规则。一方面,纪律与法律保障社会正常的运转秩序,保护人们行使正当的权利。另一方面,个体的一切行为也应该受到法纪的约束。中小学生作为社会中的一员,在日常的学习与生活中,也应该自觉遵守国家的法律、法规以及社会公共规范,从小养成良好习惯,加强自我修养,自我调节、自我完善,自觉抵制违法犯罪行为的引诱。同时,也应该具有运用法律维护自身合法权益的意识,增强自我保护能力。

(六) 注重学生与自然的关系:对自然学会爱护

建立人与自然的和谐共处、协调发展的关系,是当今社会正在倡导的教育理念,也是人类生存与发展的必由之路。人类也是自然界中的一部分,人与自然的关系应该是共同前进的伙伴关系,是共同发展的朋友关系。这就要求人类的思维视点,不仅要征服自然、利用自然,而且要善待自然、保护自

---

① 凌逾. 面向21世纪的自我管理教育 [J]. 青年探索, 1999 (2): 26.

然、尊重自然。在评价一切经济活动和社会活动时,不仅要考虑经济价值,而且要考虑生态价值;不仅要考虑眼前价值,而且要考虑长远价值;不仅要考虑从自然中所得,还要考虑如何回报自然等。只有这样,才能真正实现人与自然的和谐共处、协调发展。为此,爱护自然,就应该从我做起、从身边做起、从小事做起、从现在做起,加强以下几方面的教育。

1. 爱护环境

从爱护我们周围的生活环境开始,积极引导学生参加学校与社区开展的各种环境保护活动,自觉爱护身边的花草树木。不踩踏树苗、草坪,不采摘花朵,不在树枝上挂重物,不在树干上刻画,给花草树木一个自由生长的空间。

2. 节约能源

节约能源不仅是对社会资源的珍惜和爱护,也是对别人劳动的一种尊重。节约能源不是一句口号、一种空谈,而是实实在在的生活细节。无论在学校还是在家里,都应该做到:小水量开水,及时关水;及时关闭电器电源;使用圆珠笔、水笔时应该换芯不换管,平时多使用自动铅笔;节日向长辈及好友表达祝福,可以通过电话、短信以及电子贺卡表达自己的心声;使用随身听、MP3、电子词典等学习娱乐电子产品时,应多使用充电电池,有外接电源的应使用外接电源,这样可以大大避免废旧电池的浪费和造成环境污染;平时饮食要时刻铭记"粒粒皆辛苦"并拒绝使用一次性餐具;对于公共场所出现的所有浪费行为,每一个学生都有责任及时制止;等等。

3. 和谐共处

建立人与自然的和谐共处的关系,还应该教育学生真正地理解动物对于人类和自然界的重要性。首先,应该使学生具有爱护动物的意识,认识到动物是整个自然界中生物链的一环,动物是人类的朋友,任何一种动物的灭绝,都会直接或间接地影响人类。人类作为自然界的一员,爱护动物、善待动物、保护动物实际上就是爱护和保护我们人类自己。其次,要以自己的实际行动去善待动物、爱护动物。动物无论是野生的还是家养的,无论是凶猛的还是温顺的,无论是天上飞的、地上爬的、水里游的,它们都是自然界的一员,正因为有了无数动物的存在,自然界才是可爱的。

综上所述,我们把学生道德行为发展的六个维度又分解为三级指标,根据学生道德行为形成的内在机制,学生道德行为发展水平可以分为三个水平,即初级水平、中级水平和高级水平,分别用"1""2""3"表示,初步构建了一个观察学生道德行为发展状况与水平的框架。为了检验其有效性与合理性,我们对杭州市六所中小学共420名教师(初中212名,小学208名)进行了抽样调查,并通过个别访谈、座谈会等形式,征求修改意见与建议,形成了学生道德行为的六维度、三水平的观察框架(参见表3-1):

表3-1 学生道德行为观察框架

道德行为观察指标		道德行为观察的表现和发展水平		
二级指标	三级指标	3	2	1
对自己:学会自爱	自我保护	具有一些危急之时的应变、急救的知识与能力	了解一些相关的知识	不了解有关的知识
	热爱生命	能克制一切危害自己和他人生命的过激行为	基本能克制过激行为	有离家出走等过激行为
对父母:学会孝顺	承担家务	主动完成	提醒下能完成	常常完成不了
	日常交流	主动全面地讲述	询问下能较全面地讲述	不愿讲或三言两语
	体谅理解	当自己的愿望与家长的期望不一致时,能有礼、有理地说明	勉强地接受	无礼地反对
对他人:学会尊重	礼貌待人	不把自己的价值标准强加于人	能正确运用日常的礼貌用语	日常的礼貌用语常常做不到
	乐于助人	常常助人并以此为乐	偶尔助人,不做损人利己之事	不愿意助人,会做损人利己之事
	诚实守信	犯了错误能主动承认,只要承诺一定尽力做到	承诺的事中认为重要的能做到	常常说谎,承诺的事常常做不到

续表

道德行为观察指标		道德行为观察的表现和发展水平		
二级指标	三级指标	3	2	1
对集体：学会负责	团队观念	在集体活动中能主动与他人合作	在要求下能与他人合作	常常不愿意与他人合作
	对待荣誉	为维护集体荣誉能主动调整一些自己的行为	在要求下能调整一些自己的行为	不愿意调整自己的行为
	主人翁感	视自己为集体的一分子，主动关心集体	在提醒或感染下能关心集体	不关心集体
对社会（现象）：学会判断	社会公德	基本能作出正确的判断	在引导下能作出正确的判断	不能作出正确的判断
	法纪法规	能自觉遵守	能理解与认可	不太了解
对自然：学会爱护	爱护环境	积极参加学校或社区开展的环境保护活动	基本能爱护花草树木等	常常会出现采摘花草树木等行为
	节约能源	能主动或提醒同学节约各种能源	基本没有浪费笔、水、电、粮食等行为	常常有浪费笔、水、电、粮食等行为
	和谐共处	对动植物、河流等的作用有充分的认识，对小动物有爱心行为	了解一些动植物、河流等的作用，对小动物偶尔有爱心行为	不太了解，对小动物有缺乏爱心的行为

注："1"表示初级水平；"2"表示中级水平；"3"表示高级水平。

二、学生道德行为观察线索的基本特征

1. 注重道德行为的整体性

道德行为观察框架克服了"主知""主情""主行"的研究思路，把学生看成是一个整体的发展过程，从统整的观点来研究道德行为问题，不仅反

映社会要求，而且反映学生的自我完善的要求；把道德教育的功能由单一的知识授受转向对未来社会的全面适应、主动参与、自主选择上；把教育的时空领域由单纯的人际关系拓展到人和自然、人和社会的综合平衡上。

2. 强调道德行为的实践性

学生道德行为观察框架改变了侧重于道德知识的评价为道德行为发展水平的评价。一方面，体现了道德是实践性的知识，中小学生只有将道德知识转化为道德行为，学生对道德知识的学习才是有价值、有意义的；另一方面，也体现了衡量道德发展水平的标准是学生处理实际生活中的道德问题的能力。与笔试测验相适应，过去中小学道德教育评价结果，主要用"分数"和通过分数折算而成的"等级制"两种方式来表达。而学生道德行为观察框架是一种以质性评价为主的道德教育评价方式，主要是通过对学生道德行为实现程度的客观水平的确认来进行，将传统的"分数"或"等级"表达方式改进为"道德行为发展水平"表达方式。学生道德行为观察框架中的"3""2""1"分别表示高级水平、中级水平和初级水平。

3. 重视道德行为的主体性

道德是个体将社会规范内化为自身的行为准则的过程，是规范传授与主动建构相统一的过程，这一过程离不开学生自身的认识、实践与体悟。因而，学生道德行为观察框架注重对学生主体的引导，充分发挥学生的主动性和积极性。

总之，学生道德行为观察框架的各个指标都是相对独立的，既不可或缺，也不能相互替代。但落实在学生身上又相互联系、相互作用和相互渗透，共同构成了一个有机系统来促进学生道德行为的发展。

第三节　学生道德行为观察线索的运用

我们研制的学生道德行为观察框架，经过实践基地学校教师的检验、修正，加以完善后运用于中小学教育实践之中。并随着研究的深入，我们进一步开发了基于网络的开放式观察平台，作为信息化工具辅助于教师的观察与指导。

一、学生道德行为观察线索运用的基本步骤

（1）实验教师在全面观察班级每一名学生的基础上，确定一定数量的个案进行重点观察。依据学生道德行为观察记录表（参见表3-2），在一周内记录1—2次，连续记录半年；

（2）把记录结果输入我们设计的基于网络的开放式观察平台之中，自动生成直观的图形；

（3）诊断学生道德行为发展状况，针对其薄弱点，确定教师的指导方式；

（4）将教师观察结果和图形告诉学生，让学生比较分析，并在教师指导下进行行为修正；

（5）教师再次观察学生修正后的行为状况，并根据学生的实际确定新的指导方式，开始一个新的观察与指导的循环过程；

（6）教师对相关案例进行记录。

表3-2 学生道德行为观察记录表

道德行为二级指标	道德行为三级指标	行为表现举例	发展水平
对自我	自我保护		
	珍爱生命		
对父母	承担家务		
	日常交流		
	体谅理解		
对他人	礼貌待人		
	乐于助人		
	诚实守信		

续表

道德行为 二级指标	道德行为 三级指标	行为表现举例	发展水平
对集体	团队观念		
	对待荣誉		
	主人翁感		
对社会	社会公德		
	法纪法规		
对自然	爱护环境		
	节约能源		
	和谐共处		

二、学生道德行为观察线索的运用案例

［案例］ 他是个麻烦制造者①

小李是一个初一男生，下面是我观察到的几个事件。

＊行为观察

1. 欺负同学，与同学关系紧张

他常常无故拉女生辫子，把同学的书扔到窗外，同学们不愿坐在他周围，多名家长也因此提出给孩子换座位。

一天下课时，有位女生跑到我办公室说："老师，我再也受不了了，小李上课时用大头针戳我，下课时把刀片放到我的椅子上。"我听了以后急忙赶到教室，同学们纷纷投诉，说他自己不听课，还用大头针戳听课的同学。一位同学当场从坐在他前面的小王的毛衣上取下一枚大头针。我的心里一阵紧缩，如果孩子在脱毛衣时不慎扎了眼睛怎么办？而小李一副满不在乎的样子。

---

① 摘自杭州市朝晖教育集团徐晖老师的个案观察与指导案例。

2. 不承认错误，与老师冲突不断

小李上课爱做小动作，常常拿他人的文具滋事起哄。有一天上数学课时，数学老师看到小李用尺子不断地打前面的同学，于是就提醒他认真听讲，但小李一口否认自己的不良行为。不久，老师突然感到有东西砸到背上，转身一看是一些碎粉笔头在地上，同时看到小李的手上还有一两个没有来得及扔出去的粉笔头。老师平静地问他："你觉得这样砸粉笔头很有意思吗？"他竟然盯着老师说："凭什么说是我砸的？"

3. 偷东西，常说谎

从初一入学以来，班里一年半的时间前后共发生不下五起失窃事件，这还不包括学生的文具书籍的丢失。

有一天，同学们从实验室上课回来，有个同学发现钱包里的150元钱不见了，有的同学的公交卡不见了，还有一位同学的一个价值千元的游戏机和卡不见了。虽然有种种迹象表明小李的嫌疑最大，但他不承认。晚上我打电话给他的母亲，说了我的顾虑和要求，她表示等孩子睡后就检查他的书包。结果，在他的书包里找到了游戏机和卡，但他说是借来玩的。至于钱则一口否认。

*观察分析

我运用学生道德行为观察框架，首先分析小李与父母的关系：经过与其父母的沟通，了解到小李由外公外婆带大，老人对他极为宠爱，使小李形成了一切以自我为中心的观念。不但缺乏承担家务劳动的意识，而且对父母的规劝也置若罔闻。但他的父母表示有积极配合教师工作的意愿。

对自我的关系的分析：小李是一个比较顽劣的孩子，由于性格开朗、胆大，又容易冲动，常常会做出一些超越常规的行为。

对他人、集体与社会的关系的分析：小李对老师和同学缺乏应有的尊重，也缺乏基本的文明礼貌行为，更没有形成良好的行为习惯，尤其是偷窃行为如果不及时加以矫正，势必影响他的成长与发展。

对自然的关系的分析：也许是由老人带大，老人节俭的生活方式在小李身上，留有些许痕迹，相对而言，他在学习用品的使用上比较节俭。

根据学生道德行为观察框架，分析表明他是一个道德发展认知水平低下，缺乏正确道德行为习惯的学生。针对小李道德素质的发展状况，我决定从他与父母、与同学的关系着手进行指导。

*对策与措施

1. 针对他常常出现的侵犯他人的行为，运用道德叙事的方式，提高他的道德认知水平

在中小学生身上，常常会发现诸如"把大头针悄悄地放在同学的座位上""当同学就座时突然将其凳子勾走""把女同学的辫子绑在后面的桌子上"等事件。出现这类事件的原因是多方面的：有的基于好奇；有的是自尊心受到伤害而产生逆反心理；有的是被人忽视，希望自己的行为引起他人的关注；有的是父母教养方式不当，一贯娇宠，使孩子缺乏正确的道德认知，不懂自我约束而为所欲为。我认为小李主要缺乏正确的道德认知，于是我对他讲了一个真实的事例。

淮安市某中学有名16岁的高一学生李红（化名），常常会莫名其妙地大口吐血。她与她的家人为了治疗这个病症四处寻医问药，但至今仍没有一家医院能找出她吐血的原因。

病情的起因源于班级一名男同学的恶作剧。那年她读初二，刚开学不久，有一天她到教室刚准备坐下时，坐在她后排的一名男生恶作剧般地用脚将她的凳子勾走，结果她坐倒在地，后脑勺碰到课桌腿上，当时她就感到头昏、胸口闷疼，一口鲜血喷涌而出。她站起来后发现自己除了吐了一口鲜血外，并无不适感觉。但三天后的课堂上，她突然感到胸口闷疼，结果一大摊鲜血从口中喷出。从那以后，她时常会毫无意识地吐血。发展到后来只要一进校园或在去学校的路上，她就会怪病发作。

几年来，她的父母带着女儿辗转于各大医院，光检查的片子就拍了三四十张，堆在一起有一本书那么厚。一家三口也不知抱在一起哭过多少回，也不知道究竟能不能治好？

这是一例由恶作剧引起的非常特殊的事件，如果没有那次的恶作剧，李红不会发病，一家人的生活也不会走上漫漫的求医之路。李红的病情也使那个男生无限地悔恨，从此以后，他的生活也少了许多快乐，时刻记挂着同学的病情。

讲完这个故事，小李脸上的无所谓表情消失了，他瞪着眼睛，望着我，一言不发。

我继续说："如果小王在脱毛衣时不慎扎了眼睛，你负得起责任吗？我们开玩笑要注意分寸，注意场合，不能用所谓的玩笑行为伤害别人，要控制自己的行为。"小李连连点头。

2. 运用价值澄清方法，提高其道德认知水平

鉴于他常常难以认同他人的批评，在最初与他交流时，侧重于使他认同诸如"什么是影响他人学习？""什么是欺侮同学？"等行为的明确界定，使他能照章调整自己的行为。

3. 运用行为签约的方法，促使其形成良好的行为习惯

为了矫正其不良行为习惯，我与其家长经过协商，采用行为签约的方法（参见表3-3），家长根据老师和同学的评价，在一个目标周期中有明确的奖惩制度，并且每周与我进行沟通（参见表3-4）。

表3-3 小李与父母签订的行为签约表

行为签约

1. 在家表现由妈妈评，分好，一般，差。

2. 在校表现由老师评，分好，一般，差。

3. 零用钱每周20元。每周一个差就减零用钱一元，以此类推。一周没有差，好的比例达60%奖5元，70%奖10元，以此类推。好的比例少于40%不奖励。考试作弊罚5元。

4. 连续4周好的比例超60%，奖励邀请同学到家玩，或到同学家玩，或和父母外出郊游。

5. 连续8周好的比例超60%，且没有差，奖一件小李渴望的东西，但要合理使用。如不分场合使用，奖品由家长收回保管。

签约人：小李   管理人：班主任老师
签约人：小李妈妈

表3-4 小李的家校联系卡

内容	行为表现				
	周一	周二	周三	周四	周五
1. 迟到早退					
2. 上课纪律					
3. 作业完成					
4. 劳动卫生					
5. 合作交流					
6. 生活习惯					
7. 一周小结					
8. 改进目标					

注：1—5 由老师和同学填写，6—8 由家长和小李共同填写。

★效果与反思

经过一个阶段的教育引导，小李在以下三方面有了明显的变化。

（1）能较好地接受父母的规劝，也能尊重父母。这使父母感到惊喜，感到孩子懂事了很多。

（2）能接受老师的劝告，与老师的冲突明显减少。比如，听到老师的警告，能及时停止不当行为。对老师的批评与教育，即使不满，也不再有向老师扔粉笔头之类的行为。

（3）与同学的关系大为缓和。比如，欺负同学的行为大大减少。

经过一个阶段的观察与指导，我深刻地体会到：

（1）不良行为的矫正是一个长期的反复的过程。小李欺负同学、说谎以及偷东西等不良行为，"冰冻三尺，非一日之寒"，因而其矫正过程也是一个长期的过程。从进校发现问题开始，一直到基本克服，用了将近两年时间。

（2）学生的问题行为源于环境、同伴等多方面的影响，因此教育应该从改善环境与学生自身两方面着手，努力促使学生与环境之间的积极互动。

（3）良好的家庭教育是孩子的人生走向成功的基础，隔代教育带来的问题应该引起人们的高度重视。

[案例] 她宽以待己，严于律人①

小周是一个初二女生，下面是我观察到的几件事。

*行为观察

1. 对同学比较蛮横霸道。在初中军训期间，小王坐在小周的座位上吃饭，小周要她走开，小王不肯，在拉扯中，小周的筷子掉在地上，于是，小周就卡着小王的脖子逼她捡筷子。

2. 得理不饶人。一天，同学在值日时不小心把水洒到小周的腿上。小周要求对方道歉，对方不予理睬。小周威胁说要把水浇到对方身上，对方激她："你敢浇?"结果她真的把水浇在了对方头上。

3. 缺乏纪律意识。一天，她没做值日，也不请假，就回家了。又有一天早操时，她没有领操，也不见了人影。

*观察分析

我根据学生道德行为观察框架，首先对小周自身的特点进行分析：她个性倔强，大胆泼辣，敢说敢做。但往往由兴趣决定行为，并且不考虑行为的后果。上课似听非听，作业爱做不做，经常迟到。

对同学：缺乏礼貌，更没有宽容意识。

对集体：对各项班规熟视无睹。体育委员工作比较尽责，说明她有一定的集体意识，但对人对己的标准与要求是不同的。

*对策与措施

1. 通过讨论式道德叙事活动来提高她的道德认知水平

当"浇水事件"发生后的第二天，我找她谈话时，她承认自己有错，但坚持认为对不懂礼貌的人就应该施以这种方法。于是我采取迂回的方法，说："你有一定的理由，不过可以听听大家的意见与建议。"下午的班会上，我请同学们说说各自的想法。经过激烈的争论，渐渐地使小周认识到：小王的错是不礼貌，自己的错是故意去浇水，又不道歉。放学时，小周主动地向那位女生道歉了。

2. 通过与她的平等沟通来建立良好的师生关系，增强她的向师性

当她没做值日就回家时，我曾采用"苦肉计"——在教室里等她，结果她没来校，她的父母和亲戚都先后过来，有向我表达歉意的，有询问她在校是否受到委屈的。最后在他父亲"怕她跳楼"的话语中收场。反思这一事件，我认

---

① 摘自杭州市朝晖教育集团徐晖老师的个案观察与指导。

识到对个性倔强的学生而言，直接而严厉的批评未必有好的效果。因而当她早操没领操，也不见人影时，我决定与她好好沟通。针对她个性直率、敢说敢为的特点，我直接问她："是否对老师有意见？"她诉说上次没做值日是"在给其他班学生打分"，是因为"你打电话告状，结果连家里的客人都知道了"。我认为不是告状，是因为"找不到你，也没有你的联系方式，只好通知家长了"。消除了误会后，当我问"怎样避免这样的不愉快呢？"她主动说要多沟通。此后，小周在值日上从不马虎，还常常帮助他人做值日，上课也基本做到认真听讲。

3. 送她关于宽容的格言，与她共勉

例如：君子之道，忠恕而已矣。己所不欲，勿施于人。——《论语》

爱人者，人恒爱之；敬人者，人恒敬之。——《孟子·离娄下》

宽容就像天上的细雨滋润着大地。它赐福于宽容的人，也赐福于被宽容的人。——莎士比亚的《威尼斯商人》中一句台词

*效果与反思

通过上述的教育后，小周各方面的表现有明显的改变。初二下学期的一天，当初一的小张在楼上吐口水到她身上时，她已经能宽容地看待和解决这一问题了。此后，也没有再发生与同学激烈冲突的事件。当初二下学期末，我号召同学们自荐下学期服务岗位时，小周递给我的纸条上写道："如果有可能，我想当纪律委员，更好地约束自己，也想为老师分担些工作。"

反思这一年多来的教育历程，我深刻地体会到：

（1）班集体以及同伴具有巨大的教育作用，有时能起到教师难以起到的作用。

（2）在道德教育实践中，运用讨论的方式，引导学生倾听同伴的意见，发挥同伴的作用，能促使学生从不同的角度思考问题，提升道德认知水平。同时，运用讨论的方式，既教育了学生，也教育了整个班级。

（3）平等的沟通是建立良好的师生关系，提高德育有效性的重要因素。

（4）向家长反映情况应该注意时间、场合等。

三、基于网络的开放式观察平台的运用案例

信息时代，知识的编码化与数字化将人类带入知识经济与数字化生存的信息社会。信息的网络化已经成为一种崭新的价值形态，体现在社会各个领

域之中，计算机网络所固有的快速、简捷、超越时空限制等优点成为现代人工作、学习、生活中必不可少的方式手段。

教师对学生道德行为的观察与指导需要记录、反思、对比、交流。基于网络的开放式观察平台，作为一种信息化工具辅助教师的观察行为，可以给教师提供极大的便利，为此，我们设计开发了基于网络的开放式观察平台。它包括系统目标、体系结构和功能模块设计等技术构成以及功能实现（详见附录）。教师运用网络开放式观察平台能更好地观察与指导学生的道德行为。本案例是杭州市朝晖教育集团的张群老师，从 2006 年 9 月开始运用网络的开放式观察平台，对所任教的初二（3）班王强（化名）的重点观察与指导。

张老师对王强道德行为的观察与指导可以划分为以下几个步骤。

1. 行为观察，确定初始状态

张老师新接手这个班，对王强的了解主要来源于其他任课老师和有关的档案资料。首先，张老师依照学生道德行为观察记录表上的各个项目，充分利用和王强接触的课内外时间，对王强进行全方位的观察。并积极通过与任课老师以及家访了解该生的相关情况。经过半个月的观察沟通，张老师在 2006 年 9 月中旬使用基于网络的开放式观察平台记录下了以下结果，即王强的初始行为状态。王强的各项二级指标得分如图 3-3 所示。

二级指标	图　示	总分
对父母：学会孝顺		9
对自己：学会自爱		8
对他人：学会尊重		9
对集体：学会负责		6
对社会：学会判断		10
对自然：学会爱护		9
总分		51

图 3-3　王强初始得分

同时，张老师在"学生道德行为观察记录表"中具体描述了王强的行为表现：王强是个集体意识比较弱的学生，平时的学习生活中基本上是以个人为中心，不善于顾及他人感受，是一个不受同学欢迎的学生。

行为表现一：在一次与同学发生冲突时，不惜破坏同学之间的感情，凭借一贯以来的性情毫无理由地占尽上风。

行为表现二：对待交给他的班级工作，责任意识淡薄，能拖则拖，不在乎班主任的批评，更不在意班委的批评或建议。

行为表现三：常常不参加班级活动，未能把自己看成是班级的一员。

2. 观察分析

根据图3-3所示，王强的第四项"对集体：学会负责"得分相对较低，只有6分，该项满分为15分，其他几项得分差不多，因此张老师决定从第四项入手分析其缘由。经过进一步的思考和观察，张老师认为王强集体责任感欠缺有如下主要原因。

（1）王强是三代单传，从小习惯于家长的万般呵护，养成了以自我为中心的观念，只知接受爱，不知爱别人。集体观念淡薄，不愿意为班集体作奉献，片面追求个性独立。

（2）过分崇尚个人发展。张老师了解到，他的父母引导其努力学习时，尤其强调"不努力学习，将来就考不上大学，没有出路，就会被社会淘汰"。这种教育方式在培养孩子上进心的同时，也容易使孩子忽视了集体意识和合作精神。

（3）受王强自身的能力发展水平的影响。国内外有关研究表明，责任心与自豪感、坚持性、意志力、自主性等的发展是密不可分的，任何一个方面的缺失或不足，都会不同程度地影响到儿童责任心的发展。王强道德行为的其他几项得分都不高，可见他自身的能力发展水平都比较弱，因而影响其责任心的发展。

3. 采取干预措施

张老师把王强的情况及对他的分析发到了基于网络的开放式观察平台上的BBS中，引发大家一起讨论。短短几天时间，很多使用该平台的老师都为张老师出谋划策。张老师结合自身情况，决定采取如下措施。

（1）王强的行为习惯和性情的养成有一个相当长的积淀过程，主要受家庭环境的影响。对此采取对策，积极与家长进行沟通，争取家长的大力支持与配合。一般而言，家长从内心深处都是希望自己的孩子有良好的道德品质和较强的实践能力与工作能力的，因而，能充分认识到集体意识与合作能力培养的重要性。张老师实事求是地介绍王强平时的行为习惯，促使家长共同做好王强的工作。

（2）寻找闪光点，特别注意表扬他不经意的举动给班级带来的荣誉，激发他的集体荣誉感。同时，让王强担任小组长，有意识地给王强施加责任，实践证明这种方式能有效地激发学生的主人翁感、集体责任感。

（3）开展丰富多彩的集体活动。集体活动是现场教育与鲜活生活学习的好课堂，学生从中可以受到教育与激励，从而使集体荣誉感不断得到升华。如"运动会""跳绳比赛""广播操比赛""联欢会"等各种比赛及活动，还有实验课上的交流合作、活动课上的实践活动等都是培养集体荣誉感的好机会。在开展这些活动中要特别重视调动王强的积极性、创造性，充分发挥其作用，使其深刻地感受到集体荣誉的获得与个人的努力是分不开的，以增强其上进心和自制力。

4. 测评结果状态

一个学期的干预结束后，2007年1月学期末，张老师对照着道德行为的各项指标，重新测评了王强的道德行为发展情况，并使用基于网络的开放式观察平台记录下了测评结果，即王强的结果行为状态。此时，王强的各项二级指标得分如图3-4所示。

二级指标	图 示	总分
对父母：学会孝顺		9
对自己：学会自爱		10
对他人：学会尊重		11
对集体：学会负责		15
对社会：学会判断		10
对自然：学会爱护		9
总分		64

图3-4　王强结果得分

根据图3-4所示，王强的第四项"对集体：学会负责"已经从6分上升到了满分15分。其他几项得分也有所提升，说明王强责任心的提升促进了其他方面道德行为的发展。

同时，张老师在"学生道德行为观察记录表"中具体描述了王强的新的行为表现：

在家长和老师的教育与指导下，王强以自我为中心，缺乏集体观念的状况有了很大的改善。行为表现一：本班有一位行为习惯和学习都特别差的男生，经常无意错拿或弄坏别人的学习用品，没有同学愿意和他同桌，就连坐在他前后的班干部都提出强烈抗议，希望老师能调离那位男生。一天，我在班里做学生的思想工作,希望全班同学能接纳他,帮助他,但是全班同学的反应都很淡漠,只有王强笑眯眯地看着他,没有表现出丝毫的厌恶。我猛然想起,这位学生已经与王强同桌近两个月了,其间王强并没有要求换位子,可见他的宽容已经表现在与缺点比较明显的同学相处上了。

行为表现二:一次课间,我看见王强主动去倒垃圾,其实这天并不是他值日。

行为表现三:在学校的秋季田径运动会上,王强虽然没有参加项目,但是能够为班上参加项目的同学大声呐喊助威。

通过这几件事,可见王强已经初步克服了自我中心主义的观念,对集体的责任感和主人翁意识也已经建立起来了。

5. 巩固道德行为

张老师在前期基础上进一步全面强化了王强的各项道德行为。2007年3月底,张老师对照着道德行为的各项指标,再一次测评了王强的道德行为情况。并使用基于网络的开放式观察平台记录下了结果。使用平台提供的"学生情况统计"功能,可以以图形化的形式直观地显示三个评价时间的各二级指标项得分和总分,并且不同评价时间同一指标项放在一起,便于进行直观比较,如图3-5所示。

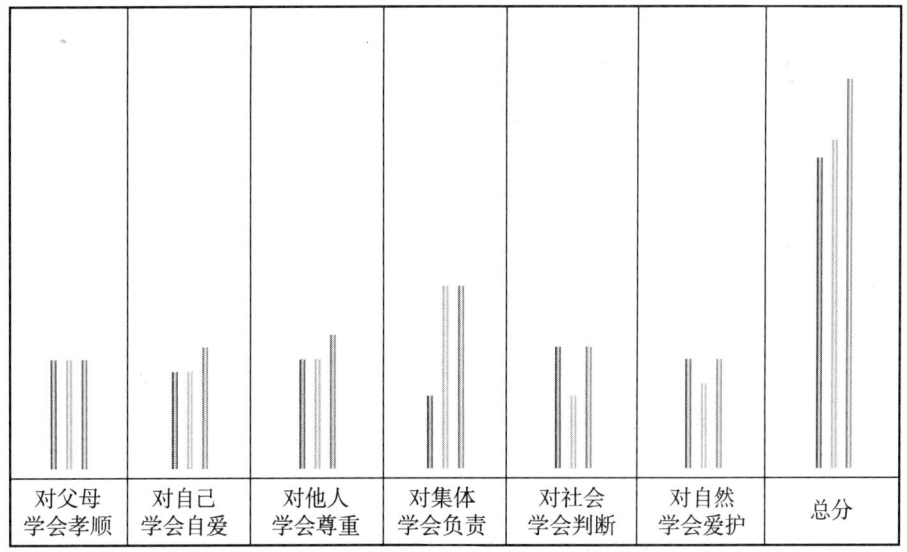

图3-5 王强的三次情况统计

第四章

教师对学生道德行为的指导方式

构建教师观察学生道德行为的线索或框架,是为了使教师更好地了解学生的道德发展状况,并进行有效的指导,以促进学生的道德发展。因而,本章是上一章的延伸,主要探讨道德叙事、道德两难、行为契约等中小学常用的道德教育方法在实践中的操作方式。

第一节 道德叙事方法:一种历久弥新的道德学习方式

道德叙事方法是一种历史悠久而又常青常新的道德学习方式,在当今中小学道德教育实践中正在受到广泛的关注。

一、道德叙事的渊源与特点

叙事,指讲故事或类似于讲故事之类的行为,用来描述前后连续发生的系列性事情。法国叙事学家热拉尔·热奈特(Gerard Genette)从结构主义的观点把叙事划分为两个层次，一是名词意义上的叙事，即讲述事件的口头或书面话语及其所涉及的真实或虚构的事件；二是叙事的行为，即是对所述内容怎么叙的过程。① 由此可见，"叙事指的是叙述者通过一定的媒介和方式进行的故事叙述过程。道德叙事就是指叙事主体通过口头或书面的话语，借助对道德故事（包括寓言、神话、童话、歌谣、英雄人物、典故等）的叙述，促进受教育者思想品德成长、发展的一种活动过程"②。

回顾人类的道德教育活动，可以清晰地看到，讲故事是东西方最早的道德教育活动方式。如中国古代社会的神话故事、美德典故，《论语》等，西方社会的《姆克古菲读物》《荷马史诗》《圣经》等，都记载着许多为人处世的道理，都在讲述着人类道德与伦理的故事，传递着人类道德价值教育。"讲故事"是人类的一种基本的表达方式，从这一意义上说，人类社会是伴随着"讲故事"发展到今天的，人们不仅一直生活在物质世界里，而且一直生活在精神世界里。正如当代美国后现代主义传媒理论家伯格（Arthur Asa Berger）所说："我们的一生都被叙事所包围着，尽管我们很少想到这一点。我们听到、读到或看到（或兼而有之）各种传闻与故事，我们就在这些传闻与故事的海洋之中漂游，从生到死，日日如是。"③ 我们正是通过叙事来了解世界和向别人讲述我们对世界的了解。因此，叙事是一种人类在时间中认识世界、认识社会和认识自我的基本方式。

对学生的道德教育同样离不开叙事，无论是口头的还是书面的，无论是自己的还是他人的，无论是现实的还是虚构的，无论是历史的还是现在的，叙事都是非常重要的道德教育资源与道德教育方式。

道德叙事不直接规定应该怎么做，而是让读者从一个或多个教育故事中体验教育是什么或应该怎么做。这一方法被20世纪80年代中后期美国人格教育运动应用到价值领域，并开发了大量的与道德叙事相匹配的课程资源，

---

① Gerard G. Narrative Discourse: An Essay in Method [M]. New York: Cornell University Press, 1983: 109.
② 丁锦宏. 道德叙事：当代学校道德教育方式的一种走向 [J]. 中国教育学刊, 2003 (11): 1.
③ 伯格. 通俗文化、媒介和日常生活中的叙事 [M]. 姚媛, 译. 南京：南京师范大学出版社, 2002: 1.

产生了显著的教育效果。在当前道德和道德教育越来越成为沉重话题的状况下，道德叙事是一种值得探究和运用的道德教育策略。

道德叙事一般具有以下几方面特点。

（一）叙事内容蕴涵着深刻的道德教育价值

道德叙事不主张价值中立，而是倡导核心价值观的教育，主张在价值多元的现实中实现与主流价值的有机结合。这既是西方国家对其道德发展历程长期回顾与反省的结果，也符合我国德育的经验。因此，在叙事过程中选择什么样的内容是叙事的核心，它不仅决定着德育是否能够实现核心价值观的道德取向，而且决定着道德教育的效果。换句话说，不是生活中所有的事件都可以作为道德叙事的素材。成为叙述内容的事件必须蕴涵着深刻的道德教育意义。当代美国著名教育家威廉·贝内特（William J. Bennett）在他的道德叙事读物《美德书》中，集中反映了同情、责任、友谊、工作、勇气、毅力、诚实、忠诚、自律九种他认为人类最基本的美德。叙事者的责任就是要有意识、有选择地将这些文字发掘出来，并通过加工使其隐含着社会主流的核心价值观。

值得注意的是，对叙事内容道德教育意义的挖掘与重组，是基于生活真实的基础上，注重生活本身蕴涵着的丰富价值和意义，绝非是对叙事道德功能的任意放大或拔高，更不是对其虚假粉饰。环视古今中外取得实效的道德叙事，都注重从人的现实生活世界出发，从平凡的事件中去追问人的价值与意义。如果过于夸大叙事内涵的德育价值，反而使其丧失了道德教育应有的信度和效度，使得叙事本身被扭曲和异化。

（二）叙事过程强调情感融通与共鸣

道德叙事既不延用传统教育中那种枯燥的理论化、概念化模式，也不采用简单地向学生告知"对"与"错"，或刻意地去指明故事的中心思想和深刻寓意，甚至要学生一字不差地背诵出来的方式，而是通过叙事，努力去营造和创设一种学生"进入"和"理解"故事的情感场，引导学生融入故事的情境，感受、体悟和理解故事的真实价值，使心灵得到启迪和震撼。在道德叙事过程中，故事的内在价值在于启迪、感动和震撼，而不是规范和约束。在这一过程中，叙事者（一般是教师）用自己真切的生命体验和人生经验去理解、把握"故事"，这是道德叙事方法的核心；引导学生的移情和共鸣是道德叙事方法的关键；学生在潜移默化中成为叙事"接受者"则是道德叙事方法的核心目标；促进学生的道德成长才是道德叙事方法的最终目的。

（三）叙事言语注重生动和形象，富有感染力

叙事不是一种对过去发生的事情的简单"再现"，而是借助所发生的事情来理解人生、理解自己、理解他人和理解社会，这种理解是一个动态生成的过程。叙事者不仅要准确把握故事的情节，深刻理解故事蕴涵的道德价值，而且应该注重言语的生动性、形象性以及感染力，使听者神往于故事之中。叙事是主体对故事自我感悟的个性化表达，而非泛泛地叙事。

二、道德叙事方法的理论依据

（一）故事影响力的现象学分析

美国加州大学洛杉矶分校管理与公共政策名誉教授威尔逊（Wilson）曾分析了道德故事影响个人道德形成的三种方式。第一种是传递道德信息。他认为故事传递的道德信息绝大多数都具有后果论的性质，即善有善报，恶有恶报。这些故事鲜明生动，让人经久不忘。第二种是激发道德情操。故事激起了我们体验他人曾承受的巨大不幸，或者体验他们取得胜利的喜悦，而这正是我们在日常环境中难以经历的。故事帮助我们体验他人的生活，唤起我们的热情，激发我们的道德情操。第三种是扩展思想世界。故事扩大了我们

的思想"视界",使我们可以超越时空,与人类的普遍性相协调。①

(二) 儿童发展心理学的理论研究成果

心理学研究认为儿童天性好奇、多问、易于幻想,尤其是对具体形象的材料感兴趣。而道德故事恰好能满足儿童这一特点。一般而言,道德故事具有详细的情节,并且富有戏剧性或探险性,容易吸引儿童的注意力,从而使儿童在被生动故事感染的同时,理解并接受所传递的道德信息,进而与故事对话,促进儿童道德价值观的形成。

美国品格教育研究者利考纳(Licknoa)认为:"故事曾经是世界上许多伟大教育家最喜欢用的教学手段,讲故事是发展儿童品格的自然方式,因为故事使用吸引而非强迫的力量来教育人,而且每个人都曾有过好故事激起强烈情感的经历。"② 美国发展心理学家布鲁诺·贝特尔海姆(Bruno Bettelheim)也认为,除父母之外,文学故事是儿童获得生活意义的最重要的源泉,"儿童的选择很少是基于正确与错误,大多是基于'谁使他同情,谁让他厌恶'的情绪,对一个儿童来说,问题不是'我想成为一个好人'而是'我想成为谁'。神话故事中的英雄让儿童喜欢,是因为英雄是最有吸引力的人物"③。

(三) 叙事思维理论分析

纽约大学心理学系名誉教授保罗·维茨(Paul Vitz)比较了命题思维(Propositional Thinking)与叙事思维(Narrative Thinking)的区别。他认为:"命题思维存在于逻辑论证,目的在于让人信服一些抽象的、不依赖于背景的真理;它是一种逻辑——科学思维的思维范式……相反,叙事思维呈现了

---

① 郑富兴. 现代性视角下的美国新品格教育 [M]. 北京:人民出版社,2006:169.
② 同①:168.
③ Kilpartrick W. Why Johnny Can't Tell Right from Wrong: Moral Illiteracy and the Case for Character Education [M]. New York: Simon & Schuster, 1992:167.

具体的人物和人际背景,以展示它的特殊有效性,它是一种旨在使故事显得真实的理解方式。"保罗·维茨认为,叙事思维和故事的阐释产生了移情等感受,这是对一个人的个体性和他人的特殊处境之间的差异的一种情感性回应。正是这种对他人处境的超越个人的认识,阐明了个人行为对他人生活的潜在影响。他的论证是,儿童理解道德问题是用一种情感的、想象的和像故事一样的方式,因此如果儿童要体验道德发展,他们就必须通过叙事的经历来体验。[①]

布鲁纳(Bruner)提出,在人的心理生活中存在着两种本质上不同的思维模式:例证性思维和叙事性思维。例证性思维又叫做命题思维,这种思维独立于特定情境。而叙事性思维就是讲故事,是关于人类条件、历史和社会生活的思维方式,它依赖于情境的经验。这种思维模式"呈现的是具体的人和人际间场景,以期展示其特定的效用,它是对现实的描述,是看待世界的一种方式,其目的在于尽量接近现实。叙事模式需要想象力,需要对人的意图的理解和对特定时间和空间的洞察力……叙事模式竭力将一般的人类状况置于特殊的经验之中,并试图把经验置于时间和空间之中"[②]。根据布鲁纳的研究,儿童的思维多具有叙事性思维的特征。儿童常常把探索到的外部世界当做有生命、有联系、有故事的世界。在儿童的心理生活中,个别性、具体性、形象性、情境性以及直接体验都先于并优于间接性、抽象性,儿童的记忆、想象、思维甚至爱和恨,都是由故事情节导向的。

叙事思维理论提示我们,儿童理解道德问题不是像科学知识那样通过逻辑推理或者实验证明(证伪)的方式,即道德知识的学习不是逻辑实证的结果,而是体悟、理解、形象、感动的产物。具体的、特殊的、具有丰富背景的道德叙事就契合了这种教育要求。

[①] 郑富兴. 现代性视角下的美国新品格教育[M]. 北京:人民出版社,2006:167-168.
[②] Bruner J S. Actual minds, Possible worlds Cambridge [M]. Cambridge, Massachusetts: Harvard University Press, 1987: 11-13.

三、道德叙事的指导方式

（一）教师通过讲故事的方式，引导学生自主阅读经典作品

教师讲故事不是照着书本读，而是根据教师的经验与体验适当加工改编故事。经过加工的故事更具口语化和可理解性，可以把抽象的道德知识具体化和形象化，使听众切实体会到故事的精髓，同时，在讲故事的过程中，教师可以根据学生的反应随机变化，可适当地增加或减少一些情节，让学生在故事的情节中体验情境，理解他人，明辨事理。

古今中外与课程内容相关的故事，都可成为教师叙事的内容。其中，人类文明史上传统经典故事，虽然已经离当代社会相当久远，但因其蕴涵着丰富的道德价值，仍然具有深远的教育意义。比如，"天行健，君子以自强不息""发奋忘食，乐以忘忧，不知老之将至""三军可夺帅也，匹夫不可夺志也""富贵不能淫，贫贱不能移，威武不能屈""生于忧患，死于安乐""吾生也有涯，而知也无涯""燕雀安知鸿鹄之志哉？""一屋不扫，何以扫天下？""有志者，事竟成""精诚所至，金石为开""少壮不努力，老大徒伤悲""老骥伏枥，志在千里；烈士暮年，壮心不已""捐躯赴国难，视死忽如归"，等等，曾经鼓舞和教育了一代又一代人，成为人们在人生的紧要关头处理问题的重要准则。

让中小学生学习这些千古传诵的人文经典故事，就要是把人文经典知识内化为自己的人生观，转化为人生智慧。研究关怀教育理论认为，文本叙事教育法所涉及的文本以一个主体的角色对人诉说，是以人类的历史文化作为其潜在的教育资源，有助于学生借鉴别人在道德困境或人生逆境中处理道德问题的经验。因而，教师通过讲故事的方式，借助于道德故事中各种人物的对话帮助学生认识人生，获得经验、智慧和勇气，形成正确的世界观、人生观、价值观，潜移默化地受到优秀传统文化的熏陶并将此作为自己的行为准则，培养民族文化认同感。

例如，教师通过讲一句传统美德的格言和由此衍生出的传统美德故事的方式，不仅变抽象为具体，化枯燥为有趣，而且使传统文化得以传承，并逐渐内化为学生的道德准则。

（二）教师积极创设情境，提高学生进行道德叙事的能力

学生的道德叙事不是对文本知识的简单复制，而是根据自己已有的知识与经验对新知识、新信息的重新加工、建构的理解过程，它能有效地促进学生的道德观念的认同、道德判断的发展、道德情感的体验以及道德行为的形成。因而，教学中教师应该重视学生对各种现象的理解，倾听他们内心的想法，思考他们这些想法的由来，并以此为据引导学生丰富或调整自己的叙事，自主建构、生成新的道德观念，进而形成积极的道德行为。我们通过教育实践认为，故事演讲活动和讨论式教学活动是让学生自主进行道德叙事的有效方法。

1. 通过故事演讲活动进行道德叙事

目前广泛运用于各科教学之中并卓有成效的是三分钟故事演讲活动。主要有自由演讲与命题演讲两种形式。自由演讲的内容可自选，题材不限、长短不限。活动刚刚开始时使用，可以降低学生的畏惧心理。

命题演讲一般结合教材的主题命题，与课文同步，与单元同行。例如，可结合教科书中的有关重要人物与重大事件命题。虽然教科书已经有所涉及，但限于篇幅，言不能详，很难激起学生情感的共鸣，通过故事演讲活动，既检查了学生对文本知识的学习与巩固情况，也拓宽了学生的知识面。

自由演讲与命题演讲活动，一般安排在课前三分钟进行，每天抽签排定一人演讲，学生轮流点评记分。

为了调动学生故事演讲的积极性，我们实践基地学校的教师在实践中总结出一系列有效的指导策略。

（1）典型示范，逐步推进

一开始学生由于羞怯，想上台又没人肯登台，教师要先做好几个有演讲基

础的学生的工作，让他们来带动。经过一段时间后，学生会出现阶段性的懈怠，教师要注意各阶段演讲人员的合理安排，使每一阶段都有可能出现高潮。

(2) 方法指导，有章可循

包括主题的选定、材料的搜集、故事的编写与演讲的技巧，都应该对学生进行指导，帮助学生克服困难，提高演讲水平。例如，就演讲主题而言，教师从教育实践中总结出下列题材可以供学生选题时参考。

①与课本知识相关的重要人物与重大事件。这类主题的演讲活动既能起到新知识教育教学中的"先行组织者"的作用，又能拓展学生的知识视野。

②重大节日、纪念活动的相关故事。如中国四大传统节日——中秋节、端午节、清明节、元宵节相关题材故事的演讲，"九一八"纪念日、抗战胜利纪念日等抗战故事演讲。

③本地课程资源。例如，学生通过参观杭州都锦生织锦博物馆，了解丝织品工艺品的"中华老字号"的由来以及发展历程，丰富了爱国主义知识，也补上了乡土教育这一课。

④校友名人故事。挖掘校友名人，写出其个人小传。

⑤家族史、社区史、身边的故事。由于这些故事更贴近学生的生活实际，更能引发学生的兴趣。

(3) 定期检查，适时评讲

许多学生有阅读、听讲不做笔记的习惯，这既不利于学生今后资料的查找，也不利于学生比较自己的演讲能力。因而，定期检查学生的演讲准备和听演讲的记录情况，能促进学生道德叙事能力的提高。

在故事演讲过程中，采用学生自评、同学互评与教师点评相结合的方式，对演讲者演讲的内容、语言、思想、技巧、创新等方面进行适当评价，也是提高学生道德叙事演讲水平的重要方法。评价重在肯定与鼓励，重在改进与提高。

(4) 适时举办大赛，评选演讲之星

学校通过"读书报告会""重大节日专题演讲比赛""故事擂台赛"等

故事演讲比赛活动，促进各科课前三分钟故事演讲活动的深入持久地进行。

故事演讲活动不仅能有效地提高学生的语言表达能力，而且促进了学生的信息意识与信息能力的提高。《基础教育课程改革纲要（试行）》把搜集与处理信息的能力作为中小学生必备的四大基本能力之一，道德叙事演讲活动能培养学生搜集信息、整理信息、分析信息、评价信息的能力。

故事演讲活动还有助于提高学生的社会实践能力。因为故事信息的搜集不仅仅局限于查阅资料，社会调查与访谈也是重要的收集信息的途径，学生正是在搜集信息的各种途径中，加深了对社会与生活的认识，增强了社会实践能力。

2. 通过讨论式教学活动进行道德叙事

讨论式教学活动是在教师的指导下，以班级或小组为单位，围绕某一问题，师生之间互相质疑、启发、交流和探讨，以获取真知和解决问题的一种教学形式。讨论式教学具有自主性，学生在讨论中自由地探索、充分地交流、积极地思考，从而极大地激发了学生的创新意识。讨论式教学具有互动性，既有师生之间的互动，又有学生之间的互动；讨论式教学具有开放性，学生通过对问题的自我理解、相互启发，使教学活动呈现开放性的特点。正因为讨论式教学具有这些特点，它尤其适合于学生的思想品德教育。"和墙画对话——从身边感受对社会的责任"①，就是教师运用讨论式教学，让学生自主进行道德叙事的成功事例。

[案例] 和墙画对话——从身边感受对社会的责任

*行为观察

学校篮球场上多了十八幅墙画，画着八荣八耻的故事：莫等闲，白了少年头，空悲切（以热爱祖国为荣）；卖国佞臣跪岳坟（以危害祖国为耻）……

学生每天经过或打球都会看到。但看到是否意味着有感受？是否意味着能唤起对社会的责任感？能正确认识这一社会现象吗？有一天，我随口问了

---

① 摘自杭州市朝晖教育集团沈浩老师的个案观察与指导。

几位正在打球的学生，他们冰冷的神情令我心寒："画的什么呀，老掉牙的东西，和我有什么关系？"这就是他们心中的八荣八耻吗？如果是这样，这墙画又有何作用？

＊观察分析

我运用学生道德行为观察框架，认为尽管学生在道德行为的六个轴面的发展存在着不平衡性，但都对墙画这一社会现象缺乏正确的认识，未能领悟到社会的责任就蕴涵在身边的每一个细节之中。

＊对策与措施

为了使学生充分地感悟墙画的教育价值，我开展了"和墙画对话——从身边感受对社会的责任"的班会活动课。课设三关，第一关，墙画的故事。学生分组抽取不同的数字，讲述相对应的墙画故事。通过团队合作，各组都讲得头头是道。第二关，我们的故事。根据第一关中的主题，要求紧紧围绕现实，讲身边与主题相关的故事。在这一关，很多学生依然循着固有思路思考。例如，有一组选择"以热爱祖国为荣"，有的学生慢慢地远离了"我们的故事"，讲到了二万五千里长征，经过学生提醒"讲身边的故事"，连忙补充："神舟六号能上天，也是参与研究的人员热爱祖国的体现。"我顺着学生的话引导："神舟六号上天时的实况你们看了吗，感受如何？"各组学生七嘴八舌，有的说："当然看了，不看还是中国人吗？"有的说："当时有种强烈的自豪感！"也有的提道："相关的资料我搜集了一大堆。"……在学生兴高采烈的回顾中，我又提醒："你们为什么会有这样的感受？"学生的视野拓展了，有的说："奥运会时我看到中国运动员拿金牌十分兴奋，这就是我热爱祖国的表现。"有的说："每周一升国旗时认真庄严也是热爱祖国的表现。"……我高度肯定了学生的说法，使学生明确"八荣八耻不是空中楼阁而是实实在在地体现在我们身边的'小事'上"。对话间，我们已进行了一次与墙画的沟通，此时再看那十八幅画，竟多了一分亲切。

快下课时进入第三关：我们在行动，请各组在"八荣"中选择一条，为班级、为他人做一件力所能及的实事并记下感受。

＊效果与反思

一周后，我收到了组长送来的感言，学生们淳朴的语句令人感动。有的小组打扫了单元楼道的卫生，说被人夸奖时还颇不好意思。有的组则把自己的杂志书籍带到班级，在中午时供大家阅读，有的学生感叹："付出有时也是一种收获。"有的学生坦言："这次活动让我更加关心他人。"……

古人曰："家事国事天下事，事事关心。"中学生作为未来社会的主人翁，应该心怀天下，具有社会责任感，这是现代中学生应该具备的基本素养。但责任感的教育并不是简单的说教所能达成的，而应该使学生在生活中进行感受与体验，才能有事半功倍的效果，这是我在"和墙画对话"这一教育活动中的体会。

"和墙画对话——从身边感受对社会的责任"，是教师运用讨论式教育活动，促进学生积极的道德情感、态度与价值观形成并进而外化为道德行为的教育实践过程。教师运用讨论式教育活动时，应该注意以下几方面。

（1）选择适合的问题。讨论式教学得以顺利进行的首要条件，是选择适合于讨论的问题。能有效开展讨论的问题应该具有思维空间。在"和墙画对话——从身边感受对社会的责任"的案例中，十八幅墙画的主题，都是当今社会正在探讨的重要问题，不同的视角、知识结构以及价值观念的学生，可能有不同的认识以及诠释的方式，因而具有极大的思想空间与话语空间。

（2）引导学生理解问题所蕴涵的教育意义。也就是让学生通过这一活动，明白某种"道理"，并使之内化为学生的思想道德观念，成为指导其行动的行为准则。"和墙画对话——从身边感受对社会的责任"的教育活动，设计的第一关实质上就是学生运用自己的语言与理解对墙画的道德叙事过程。第二关则是学生从讨论中自主理解墙画所蕴涵的教育意义，使之内化为自身的思想道德观念。第三关是学生通过实践活动把内化的思想道德观念外化为自身的行为习惯。

（3）教师应该及时调控讨论进程。讨论是一种开放、多向的信息交流活动。由于学生原有的知识基础有异、领悟程度不同，每组的讨论及一组内不同成员的讨论往往会有区别，有时还会出现一些"意外"。教师应适时应变，采用适当的策略，调控好讨论的进程，使讨论有效地进行。例如，当讨论出现争执不休时，就需要教师进行调解，教会学生求同存异。一般而言，出现争执不休的情况，往往有三种可能：一是几种意见有对有错，教师应该肯定正确的，指出错误所在；二是几种意见都对，只是认识问题的角度不同，这时教师要对各方都给予肯定，使学生统一认识，防止钻牛角尖；三是几种意见都不正确，教师就要及时加以引导，使争论转向正确的方向。如果是没有必要的枝节问题的争执，教师应该及时向学生讲明原因，以免影响主要问题的解决以及讨论的进程。当讨论出现"冷场"时，教师应该适时提问，或引发学生多角度思考，使讨论顺利地进行。

3. 在叙事过程中应关注师生平等对话的构建

道德叙事的关键不是简单地向学生告知"对"和"错"，也不是刻意去指明故事的中心思想，它实际上是营造、创设一种帮助学生"进入"和"理解"故事的情感场，师生之间形成对话关系。

在一个开放、尊重多元化的社会，道德教育必然要拒斥灌输，走向叙事与对话。当然，"我—你"关系并不否定教师在道德叙事教育中的主导地位，只是把教师的教育活动建立在师生平等的相互交往的基础上，才能让道德品质教育焕发出生命的活力。正如后现代课程论学者多尔所说的："教师的作用没有被抛弃，而是得以重新建构，从外在于学生情景转向与情景共存，权威也转入情境之中。"[①]

第二节 行为契约方法：一种自由、平等、守信的道德学习方式

行为契约方法体现了自由、平等与自律的价值理念，而自由、平等与自律本身也是中小学道德教育的重要目标与内容，因而，行为契约方法是中小学常用的道德学习方式之一。

---

① 多尔. 后现代课程观 [M]. 王红宇，译. 北京：教育科学出版社，2000：238.

一、行为契约的核心理念

《现代汉语词典》对"契约"一词的定义为"双方或多方协商后订立的共同遵守的条约"。是个人或团体信守承诺的道德体现,在现代社会,契约正逐步成为调整社会关系的根本行为规范。契约文化体现着如下根本特征和价值追求。

(1) 自由。契约的核心价值是自由,契约自由内含缔约自由、确定契约内容自由、缔约方式自由等。即契约各方不受干预和胁迫,享有签订契约的自主权。

(2) 平等。缔结契约是以主体地位平等为前提的。契约使社会交往、变迁和整合机制理性化、制度化、规范化。

(3) 自律。契约所表达的是自愿的品格。契约双方自愿承担责任与义务,这是契约的有效约束力之依据。一般而言,契约文化与法治思想有内在的关联,法治蕴涵着人们对正义之法的渴望、对至理之法的认同、对至威之法的服从、对至信之法的信赖,而这正是源于契约当事人对公平利益的期待、对合理条款的认可、对合同义务的履行、对有效合同的信守的契约精神。因而,契约生效后,契约各方一般会自觉履行契约所规定的义务。

当代中国社会的发展呼唤契约文化,公民社会发展的重要趋向就是把契约文化贯穿到相关的关系、结构和功能之中,形成与市场经济的内在逻辑相吻合的社会政治、经济与文化体制,建构具有浓重的人文关怀和理性传统的契约文化,使契约关系成为普遍的社会关系,契约规范成为普遍的社会规范,契约道德成为普遍的社会道德,契约精神成为普遍的文化精神。

契约文化也必然体现在教育领域之中。早在18世纪,法国思想家卢梭就首倡"师生之间应该建立平等的契约式关系,提倡尽可能多地给儿童以自由活动的机会,让儿童能以自己所特有的方法去看、去想、去感觉一切事物"[①]。契约式道德学习方式,不仅可以克服传统德育"目中无人"的弊端,

---

① 卢梭. 爱弥儿[M]. 李平沤,译. 北京:人民教育出版社,1986:360.

在契约的框架内建构民主平等、和谐互动的师生关系，加强对学生道德成长过程的对话和引领，而且可以通过契约文化的多元功能，进一步焕发学生的自主性和创造性，激发学生主体发展的内需性和持续性，增强学生自我发展的针对性和目标性，让道德教育真正走进学生的心田，滋润学生的心灵，激扬每一名学生的生命发展。

二、行为契约的基本类型

行为契约是一种由学生与教师共同设计的书面协议。它确定学生的行为目标、达到目标的方法、活动进行的时间、完成活动的标准以及具体的奖励和惩罚措施等。

行为契约可作多元分类。美国学者米尔腾伯格（Miltenberger）在其《行为矫正的原理与方法》一书中，根据签约方的多少，把行为契约分为两种类型：单方契约和双方契约。布罗菲、沃克的研究表明，行为契约不仅可以用于个人，也可以用于集体。因此，还有一种契约形式为集体契约。

单方契约是签约人与签约管理人之间的一项协议。签约人确定要矫正的行为，契约管理人负责实施契约中规定的条款。在课堂管理中，签约人一般是学生，学生要作出契约承诺；签约管理人是任课教师或班主任，教师的作用是督促行为契约的实施。表4-1即为单方契约。单方契约常用于个体想要增加的期望行为如守纪、提高学习成绩等，或减少非期望性行为如上学迟到、做小动作等。

表4-1　单方契约样式

> **行为契约**
>
> 我，王小明，保证不在自习课哼歌，影响其他同学学习。
>
> 履行合同的时间：这周的星期一开始到下一周的星期五结束。
>
> 如果有同学反映我继续在自习课哼歌，老师调查属实，就算违纪。老师将从我的歌碟中选一张送给学校播音室。
>
> 学生：王小明（签名）　　　　　　　　　　班主任：陈信良（签名）
>
> 签约时间：2007年3月12日　星期一

双方契约是由双方签写的，对双方的行为均作出规定。与单方契约不同，双方契约是双方都要确定相互期待的、需要改变的行为。签订双方契约的起因通常是双方对对方的某些行为感到不满，试图通过契约确定需要改变的行为，使双方感到满意。双方契约又可分为交换式双方契约和平行式双方契约。交换式双方契约是双方确定要执行的预期行为并且一方行为的改变充当另一方行为改变强化物的契约形式（参见表4-2）。交换式契约的缺点是如果一方没有执行契约中确定的目标行为，就可能导致另一方也不执行该目标行为，从而导致整个契约的失败。平行式双方契约是为每个人的期待行为分别建立条款的契约形式（参见表4-3）。由于两个人都需要改变的行为之间没有相互关联，即使一方没有履行目标行为，也不会影响到另一个人的目标行为。

表4-2　交换式双方契约样式

行为契约

契约日期：2007年3月9日至2007年3月17日有效。

下周是我俩（张小军和陈伟）打扫教室。我俩决定分工合作。

我、张小军，同意完成下列任务：

1. 在陈伟洒水前，先把凳子放在课桌上，以便扫地。陈伟扫好地后，我把凳子放回课桌下，负责抹好课桌、凳子和黑板。

2. 负责擦教室左边的窗户。

作为回报，我、陈伟，同意完成下面的任务：

1. 负责提水、洒水、扫地、倒垃圾。

2. 负责擦教室右边的窗户。下次再打扫教室时，互换工作任务。

签名：张小军　陈伟　　　　　　　　　证明人：李丹（卫生委员）

签约时间：2007年3月9日　星期五

表4-3 平行式双方契约样式

行为契约

日期：2007年3月12日至2007年3月17日。

对于即将到来的这一周，我、周振晓，同意完成下列任务：

1. 掌握好what，why，who引导的疑问句及肯定与否定回答。学会星期名称Monday，Tuesday，Wednesday，Thursday，Friday等表达方式。

2. 做好复习题上这一部分的练习。

如果完成任务，可以在周末晚上玩两个小时游戏。

对于即将到来的这一周，我、李强，同意完成下列任务：

1. 掌握好what，why，who引导的疑问句及肯定与否定回答。学会科目名称math，science，biology等表达方式。

2. 做好复习题上这一部分的练习。

如果完成任务，可以在周末晚上看一场电影。

签名：周振晓　李强

签约时间：2007年3月9日　星期五

集体契约是整个集体由于全体成员的表现较好而受到奖励的契约形式。集体契约使整个集体向往的活动成为强化单个学生行为的手段。集体契约属于活动强化。

行为契约具有以下几方面的功能。

（1）具有一定的引导与预防功能。学生在参与行为契约制定时，明确了自己应当改变或保持的行为方式及该行为方式带来的积极与消极的后果，增强自我效能感，从而更能自觉遵守这些行为规则，达到预防消极行为发生的目的。

（2）具有一定的监督功能。行为契约是一种公众制约的形式，这对于那些"只说不做"的学生来说，增加了他们实施预期行为的可能性。

（3）促使学生由他律逐渐走向自律。学生在教师的指导、调控、监督下，通过自我鼓励、奖赏、誓言、禁止等强化手段，将纪律不断内化为自律品质，从而使学生有意识地、自主地、独立地管理自己的行为，养成良好的行为习惯并从中学会对自己的行为负责。

三、行为契约的指导方式

教育实践中如何运用行为契约教育与引导学生的道德发展呢？我们从下面这一案例中来感悟与提炼教师运用行为契约的指导方式。

［案例］ 我与孩子签订上网行为契约①

＊行为观察

女儿上小学五年级时，她提出开通网络并要求不设置电脑开机密码，有利于她自主上网。

＊观察分析

"孩子上网会不会沉溺于网络游戏？会不会热衷于网络聊天？会不会影响学习？"这些问题困扰着我。

我运用学生道德行为观察框架，分析了以下几个方面的关系。

分析孩子自身以及与父母的关系：孩子性格开朗，成绩名列前茅，具有较强的进取性，也有一定的自我调控能力。能听从父母的建议，已经形成与父母进行日常交流的习惯。

分析孩子与他人的关系：她的许多同学家都开通了电脑上网的功能；网络也已经成为学生之间的一种日常交流主题，如果不开通网络，也使孩子在与同学交往过程中失去了一个日常交流的话题。

分析上网这一现象：网络学习是信息时代的一种学习方式。孩子通过上网不仅能够学习网络技能和知识，而且有助于激发求知欲，拓宽知识面。有些教师布置的作业，通过网络能比较便捷地完成。因而，上网不仅是现代社会的一种学习方式，而且是现代学生的一种生活方式。

＊对策与措施

我抓住孩子强烈要求开通网络的心理，决定与孩子签订一个交互式"上

---

① 摘自杭州市行知小学程兴兴老师的个案观察与指导。

网行为契约"（参见表4-4）。

表4-4 上网行为契约

行为契约
妈妈与孩子经过协商后共同遵守以下规则：
妈妈同意：
1. 开通网络以便大家查阅资料，扩展知识面。
2. 不设置电脑开机密码，以便大家自主上网学习。
3. 上述两条由孩子督促执行。
孩子同意：
1. 平时学习与上网学习时都开着房门，便于妈妈与孩子的交流。
2. 网络开通后可以玩电脑自带的游戏，但不能玩其他游戏。
3. 可以与同学聊天，但不能与不认识的人聊天。
4. 作业完成后可以自主上网；作业没有完成时，上网要经过妈妈的允许。
5. 犯规一次，取消一周上网资格。
6. 上述五条由妈妈督促执行。
本签约自2007年3月5日至2007年5月5日有效。
签名（孩子）：　　　　　　　　　　　　　　签名（妈妈）：
签约时间：2007年3月5日　星期一

实施过程中，为了及时了解她的上网情况，我看到有趣的新闻或漂亮的图片，会下载给她看。我也常常邀她一起上网阅读新闻或与朋友聊天。很自然地，她上网查阅资料或聊天，也不会回避我，从而也就避免了孩子上网沉迷于游戏或网络聊天的行为。

*效果与反思

网络开通后，我与孩子都遵守了行为契约的有关规定，充分发挥了电脑在学习中的作用。进入初中后，她的电脑知识与技术已经大大超过了我，成为我的电脑学习指导教师。尤其使我欣慰的是她一直视电脑为学习工具，学习成绩也不断提高。

我认为这一行为契约之所以取得成效，主要原因在于：第一，开通网络是孩子的强烈的心理需求，孩子具有为实现这一目标而努力的心理倾向性。第二，孩子还没有玩游戏的习惯。第三，给孩子以一定的QQ聊天的自由。

第四，注重正面引导，以免孩子产生抵触心理。

从"我与孩子签订上网行为契约"这一事例可以看到，行为契约至少由五个部分构成。

（1）预期的目标行为。包括非期望行为的减少或期望行为的增加，在"我与孩子签订上网行为契约"中，母亲的目标期望行为是通过网络查阅有关资料，拓展知识面，掌握上网学习的技能等。孩子的目标期望行为是自主上网。

（2）测量预期行为的方法。行为契约要规定测量预期行为的方法并尽可能地易于观察。在"我与孩子签订上网行为契约"中，"是否设置电脑开机密码？"是测量母亲预期行为的方法。"是否开房门学习？""是否玩其他游戏？""是否与不认识的人聊天？"则是测量孩子预期行为的方法。

（3）执行的起始与终结时间。为了确保能及时实施，每项契约都应该规定执行的时间范围。一般而言，契约期限因人而异，因预期目标难易度而异，讲求适时适度。低年级学生履行契约的期限短一些，中高年级逐渐延长；目标较易的短一些，难度大的应长一些。对于一些意志品质较弱的学生，其达成契约的期限又需较长一些，并且教师可引导其采用目标分解的方法，将原定的契约目标分解为几个梯度性的目标，让学生在达成梯度目标的成功体验中健康地成长与发展。

（4）契约管理者。即行为契约要确定负责实施这些条款的人。一般由履约学生自主选择，可以是教师，也可以是学生或者家长；可以一人，也可以多人。一般以与履约学生学习、生活交往较频繁的学生为宜，这样有利于增强履约学生对契约的信任度，激发学生更主动地开展履约实践；有利于多时空地见证履约学生履行契约的情况，更好地检测评价履约学生是否达成契约目标；有利于促进见证学生和履约学生的对话交流，充分发挥见证学生对履约学生的帮助、指导和引领作用。

（5）具体的奖惩措施。行为契约必须清楚地阐述执行目标行为后的奖励或惩罚措施。在"我与孩子签订上网行为契约"中，"是否能上网"就成为奖惩的措施。奖惩是行为契约成功的关键因素。契约奖励的施行，不仅有助于激发学生积极主动地实践契约，努力达成契约目标，而且有助于强化学生的成功体验，促使学生自觉地投入下一轮契约的签订和实践。

道德行为契约运用时，教师要注意以下几方面的要求。

（1）应该民主协商契约内容。契约只有得到学生内心的认可才具备实施的可能。在"我与孩子签订上网行为契约"这一事例，母亲抓住孩子想要开通网络的强烈的心理需求，提出"不玩游戏，不和陌生人聊天"的规约，并在尊重孩子合理要求的基础上，使其主动接受并能自觉地遵守契约规范。

（2）应该清楚而具体地陈述契约确定的目标行为以及测量方式。尽可能选用那些意义确定、易于观察的行为动词，避免使用含义模糊、难以观察的动词，如"我与孩子签订上网行为契约"中，明确规定"平时学习与上网学习时都开着房门"，易于观察与评价。

（3）契约内容表达以正面引导为主。应多采用"做什么"，少采用"不准或严禁做什么"之类的词语。积极的语言表现出教师（或家长）对学生（或子女）的尊重与期望，增强学生的自我效能感。

（4）应该合理调控契约期限。在契约的履行过程中，部分学生往往会因为某些原因而导致在规定的期限内无法达成契约目标，需要教师酌情适度的弹性调控，进行适当的延期。一般情况下，因为履约学生主观原因导致契约目标无法达成的，教师可以针对性地指出其原因，并提出改进的建议，鼓励学生继续与教师签订行为契约，重新开展履约行动。因为某些客观原因导致契约目标无法达成的，教师应该与有关人员协商，征得其同意后，再说明原委，给予适度延期。总之，契约期限的调控应有利于激发学生的积极性，实行人本化的弹性调控，引领学生积极主动地投身履约实践，避免因契约期限变更而产生消极因素。

下面这则"跟孩子订个契约"的案例，具有行为契约的基本构成因素。

- 预期的目标行为：改善孩子与继父的关系，能倾听并接受父母的建议；
- 测量预期行为的方法：每天的具体行为的有关规定，如周日到周四晚上能留在家里，或在9：30之前把汽车钥匙交给继父（每晚4角），周五、周六晚上能留在家里，或在12：00之前把汽车钥匙交给继父（每晚6角），每周一次，在白天（具体时间由阿尔伯特自定）把门前屋后的草坪修整好（每周6角）等；

- 执行的起始时间：签约签订之日始；
- 契约的管理者：孩子的继父；
- 具体的奖惩措施：孩子能否使用并拥有自己迫切希望的一辆汽车。

在契约实施过程中，尤其值得一提的是父母十分尊重孩子，能根据孩子的表现与要求，及时调整契约的有关内容，从而促使孩子不断努力以达成预期的行为目标。

[案例] 跟孩子订个契约[①]

在美国的一个再婚家庭，少年阿尔伯特是个非常不听话的孩子，他与继父关系很紧张，平时对继父总是绷着脸，对立情绪很严重。甚至为一点小事就用菜刀威胁继父，吓得继父找来警察管他。后来，心理学家采用订立契约法，解决了这个家庭的问题。

心理学家了解到阿尔伯特特别喜欢开汽车，希望自己有一辆汽车。就让他的继父用400美元买了一部旧车，之后和阿尔伯特订立了这样的契约：

继父借给阿尔伯特400美元买一部二手汽车，阿尔伯特每周还款5美元。只要做到下列各项就可充抵5美元：（1）周日到周四晚上能留在家里，或在9：30之前把汽车钥匙交给继父（每晚4角）；（2）周五、周六晚上能留在家里，或在12：00之前把汽车钥匙交给继父（每晚6角）；（3）每周一次，在白天（具体时间由阿尔伯特自定）把门前屋后的草坪修整好（每周6角）；（4）周一到周五每天晚饭前把家里养的狗喂好（每次1角）；（5）每天6：30前回家吃晚饭，或按早上母亲说的时间按时回家吃饭（每次5分）；（6）早晨离家前，收拾好房间（每天5分）。

如果阿尔伯特做不到上述条款，就要给予处罚，具体办法是：（1）按不能做到的条款的价值，对阿尔伯特在下周限制使用汽车，每缺5分钱就限制15分钟；（2）上述限制由继父执行；（3）如果什么都做不到，则在下一周完全剥夺汽车使用。

如果阿尔伯特做了其他好事，他可以向继父和母亲提出来，商量这些好

---

① 陈会昌. 有约在先 [J]. 父母必读, 1998 (12)：6-7.

行为的价值。契约双方只要提出要求，均可以修改甚至重新订立契约。

这份契约还真灵验，从此以后，阿尔伯特很快地改变了他不听话的行为，为了尽快地得到这部汽车，他还表现出了许多意想不到的好行为，他与继父之间的关系也变好了。等到这部汽车属于阿尔伯特自己所有时，他与继父之间已经建立起亲密的情感联系。

第三节 道德两难方法：一种经典的道德学习方式

在现实生活中，道德两难情境具有相当程度的普遍性。如果教师能选择生活中的道德两难故事，创设情境，让学生在辩论中明确道德规则与道德情感的辩证关系，将有利于提高学生的道德认识水平，培养学生良好的道德行为习惯。

一、道德两难的含义

所谓"道德两难"（Moraldelilnlna），是指同时涉及两种道德规范且两者不能兼顾的情境或问题。最早的倡导者是美国著名的心理学家科尔伯格。他受瑞士心理学家皮亚杰的儿童道德发展研究的启发，运用建构主义的理论和方法，研究了儿童道德判断的发展，并在道德教育实践中提出了著名的道德两难问题讨论法（Moral Discussion Approach）。

道德两难问题讨论法，也称为"新苏格拉底法"（New-Socratic Approach），是科尔伯格的道德认知发展阶段理论与其儿童道德教育实践相结合的产物。道德两难问题讨论法，就是以道德两难故事为基本材料，让儿童对故事中的道德问题进行讨论，以此判断儿童所处的道德认知发展阶段，并引导和促进其进一步发展道德判断能力的方法。

当前，道德两难情境依然大量存在，其主要原因是多元价值的冲突之故。我国目前面临的多元价值的冲突，主要来自三方面：一是中国经济体制改革所导致的民众文化心态与价值观念的根本变革。由于市场经济的发展导致新的社会关系、新的生活方式、新的价值观念的形成,产生了诸如主体创新精神、独立个体意识、公平竞争观念、多元差异思想等,从而极大地冲击了传统的道德价值观。二是中国发展极不平衡的区域性特征,使得原来应以历时形态依次更替的农业文明、工业文明和后工业文明及其基本的文化精神与价值观念在中国的嬗变和演进,转化为共时的存在形态,从而使与不同社会发展形态相适应的各种道德价值观同时并存。三是改革开放后多元文化价值并存导致的文化价值冲突。我国改革开放政策,拓展了人们的视觉空间和活动领域。为我国的社会文化、价值取向的更新提供了新视野,但同时又使传统价值观念与现代价值观念的矛盾冲突,全面而充分地展示出来。

道德两难问题讨论法可以有效提高学生的道德判断与道德推理能力,这有其深刻的心理学依据。科尔伯格认为"教育的目的可定为发展,无论从理智还是从道德方面讲,都是如此"[①]。道德方面的发展主要是道德判断的发展,他明确指出儿童道德成熟的标志,首先是道德判断上的成熟,然后才是与道德判断相一致的道德行为。因而,他十分重视培养学生的道德推理和道德能力的发展。

科尔伯格认为"道德发展的向上运动不仅依赖于向儿童揭示下一阶段的思维,而且要儿童体验在应用他们目前的思维水平解决问题时所产生的认知冲突,如果儿童没有体验更多的认知冲突和不确定,它就不可能有道德上的变化"[②]。正是在这些心理学思想的基础上,科尔伯格将个体的道德发展划分为三水平六阶段法:前习俗水平,包括惩罚和服从阶段、天真的快乐主义阶段;习俗水平,包括好孩子的道德定向阶段与维护法律和秩序的道德阶段;后习俗水平,包括社会契约阶段与良心的个体原则阶段。

科尔伯格提出道德发展的动力是个体与社会之间相互作用。他认为个体

[①] Kohlberg L, Mayer. Development as the Aim of Education [J]. Harvard Educational Review, 1972 (11): 493.

[②] Kohlberg L. Cognitive – Developmental Theory and the Practice of Collective Moral Education [M] // Wolins M, Gottesman M. Group Care: The Education Path of Youth Aliyah. New York: Gordon & Breach, 1980: 368.

道德发展的动力不是来自他先天成熟,而是来自个体和社会的相互作用中,在这种相互作用的过程中,随着个体承担社会角色机会和讨论的增加,个体的道德经验不断同化吸收和调整平衡新的道德经验,从而使个体的道德结构产生新的质变,飞跃到新的发展水平。因此,在道德发展的动力观上,他既反对成熟论又反对学习论,主张相互作用的建构论。在科尔伯格看来,人对事物作出判断的认识过程比判断本身更重要。科尔伯格相信,正是在这个推理的发展过程中,反映了人道德心理的发展。因而,科尔伯格把道德教育设置成一种对话。教师通过提出引起争论的两难问题或情境让学生探讨、推理。在这样的一个对话过程中,教师帮助儿童考虑真正的道德冲突,检查他们用以解决冲突的推理,找出他们思维方式中的前后矛盾和不当之处,并发现解决矛盾的方法,逐渐将学生领向高一级的道德阶段,从而促进学生的道德发展。

二、道德两难的经典案例[①]

科尔伯格与同事设计了九个道德两难故事,运用于道德教育实践之中,作为研究儿童道德判断发展水平的重要素材。下面介绍的案例是其中的三个道德两难故事。

[案例] 海因兹偷药救妻两难

法国有个叫哈尔塔的小镇。镇上有个妇女患了一种特殊的癌症,生命垂危。医生认为只有一种药能救她,就是本镇一个药剂师最近发明的镭。药剂师花了400美元制造镭,但一小剂药他竟索价4000美元。病妇的丈夫海因兹到处借钱,试过各种合法手段,可只借到2000美元,只够药费的一半。不得已,他只好告诉药剂师他的妻子快要死了,请求药剂师便宜一点卖给他,或者允许他赊账,但药剂师说:"不行!我发明这种药就是为了赚钱。"实在是

---

① 郭本禹. 道德认知与道德教育——科尔伯格的理论与实践 [M]. 福州:福建教育出版社,1999:231-235.

别无他法，海因兹最后决定晚上撬开药剂师的仓库门，把药偷走，挽救妻子的生命。

科尔伯格围绕这个故事提出了一系列问题，让儿童讨论，以此来研究儿童道德判断所依据的准则及其道德发展水平。

（1）海因兹应该偷药吗？为什么？

（2）他偷药是对的还是错的？为什么？

（3）海因兹有责任或义务去偷药吗？为什么？

（4）人们竭尽所能去挽救另一个人的生命是不是很重要？为什么？假如这个生命垂危的病妇不是他的妻子而是陌生人，海因兹应该为那个陌生人偷药吗？为什么？

（5）海因兹偷药是违法的。他偷药在道义上是否错误？为什么？

（6）仔细回想故事中的困境，你认为海因兹最负责任的行为应该是什么？为什么？

［案例］ 乔可以拒绝给他父亲钱吗？

乔是一个14岁的男孩，他很想去野营。他父亲许诺，如果他攒到一笔钱，就允许他去野营。于是乔送报更加卖力，终于攒下了100美元。这笔钱除了可以用于野营外，还有点剩余。但就在野营要出发前，乔的父亲改变了主意。因为他父亲的一些朋友决定去进行一次钓鱼旅行，而他父亲缺少这笔游行的费用，他就要求乔把送报攒下的钱给他。乔不想放弃将要进行的野营。于是，他想拒绝给他父亲钱。

案例引发的思考问题有：

（1）乔应该拒绝给他父亲钱吗？为什么？

（2）父亲有权利向乔提出要钱吗？为什么？

（3）给钱与做好儿子有联系吗？为什么？

（4）在这个故事中，乔自己挣钱的事实是重要的吗？为什么？

（5）父亲答应乔，如果他挣到钱就可以去野营，在这个故事中，父亲的许诺是最重要的吗？为什么？

（6）为什么要信守诺言呢？对一个你不熟悉或你可能不会再见到的人信

守诺言是重要的吗？为什么？

（7）在父子关系中，你认为应该关心的最重要的事情是什么？为什么？

[案例] 杰弗森大夫应该给病妇安乐死的药物吗？

一位妇女患了致命的癌症，没有药物能治好她的病。她的医生杰弗森大夫知道她只有6个月的生命。她异常疼痛，奄奄一息，只有乙醚和吗啡一类的止痛药可以加速她的死亡。她神志不清，几乎痛得昏死过去。在她清醒时，她恳请杰弗森大夫给她足够的乙醚让她死去。她说她不能再受痛苦了，反正她快要死了。尽管杰弗森大夫知道安乐死是违法的，但他思考再三，还是满足了她的要求。

案例引发的思考问题有：

（1）杰弗森大夫应该给她安乐死的药物吗？为什么？

（2）病妇有权利作出安乐死的决定吗？为什么？

（3）在这个故事中一位好大夫应该做什么？为什么？

（4）无论一个人不想活或想自杀时，人们都有义务和责任让她活下去吗？为什么？

（5）一个宠物受重伤，快要死了，就杀它以解除其痛苦，这与案例描述的是同样的事情吗？为什么？

（6）杰弗森大夫给病人安乐死触犯了法律，这也犯了道德错误吗？为什么？

三、道德两难的指导方式

教育实践中如何运用道德两难讨论法教育与引导学生的道德发展呢？我们从下面这一案例中来感悟与提炼教师运用道德两难讨论法的指导方式。

［案例］好朋友，互相帮①

＊行为观察

期末考试结束后，孩子们个个兴高采烈地展开了阳光般的笑脸。放学时，守在校门口的家长们迎来的是一只只欢快的小蝴蝶。只有陈旭像一只被霜打了的茄子一样垂头丧气地走出了教室。妈妈一见，连忙把孩子拉到身边问："考得不好吗？"

"妈妈，我这次数学考试肯定没有一百分了，因为张凯他没做完，考试快结束时，我们乘监考老师不注意交换了考卷，他的考试卷上写的是我的名字。"妈妈一听立刻拉着孩子来到我的办公室。

我对孩子说："陈旭，考完试你就将这件事告诉了妈妈，说明你是一个比较诚实的孩子。今天，你为什么要和张凯交换考卷呢？是不是你有不会做的题？"

"不是的，我都会做。张凯在语文考试时就要与我换考卷，我没答应。数学考试时他又说了，我想我们是好朋友，就同意了。"

＊观察分析

陈旭和张凯坐在一前一后，陈旭的成绩很好，张凯较差，俩人是好朋友，学习用品经常换着用。期终考试时，两个孩子中的一个提出了不恰当的要求，另一个孩子出于好朋友的考虑，讲义气念头占了上风，于是就出现了上述一幕。这一事件性质虽然恶劣，但究其原因在于缺乏辨别是非的能力。这是他们经历的第一次大考，我不想因为这一事件给孩子们的心理蒙上一层考试的阴影。如何使他们明辨是非呢？

＊对策与措施

为了使孩子们知道即使是好朋友之间的帮助也是有一定的原则的，要学会敢于向无理的要求说"不"。为此，我采取了如下措施。

（1）向两个孩子了解事情的经过。事实正如陈旭所言。

（2）我耐心地告诉他们考试的重要性，并让他们自己分析行为的不当之处。

---

① 摘自杭州市行知小学施晓敏老师的观察与指导案例。

(3) 和数学老师取得了联系,让两个孩子和数学老师商量解决的方法。孩子们愿意重新补考,并自愿将成绩下降一个等级作为教训。

(4) 和孩子们的家长取得联系,达成对这一事件处理结果的共同认可。

(5) 在班级中收集了孩子们的一些生活小故事,让孩子们在班会课上讨论:"这样的忙该不该帮?"什么叫"团结友爱""助人为乐"?

*效果与反思

经过一段时间的家校配合教育之后,孩子们开始逐渐懂得"互相帮助""助人为乐""好朋友"都是建立在正确的道德观念的基础之上。如果行为本身是错误的,所谓的"好朋友"只不过是"狐朋狗友"而已,所谓的"助人为乐""互相帮助"也不过是"狼狈为奸"而已,从而,大大提高了学生明辨是非的能力。从那以后,班级很少出现无原则的要求与帮助了。

"好朋友,互相帮"这一案例引发的两难问题是:"考试不能作弊"和"互相帮助"两条道德规范的矛盾与冲突,这一类问题在学校教育情境中常常出现,例如,"发现好朋友考试作弊,该不该揭发?"它引发的问题是:

第一,揭发朋友作弊是不"忠于友谊"的表现吗?如何看待"忠于友谊"?

第二,"反对作弊"有哪些表现形式?为什么?

对于这类道德两难问题,我们实践基地学校的教师在长期的教育实践中摸索出以下一些行之有效的指导策略。

(一) 道德两难指导的基本步骤

1. 设计与学生道德判断发展水平及教学内容相吻合的 "道德两难" 故事

设计与学生道德判断发展水平及教学内容相吻合的"道德两难故事"是应用"道德两难"讨论法的基础。设计两难问题时,教师应该准确了解学生当前的道德判断水平,才能设计出适合学生实际情况的道德两难故事。

教师设计道德两难故事时必须遵循一些基本准则。一是设计的情境必须是真实或者是可信的；二是设计的情境必须包含两条道德规范；三是涉及的两条道德规范在设计的情境中必须发生不可避免的冲突。一般而言，道德两难故事的来源有以下三条路径。

（1）学生身边真实的或实际发生的道德两难问题。如"好朋友，互相帮"中的两难问题，又如"同学要我帮他一起隐瞒师长在网吧打游戏的事实，我应该帮他隐瞒吗？""发现好朋友考试舞弊，该不该揭发？""昨天作业忘了做，同桌给了我一本做好的作业，老师还没有来，我抄还是不抄？"等两难案例直接来自于学生的学习生活实践，能充分引发学生的认知冲突和意见分歧，从而培养学生的道德判断能力。

（2）当前社会关注并争论的热点、焦点问题。如有老师在讲授"维护国家尊严和民族尊严"这一知识点时，根据"不跪的人"孙天帅的经历改编了一个"两难故事"："孙天帅的家在河南农村，正当他即将高中毕业时，家庭面临极大困难：父亲病重，母亲年事已高，弟弟正在求学，为了给父亲治病，圆弟弟求学之梦，他背上简单的行囊，南下珠海打工。但是，在他打工的工厂，出现了韩国女老板无视中国法律，强迫中国工人下跪的事件。在这种情况下，他该怎么办？如果他拒绝下跪，必将失去工作，难尽为人子、为人兄的责任；如果他下跪，又有损个人尊严特别是民族尊严。"孙天帅必须在"责任"和"尊严"中作出抉择。

（3）虚构但却可信的道德两难问题。如科尔伯格及其同事设计的九个"道德两难故事"虽然都是虚构的，但却是可信的。其中最著名的道德两难的例子就是科尔伯格虚构的"海因兹偷药救妻两难"，"不许偷盗"和"救人性命"两条道德规范狭路相逢，发生不可避免的冲突。海因兹必须在二者之间作出抉择，遵守"不许偷盗"的规则必定违背"救人性命"的规则，选择"救人性命"的规则意味着得去偷盗。任何行为决断都会违背其中的一条道德规范，所以"道德两难"。教学实践中也可依据内容需要设计这类两难问题。如在教学"遵守纪律"相关内容时，可以设想某个学生由于某种原因即将迟到，现在他所在的位置离教室之间有一大片草坪，如果穿过草坪，就不会迟到；如果绕过草坪，必然迟到。这时他必须在"遵守纪律"与"爱护公物"这两者之间进行抉择。

2. 让学生觉察问题的两难性质

学生在读完故事后,应能及时察觉故事的两难性。为了让学生对道德两难情境中的主人公面临的状况形成准确的理解,教师可以对资料进行适当的讲解,唤起学生的兴趣或旧的经验,并且针对资料本身和结合学生实际生活进行提问,使学生能完全明白所呈现的两难故事,真正明确故事中的矛盾与冲突。

3. 学生表明自己对问题的初步想法

学生根据自己的认识进行第一次主体性道德抉择和价值判断,表明自己对道德两难问题的想法,作出暂时性决定,并写下相应的理由。教师的作用是使各位学生都能够进行换位思考,形成学生自己的暂时性决定。

4. 开展小组或全班共同讨论

这是道德两难讨论教学法的核心。是学生对自己和他人的想法进行相互的批判、思考和推敲的过程,一般是通过分组讨论或班级讨论来展开。这一步骤能否取得成功,关键在于教师能否营造一个平等的、开放式的、活跃的辩论环境。通过积极讨论或辩论,可以使不同观点的学生察觉彼此观点的异同,思考自己与对方立论的正确性。经由不同观点的碰撞,最终引导学生在比较中自动接受比自己原有的道德推理方式更为合理的推理方式。此外,在讨论过程中,学生若觉得对方观点的确比自己原先立场更有理由,那么,他可以随时改变自己的观点,而加入对方的阵营,继续参与讨论。必要时,教师也可作为反方代表的身份加入论战,以拓展讨论的范围和深度。教师要注意让学生就不同的观点进行比较、辩论,引起学生道德认知上的冲突,讨论不要追求意见的一致性,而应通过讨论促进学生道德推理能力和认知水平的提高。

5. 教师归纳整理

教师要对学生的讨论情况进行分析与总结，对学生提出的相关问题与疑问进行剖析与讲解。教师也可以适当进行一些提问，促使学生思考他人的各种道德推理方式，并将各种推理方式与自己的推理方式进行整合，最终形成自己的道德判断。

（二）道德两难指导的基本要求

道德两难问题讨论法要取得良好的效果，应该注意以下几方面。

1. 将主动建构与价值引导相结合

道德两难问题讨论法是基于学生主体的道德认知发展模式的教学方法，它尤其强调学生在教育中的主体地位，重视发展学生的道德意识、道德思维和道德判断的能力。但我国道德教育长期实行的是传授式的教学，在实践中运用两难问题讨论法尤其要注意深刻理解其深层的价值取向。如果像传统教学那样在呈现两难问题之后，急于告诉学生处于最高阶段水平的道德判断，而不注重诱发思考，则达不到预期的效果。

2. 将道德判断的发展与道德行为的培养相结合

道德两难问题讨论法强调通过道德判断的逻辑推演来推动道德的发展，但是这里所谓的"道德的发展"在科尔伯格的研究中表示的是"道德认知的发展"，而不是"道德实践的发展"。而在实际过程中，道德教育实践是一个"知—行"的过程，道德教育的目的是为了践行，任何一种道德教育都要实现道德行为的转变。因此，道德两难问题讨论法运用时，要将道德判断的发展与学生道德行为的培养结合起来。

3. 将假设问题与真实问题相结合

科尔伯格的道德两难问题是将道德冲突置于一个绝对化的、简单的、假设的、被严重限制了的情境之中。如在"海因兹偷药救妻"两难故事中，海因兹怎么也无法凑足钱款。在实际生活中，学生可能会质疑：难道他没有可以出售的房子吗？可以变卖的家具吗？可以借到钱的朋友吗？那个药剂师难道就一点点同情心都没有吗？难道不可以和他签署一个分期付款的合同吗？真实生活不是这样绝对和被严重限制的，因而，一方面我们要根据我国教育现状设计出符合时代精神，又能充分引发学生的认知冲突的两难问题，同时也要将假设的问题与真实问题相结合。让学生在真实的环境中体验道德行为的两难问题，并作出判断和付诸行动。这对于克服道德判断和道德行为的脱节具有重要意义。

　　道德叙事、行为契约与道德两难方法是当前促进学生道德行为发展的主要的道德教育方式，为了便于理解与掌握道德叙事、行为契约与道德两难指导方式，我们分节予以阐述。但在中小学教育实践中，这几种指导方式，既有可能是独立运用的，也有可能是整合实施的。例如，前面所述的"他是一个麻烦制造者"的案例中，教师主要运用了道德叙事与行为契约的指导方式。因而，在教育实践过程中，教师应该根据具体的教育情境，灵活地加以运用，才能真正促进学生道德行为的发展。

第五章

导师制模式下的教师指导方式

导师制作为一种重要的育人模式,能够为学生的学习、生活等方面的发展提供全方位、个性化的指导与帮助,在学生道德行为的发展中具有独特的作用。现如今正日益受到中小学的高度重视,我们也在教育实践中尝试了导师制的指导方式,对导师制的运作程序以及各类学生的指导进行了探讨,并取得了一定的成效。

第一节 导师制的内涵

要深入研究导师制,就应该准确把握导师制的内涵。何谓导师制?导师制与班主任制又有何关联?中小学为何施行导师制?对这些问题的回答是施行导师制的基础。

一、导师制的含义

(一)导师

导师制起源于14世纪的英国,"导师"(Tutor)一词在英国的界定范围广泛，杨莹在《英国大学的导师制度》中指出，"导师"主要包括以下五种含义①。

第一，指在中小学、高等教育或其他教育机构督导学生学业或课业者；

第二，受雇于私人的家庭教师，负责指导某个人学业，通常旨在使其能够顺利通过考试或获得良好成绩者；

第三，大学及学院所聘成员，其职责在于辅导学生者；

第四，通常指学校中的教师，负责辅导一群学生者；

第五，大学或学院的学生，或中学里年龄较长的学生，负责在校指导较低年级的学生者。

由此可见，英国的导师不仅涵盖中小学、大学及学院，还包括私人家教中的有关人员。在我国，导师则为高等学校或研究机构中指导人学习、进修和写作论文的人员，尤指指导硕士、博士研究生完成课题研究和毕业论文的教授或副教授。《教育大辞典》中对导师的释义为"高等学校指导教师的简称。一般指承担对学生进行某种个别指导任务的教师"②。相对来说，我们较为赞同杨莹对"导师"所作的定义，基本上涵盖了各学段内的导师情况。

（二）导师制

所谓"导师制"（Tutorial System），《教育大辞典》对其界定为"导师对学生的学习、品德及生活等方面进行个别指导的一种教导制度"③。也就是说，导师制是以加强对学生的学习、思想指导为目的，选派一名或几名教师对若干名学生进行长期指导，针对学生的个别差异和特点加以因材施教，以促使学生德、智、体等诸方面的和谐发展。

导师制作为一种重要的教导制度，要求导师与学生建立长期的联系，对学生的学习、生活和成长中的各种问题都要给予及时指导，最大限度地保证教师与学生的充分接触，把教师教书育人的职能真正落到实处。由此可见，

---

① 杨莹．英国大学的导师制度［J］．台湾教育，1994（11）：16．
②③ 顾明远．教育大辞典［M］．上海：上海教育出版社，1998：556．

导师被赋予了多重角色。

作为一种教育模式,导师制在高等院校得到了广泛的应用。在导师制的起源地,英国的剑桥大学和牛津大学以学院为单位来组织和管理教学活动,为教学服务,导师制成为学院管理制度的一大特色。[①] 导师制作为教与学的纽带和桥梁,把教师、学生和教学紧密地连接在一起,不仅强调了教师对学生的教导关系,还充分体现了学校对教师的一种管理关系。

在我国,大学导师制的实施由来已久,目前已经出现了多种导师制模式。例如上海大学以因材施教、完善学分制为目标,对全体学生安排导师。导师主要面向那些计划继续深造、提前毕业或选修多学科的学生,而其余的学生则通过讲座和咨询的方式接受指导。大学导师制在我国主要应用于研究生教育,部分高等院校也尝试在本科生教育中引入导师制度,并取得一定的经验和效果。

(三)中小学导师制

在中小学教育中引入导师制,是大学导师制的成功经验在基础教育中的应用。概括说来,中小学导师制是把全体教师与学生按比例对应起来,每位教师负责和一部分学生建立长期联系,对学生的学习、生活和成长中的各种问题给予及时指导,以促进学生健康成长的一种育人模式。

它一般具有以下三方面的特点:一是强调个别指导。导师制模式下,导师长期稳定地指导几名或十几名学生,使得个别指导成为可能。二是强调学生的全面发展。导师不仅指导学生的学业成绩,而且指导学生良好的道德行为的养成以及健全的心理发展,从而促进学生全面发展。三是强调师生的密切联系。导师制要求导师每星期至少与学生进行一次谈心,帮助学生养成良好的学习习惯、习得正确的学习方法并制订切实可行的学习计划;及时了解学生的思想动态和状况,并进行正确的引导,使学生形成正确的世界观、人生观和价值观;每月及时与学生家长联系和沟通,指导和帮助家长进行家庭

---

① 徐辉. 高等教育[M]. 长春:吉林教育出版社,2000:233.

教育等，从而使导师与学生的联系十分频繁，有助于建立良好的师生关系。

目前，教育实践中广泛运用的导师制有以下几种：以班主任为核心，班级任课教师组成导师组，负责整个班级建设的"班级德育导师制"；由学生与导师通过双向选择、学校统筹协调，每位导师有针对性地选定若干名学生作为教育对象的"学校德育导师制"；根据寄宿制学校的特点成立的"寝室导师制"；还有"学生成长导师制""专业导师制""实习导师制""社区导师制"等。

二、班主任制与导师制的关系

（一）中小学导师制是对班主任制的补充

1. 现阶段中小学班主任制的局限性

1952 年教育部颁发的《小学暂行规程（草案）》和《中学暂行规程（草案）》明确地提出设立中小学班主任制。1963 年的《全日制小学暂行工作条例（草案）》和《全日制中学暂行工作条例（草案）》对班主任的职责进行了规定。1979 年颁发的《关于普通中学和小学班主任津贴试行方法（草案）》标志性地确立了中小学班主任岗位在教学管理体系中的地位。1988 年的《中学班主任工作的暂行规定》中，对班主任的职责、地位、任务以及作用等都作了明确的规定："班主任是班集体的组织者、教育者和指导者，是学校领导者实施教育、教学工作计划的得力助手。"[①]

班主任制在学校教育教学工作中发挥着不可替代的作用。在一定意义上讲，班主任制使学校管理更为便捷和高效，因为班主任作为学校和学生沟通的重要桥梁，使学校运作的整体效率得到提高。一方面，学校的教育方针政策通过班主任的日常工作得以落实，另一方面，学校也通过班主任了解学生

---

① 叶上雄. 中学教育学 [M]. 北京：高等教育出版社，1993：214.

的学习、思想状况，使学校的教育工作更能适应学生的发展。

然而，随着时代与社会的发展，追求高质量的教育已经成为当下人们对基础教育的迫切期望与要求，作为大班管理的班主任制就日益显示其局限性的一面。

一般而言，班主任都要承担一定的教学任务，上好课是每一位教师包括班主任的努力目标，因而班主任与其他老师一样，必须要研究教学，在教学上倾注自己大量的心血。

但班主任除了承担教学任务之外，还担任着教育、引导班级每一个学生的重任。而目前中小学班级规模较大，大多是四五十人组成一个班级，班主任要对全班每一个学生的思想品质、个性特点、学习状况等全面负责，确实难度很大。因为班主任一人的工作时间有限、知识面有限、影响学生的空间范围有限、管理班级的方法有限等。因此，班主任负责制，无论从质和量，还是时间与空间都存在一定的局限性。此外，中学生正处于身心急剧变化的时期，心理不稳定，世界观、人生观和价值观不明确，缺乏自学和自我管理意识。因而，班主任一人难以对四五十人进行全方位的、个性化的教育与引导，也就难以使每一个学生都得到更好的发展。

2. 导师制可以弥补班主任制的不足

中小学导师制通过选拔任课教师担任德育导师制，把德育工作化整为零，由面到点，解决了班主任管理大班精力不足等问题，可以弥补班主任制本身的缺陷。

首先，导师制有助于学生个体的全程发展。施行导师制，每位导师指导的学生较为固定，指导时间较长，能根据学生的特点，帮助学生规划各阶段的发展目标，促使学生健康地发展。

其次，导师制有利于班级整体的全面管理。施行导师制，安排任课教师共同参与班级管理，实质上是把大班化小，使教师有时间和精力认识了解每一个学生，并根据学生的个别特点制订个性化的发展规划，充分尊重学生个别差异，因材施教，避免了单纯班主任制管理中常常出现的管的过严或过宽的"一锅端"现象。

（二）导师制与班主任制并行

由于班主任制的局限性，要求改革班主任制以适应时代进步和学生自身发展的呼声越来越高。近年来，关于是否取消班主任制的争论也愈演愈烈。然而我们认为，班主任制的缺陷并不能掩盖班主任在中小学班级管理教育中的巨大作用，班主任作为班级管理的核心人物，其作用不可替代。时代呼唤一种新型的、民主平等的师生关系，这就要求在新时期的班级管理中，建立一种整合的优势互补的班级管理和德育制度。这种制度就要求在现有班主任制的基础上，同时结合其他有效的管理方法，例如导师制。两者具有并行的可能性，在实际运用中相辅相成。

在班级学生管理和指导中，班主任制和导师制具有诸多共同之处，这些共同点衍生于大致相同的价值取向。

首先，"教师"是导师与班主任共同承担的角色，班主任和导师本身都是教师；其次，每一位教师都必须承担相应的管理与指导学生的义务，教育（包括德育）是所有教师的共同职责；最后，承担教师角色的班主任和导师都必须尊重学生的自主活动与自主管理的权利，教师可以对学生的组织行为予以建议和指导，但是绝对不能包办代替。

正是这种价值取向决定了导师制能够与班主任制并行的可能性，在共同价值取向的引导下，导师制才能与班主任制相互配合、协调，共同在班级管理中发挥作用。

班主任制经历了半个多世纪的发展，在现阶段中小学学生管理中占据主导地位，这是不可动摇的。基于当前中小学的实际以及两种制度各自的特点，现阶段倡导班主任制与导师制并行的管理理念，实质上就是要求建立一种以班主任工作为主，导师制为辅的相互配合、互相支持的学生教育与管理制度。如浙江瑞安市新纪元实验学校、湖北宜昌市夷陵中学等都采取这种导师制与班主任制相结合的方式，取得了一定的成果。

尽管导师制有诸多优点，但是由于受到一些客观条件的限制，目前该制度还不能成为学校教育模式的主体。在现行教育机制下，班主任主要面向全体学生，把握总的方向，导师则重在个别辅导，针对具体问题予以解决。

三、中小学施行导师制的可行性分析

（一）导师制的施行有助于促进学生多元智力发展

"多元智力理论"是由美国心理学家加德纳（Gardner）提出的一种智力理论。该理论认为智力具有多元性，它是由七种相对独立的智力成分构成，包括言语智力、逻辑—数学智力、空间智力、音乐智力、运动智力、社交智力和自知智力。其中每种智力都是一个单独的功能系统，这些系统可以相互作用，产生外显的智力行为。① 但多元智力存在于个体内部，若未被发现也就无所谓发展，因此，教师如果未与学生建立长期的指导关系，就难以全面了解学生的智力发展状况，难以更好地促进学生的整体发展。而导师制的施行，使导师在充分了解学生的基础上进行教育，尤其是为学生切实提供个性化的指导，能有效促进学生多元智力的发展。

（二）导师制的施行顺应中小学生身心发展的特点

中小学生尤其是处于青春期的学生，其身体和生理机能都发生了急剧的变化，主要表现在三个方面：首先是外形的改变，如身高体重的增长，第二性征的出现；其次是体内机能的增强，心肺、肌肉和大脑都在迅速成长达到成熟；再次是性的发育和成熟，包括性激素的增多、男女生性器官、性机能的发育等。② 由于生理上的种种变化，使青春期学生在心理上出现成人感与幼稚性、反抗性与依赖性、内心封闭性和开放性共存的心理特征，内心发展

---

① 彭聃龄. 普通心理学 [M]. 修订版. 北京：北京师范大学出版社, 2001：395
② 徐光兴. 学校心理学——教育与辅导的心理 [M]. 第 2 版. 上海：华东师范大学出版社, 2009：171-172.

极易失去平衡，容易喜怒无常，过于情绪化，逆反心理的出现也容易使亲子关系恶化。因此，处于青春期的中小学生尤其需要得到学校和教师的重视与关爱。导师制的施行在制度上保证了学生的心理问题受到学校与教师的高度关注，学生具有排解心理问题的渠道；同时，导师还可以有针对性地对学生的人际交往、学习指导、性心理教育等多个层面开展辅导活动，真正深入到学生之中，使学生健康安全地度过青春期。

（三）导师制的施行符合基础教育课程改革的需要

当前基础教育课程改革，不仅体现在教材、教学方法、教学手段上，而且还体现在教学管理制度等的变革，传统的班级管理机制必然会发生一系列的变化。导师制能够有效地落实学生的德育工作，并在一定程度上引导学校教育管理模式的转变，从而有效地推动新课改的进行。

导师制作为学校整体教育的一部分，注重学生的差异性与针对性，强调符合不同学生的发展需要，以学生发展为本，这正符合新课程"回归生命本源，关注生命成长"的基本理念，从而将教师重"教书"轻"育人"的教育方式转变为"教书"与"育人"的有效统一。

（四）导师制的施行是教师实现个人成长的重要途径

导师制作为一种管理模式，导师应该具有先进的教育理念、高超的教育技能、富有个性化的教育行为，能够针对接受指导学生的实际制订以及调整教育方案。在整个指导过程中，不同学生的特点以及变化状况，促使导师不断反思教育策略、调整教育方案、梳理教育思路、总结教育经验与教训、探寻富有实效的教育方式，从而使导师不断地探索、研究与实践，实现导师与学生的共同成长与发展。

（五）导师制的施行有助于消除任课教师的权威危机

班主任的特殊身份会使其在学生中拥有一般任课教师所没有的威信，这使得班主任更容易"走进"学生，获得学生的信赖与支持。而任课教师与学生之间除了教与学的联系之外，在思想和情感上的交流相对较少，这无形之中也增加了教学的难度。日常生活中，人们常将班级和学生个体的荣誉归结于班主任，却忽视了众多任课教师的辛勤付出。各种非班主任无法享受的待遇也会引发任课教师的心理失衡。诸如此类的问题无疑让任课教师承担较重的精神压力，从而严重影响了他们的生活与教学。中小学施行导师制，学校为任课教师提供了师生沟通与交流的渠道，不仅使他们在学生心中的权威得到有效的提高，而且极大地激发了任课教师的工作热情，有助于提高教育教学的质量。

第二节　中小学导师的角色规范与作用

导师制作为一种德育管理方式、教学管理模式，以"导学、导育"为主，强调把教书和育人结合起来。在导师指导下，接受指导的学生有权期望从导师那里获得前进的动力、合理的认可，成长的指导、尊重以及不断的鼓励。在实际教导过程中，导师扮演着多重角色，发挥着至关重要的作用。

一、价值观的引导者

价值观是学生几乎每时每刻都会碰到的问题，凡说话做事我们都会考虑"有没有用？""有没有利？""值不值得？""用""利""值"是一种价值判断，是对人的行为的是非、善恶、美丑、荣辱、得失等的价值判断。是人们在处理价值问题上所持的立场、观点和态度的总和。价值观是判断行为的准则，也是指导人们行动的指南。价值观不同，则人们的价值评价不同，从而作出的判断也不同。

中小学生正处于成长阶段，他们的情感、态度、价值观还处于形成和发展过程中，且易受到外界因素的影响。因而，与学生密切联系的导师，应该重视对学生价值观的引导。例如，当前有些中小学生对集体主义价值观存在着一定的误解，认为集体主义只讲集体不讲个人，只讲集体利益而不讲个人利益。对于如何理解个人利益与集体利益的关系问题，导师应该给予学生正确的引导，应该使学生明确尊重和保护个人利益是集体主义的内在要求，是集体具有凝聚力的根本保证。同时，集体是个人的依托，是个人的归宿，没有集体利益，个人利益往往无从谈起，因而，导师应该引导学生树立正确的集体主义价值观。

当然，导师价值观的引导应该与学生的自主建构相结合。根据建构主义的学习理论，学习是一个积极主动的建构过程，学生不是被动地接受外在信息，而是主动地根据先前的认知结构有选择性地知觉外在信息，建构当前事物的价值理念。学生的精神世界也是自主能动地生成建构的，而不是外部灌输而成的。因而，导师对学生的价值观的引导，应该摒弃灌输的方法，关注学生的生活世界并切入学生的经验系统，应基于学生智慧发展水平，着眼于学生成长的内在动机的唤醒与潜能的开发，使学习活动和自主建构自觉自愿地进行。忽视"价值引导"就是忽视教育，也就是忽视导师的作用及责任；没有价值引导的自主建构，就不成其为教育过程，因而，导师应该正确处理外在的价值引导与内在的自主建构的辩证关系。

二、心理咨询师

心理咨询师，也叫心理咨询工作者，在心理咨询与心理治疗中，指的是能够运用心理学以及相关学科的专业知识，遵循心理学原则，通过心理咨询的技术与方法，帮助求助者解除心理问题的专业人员。心理咨询是一门创造性的应用科学，是一项科学和艺术相结合的工作。心理咨询师好比一把梳子，需要梳理来访者、咨询者的思绪和问题脉络，重新找到适合解决来访者问题的方法。

由于中小学生心理发展的特殊性，导师在辅导过程中，在一定程度上也需要扮演心理咨询师的角色。导师应该在掌握一定的心理健康教育理论和心理咨询专业技巧的基础上，从情绪情感、人际关系、人格培养等多个层面，帮助和指导学生解决心理问题，维护心理健康。

（一）情感辅导者

新时期需要情感教育，学生自身的发展也需要情感教育。中小学生的情绪情感非常丰富，但又不稳定，尤其是正值青春期的中学生，情绪情感正处于纷繁复杂的时期，加之学业压力的增大，诸多不良情绪、情感在这个"多事之秋"都极易孕育和表现出来。因而情绪情感的辅导在导师工作中就显得尤为重要。

导师作为情感辅导者应该重视学生的情感需求，运用心理咨询的有关原理和技巧，与学生经常进行情感沟通、交流和指导。在同接受指导的学生的互动中，导师要充分尊重、鼓励和欣赏学生的各种积极情感，经常用自身的人格魅力去感染学生，使学生感受到榜样的力量，用理智的心态去面对指导中出现的困难和问题，用宽阔的胸襟去包容学生的缺点和不足，用充满关怀的语言鼓励学生，给学生无尽的期待和希望，从而达到情感辅导的良好效果。

导师通过对学生的情感辅导，有利于培养学生的积极情感，使学生变得热情而富有朝气，为人谦和，既懂得照顾自己、爱护自己，又懂得关心别人，心智朝着积极的方向发展，最终使学生成为健康而高尚的人。

（二）人际关系协调者

1. 导生关系的协调者

传统班级授课制赋予班主任无形的威信和教师权威，一方面容易滋长班主任的绝对权威，另一方面也使任课教师与学生之间缺乏密切的交流与沟通，容易导致任课教师与学生之间情感的疏离。在导师制模式下，由任课教师担任导师，不仅能使班主任更有时间与精力反思自己的管理方式，更好地管理班级，而且有利于调动任课教师的工作积极性，增进任课教师与学生的感情，消除隔阂，从而促进教学相长、平等友爱的新型师生关系的形成。

2. 同伴关系的协调者

中小学阶段是个体社会关系的建设初期，同伴交往是个体社会关系建设的重要环节之一。良好的同伴关系不仅是中小学生健康生活、积极学习的保证，对于其社会性的发展也具有十分重要的作用。但是由于中小学生心智发展的不成熟性，在同伴交往中往往会出现某些问题，如自闭、欺负同伴、搞小团体等。因而，导师指导学生正确处理同伴关系，针对学生不同的交往心理障碍，如社交恐惧、自闭倾向、自卑心理、猜忌心理等，采取不同的心理辅导技术，帮助学生逐步克服同伴交往中的不良心理因素，指导学生正确掌握人际交往的方式和技巧，改变不合理的人际交往观念，鼓励学生逐步建立自己的朋友圈，从而使其获得良好的同伴关系。

值得注意的是，导师对学生人际关系的指导应该建立在维护班级的统一性、整体性的基础之上，不仅要加强学生间的同学关系，还需要促进班集体的团结。

（三）健全人格的培养者

人格是指人的整个精神面貌和行为倾向的表现，是一个人与他人相区别的独特的心理特性，换言之，人格也叫个性。人的个性是从小养成的，因此培养人的个性就必须从基础教育开始，而中学阶段是一个人建立独立人格的关键阶段，也是人的个性培养的最佳时期。导师应该帮助和引导学生正确地对待青春期性生理和性心理变化，培养学生积极的情感，养成多方面的兴趣，经常组织学生进行心理疏导等，避免形成人格障碍和病态人格，如逃避型人格、依赖型人格、偏执型人格、分裂型人格等。

三、学习的促进者

导师应该针对不同学生的特点,开展学习动机辅导、学习方法辅导、学习习惯辅导等。

(一)学习动机辅导

"学习动机"是推动学生自觉学习的一种内部动力。布罗菲(Brophy)把"学习动机"界定为:"学习者发现学习活动有意义、有价值并尽力从中收到预期学习收益的倾向。"[①] 在学习动机的驱使下,学生才能够进行自觉主动的学习。因此,激发学生正确的学习动机,是引导学生有效学习的前提。

导师在培养学生的学习动机过程中,应该善于激发学生思维的火花,发现学生学习的灵感,挖掘学生的潜能。具体而言,导师应该帮助受导学生制订恰当的学习目标,使受导学生明确学习目的,并确认和协调达到目标的最佳途径,以此作为契机,逐步培养学生的学习兴趣;可以与班主任合作创设丰富的教学环境,引导学生产生学习需要和学习自觉性;帮助学生了解所学理论知识的实际意义和实践作用,唤起学生对知识的追求和渴望;激励学生寻找真理、发现真理的兴趣和追求,进而激发其学习动机;联系家庭环境现状和学生自身愿望,使其认识到理想和现实之间的差距,意识到学习的意义和作用,使之产生学习需要,并激发学生的成就动机,使学生从成功中追求新的目标。

(二)学习方法辅导

在教育教学中,我们看到一些学生有强烈的学习动机、端正的学习态度,

[①] 王小明. 学习心理学 [M]. 北京:中国轻工业出版社,2009:201.

但还是学业不良,难以取得理想的成绩。究其原因,往往是这些学生没有掌握有效的学习方法,事倍功半,学习效率低且效果一般。

因此,要提高学生的学习效果,导师就应该帮助受导学生掌握有效的学习方法,给学生提供一系列学习方法的指导,包括制订学习计划的方法、预习方法、听课方法、复习方法、作业方法、记忆方法、思维方法、注意方法、自学方法等。在学生学习方法的辅导过程中,导师发挥的主要作用有:指导学生寻找、搜集和利用学习资源的能力,为学生设计恰当的学习活动;帮助学生理解所学学科的基本框架、基础知识并掌握学科的基本技能;培养学生学会抽象、概括和推理,以及猜想、创造和解决问题的能力;引导学生善于发现各部分知识间的内在联系,以及知识与现实生活的联系;培养学生运用分类、归纳等多种学习策略的能力,发展学生的多元智能。

(三)学习习惯辅导

著名教育家叶圣陶认为:"教育就是习惯的培养。"学习习惯问题在学校中普遍存在,比如作息不规律,上课注意力不集中、不认真听讲,学习无计划性等,不良的学习行为一旦变成习惯,就会严重阻碍学生的学习与进步。因而,导师必须动员多方力量,改进学生的不良学习行为,促使其养成良好的行为习惯。这就要求导师对受导学生进行辅导时,需要发挥引导和督促的作用,具体表现为:帮助学生进行自我检视和反思,剖析不良行为习惯的根源,共同探讨解决办法;鼓励学生维持学习过程中积极向上的学习动力;注重培养学生的自律能力,让学生认识到良好学习习惯对学业的重要性,并能够长期有效地坚持下去。

四、代理家长

导师制的施行,使受导学生在生活方式、生活习惯上也能够得到一定的照顾和指导，因此导师在一定程度上也扮演了"代理家长"的角色，既发挥着生活指导者的作用，也是家校合作的重要桥梁。

（一）生活的指导者

现在，中小学生大多是独生子女，饭来张口，衣来伸手，缺乏一定的生活自理能力。因此，导师必须担负起生活指导的任务，指导学生的校园生活、社会生活和家庭生活。

作为学生生活的指导者，首先，导师本身必须发挥榜样的作用，养成良好的生活方式，能够科学地安排日常生活、饮食起居，消费理性，兴趣广泛，具备一定的特长；其次，导师倡导的生活方式能够与学生原有生活的节奏相融合，帮助学生改善原来不健康、不协调的生活习惯，形成积极合理的生活方式。

在校园生活方面，导师能够创设梯度性的练习和问题情境，组织互助小组，利用团体力量促进学生共同进步；创建兴趣小组，指导课余生活，利用学生社团与社会实践活动，提高学生的组织管理能力等。

在社会生活方面，导师应该以安全为本，发挥监督和教育作用，加强学生的交通安全和社会实践指导。

在家庭生活方面，对学生进行"孝亲"教育，可以强化学生孝敬父母、尊老爱幼的意识，培养学生正确的消费观、理财观。

（二）家校合作的桥梁

众所周知，家庭是个体实现社会化的第一场所，是人出生以来的第一所学校，父母则是孩子的第一任老师。一般情况下，家庭教育担负着传授文化知识、指导行为规范、培养道德品质、使人自立等职责。家庭对个体健康成长具有至关重要的作用，但是现实情况是，不少中小学生的家庭教育存在着不同程度的问题，从而直接影响了学生的道德观念与道德行为的发展。

导师制为学校、家庭、社会的合作创设了新的平台。导师能够通过各种形式的家访活动加强家校之间的联系，使家长能及时准确地了解学校教育的动态以及子女在学校的表现，有助于拉近学校、学生和家长之间的距离，增进家长对学校工作、教师工作的认识，促进家校教育合力的形成，对学生德育工作的开展起到积极的推动作用。

第三节　导师制模式下的教师指导方式

一、实施导师制的基本程序

为了保障导师制实施的有效性，导师制施行基本上要经过宣传发动、确立导生关系、创建导师制的工作制度、建立导师的考核与激励制度等几个特定环节。实际应用中，学校还应该根据自身特点进行适当的调整。

（一）宣传发动——导师制施行的先决条件

在决定实施导师制的新学期初或前一学期末，学校应召开一系列的动员大会，向全体师生宣讲导师制施行的目的、意义与方法，充分调动师生参与的积极性，为导师制的推行作好思想准备。

在中小学施行导师制，是以构建"管理育人、教育育人、服务育人、全员育人、全程育人"的教育机制为指导思想，确立其在中小学教育工作的基本目标。

(1) 推进全程德育、全员德育的落实，增进学校德育实效性，发挥全体教职工教书育人相统一的积极性，形成"全员育人"的局面；

(2) 建立中小学生的思想品质、行为规范、心理素质等全方位指导体系，动态把握学生成长轨迹，帮助学生全面和谐健康地发展；

(3) 形成优化班级管理、整体合作的学生管理新模式，促进教师与学生的共同成长。

（二）确立导生关系

1. 导师的选聘

导师不仅是学生学习的指导者，更是学生世界观、人生观和价值观的引导者，是学生思想成长的辅助者和心理健康的维护者，是学生全面发展的推动力量。因此，必须由优秀教师担任导师。理想的导师人选应当具备以下条件。

（1）能够为人师表，师德高尚，具有良好的个人品德和思想素质，行为举止能够起到模范作用；

（2）具有为学生服务的精神。能真正投入到学生的日常学习和生活辅导中，耐心细致，善于倾听了解学生；

（3）具备较高水平的专业知识和合理的知识结构，视野开阔、思想开明，能够与时俱进，乐于学习进取、不断完善自我。

学校应该制定《导师工作手册》，对导师的职责进行明确详细的规定。导师职责主要包括以下几个方面。

（1）引导学生树立正确的世界观、人生观、价值观，培养和提高学生的思想政治素质；

（2）帮助学生形成良好的道德品质，重视对学生人格的培养；

（3）负责对学生进行学业指导，指导学生掌握科学的学习方法，培养良好的学习习惯，帮助学生解决学业上的困难；

（4）帮助学生解决生活、生理、心理上的困惑，对学生进行疏导，做学生心理上的医生、生活中的益友；

（5）经常与学生家长沟通，全面了解学生的家庭情况，积极争取多方协作。

导师人选的确定，应该采取自愿申报、适当调整的方式。导师人选确定后，学校应发布正式文件予以确认，并把担任"导师"作为教师评优、晋职的重要条件。

学校还应该邀请优秀教师和教育专家结合学校特点对导师进行培训，提高导师队伍的整体素质。

2. 师生双向选择

在导师制实施中，导师与学生的选择和调配非常关键。原则上应该采取"学生可以选导师、导师也可以选学生"的"双向选择"方式，在实际操作中可以有不同的方式。如河南滑县白道口镇二中遵循发挥学生主动性的原则，由学生选导师。每位导师把自己的基本情况、特长、爱好以及指导计划等公布于众，由学生根据自己的情况挑选导师。学校在学生自愿的基础上，再加以调配；又如浙江瑞安新纪元民办学校的师生结对名单主要根据班主任建议并由年级组组长确定，尽可能尊重导师和学生的意愿。

一般来说，在新学期初，选导师之前，学生需要对自己的情况如特长爱好、个性品行、学业成绩等有一个大致的了解，由班主任汇总并上报学生情况。导师需要公布自己的基本情况、特长爱好以及指导计划等以供学生选择。导师与学生双向选择的过程可以依据以下不同的标准进行。

（1）由学科教师根据学生学习情况来确定，学科间成绩是否平衡也是重要的决定因素；

（2）由学生根据自己的学习情况确定适合自身的导师；

（3）由班主任结合学生的在校情况或家长意愿确定需要指导的学生；

（4）年级中的"特殊学生"需要受到特别关注，例如单亲家庭的学生；行为规范有问题、自制力较差的学生；心理有问题的学生以及学习困难、学习压力大的学生，等等。

导师指导的学生数量应该有一定的限制。一般而言，每位导师指导5—8名学生，最多不超过10名。在学生初步选择的基础上，年级组和班主任需要根据教师的特点、长处和学生的特点及问题等，适当地进行调配，要避免"主科"教师过热、"副科"教师过冷的情况。同时，还要做好教师的思想工作，保证每位导师指导的学生尽可能有各个层次的学生，即优中差兼顾，有利于同学间互帮互助，共同进步。

3. 师生互动

在导师与受导学生确立后，导师首先要了解并记录其指导学生的一般情况，如家庭情况、学业成绩、喜好特长、生活习惯等（参见表5-1），做到心中有数。受导学生可以就具体的问题直接向其导师寻求解答和帮助，导师与学生之间就可以展开实质性的交流与反馈。导师要按照辅导目标和受导学生的个性心理特点对学生进行跟踪指导，并详细记录每次谈话的辅导情况、自己的体会以及辅导成效等，对辅导状况进行仔细的研究与分析。

表5-1 初中学生基本情况记录表

学生姓名			性别		生日	
家庭地址						
父母工作	父亲			联系方式		
	母亲					
上学期成绩	语文	数学	英语	自然	社会	其他
本学期成绩						
对照结果						
最喜欢的学科						
不喜欢的学科						
特长爱好						
生活习惯						
学习习惯						
近期目标						
理想目标						
学习榜样						
综合表现						

（三）创建导师制的工作制度

中小学导师制作为一项教学管理制度，必须有章可循。导师制的常规工作制度主要包括以下几个方面。

1. 建立学生档案

在师生间的导学关系建立之初，每位导师都必须做好"摸底调查"，为自己所指导的学生建立个人档案，又称成长档案袋。其中，记录学生的基本情况包括：家庭详细情况、社会关系状况、学生的个性特征、行为习惯、道德品质、身体健康状况、心理素质、兴趣爱好、同伴关系、学生学习内容和计划、学习风格以及学业跟踪档案等。对受导学生各方面的表现每星期记录一次，并且在每次考试后都要逐一登录考试成绩。学生档案还要记录学生成长中的优点和不足，通过比照分析，采用绘制学生道德评价表和学业变化曲线的方式针对暴露的问题扬长补短，以提供改进的措施和建议。

2. 确保家校联络制度的确立

学校在实施导师制后，需要与家长密切合作，以保证教育工作的实效性和长久性。家校联络制度要求学校建立定期的家长接待日和不定期的家访、电话联络制。导师至少每个月与受导学生家长有一次电话联系，每个学期至少进行一次家访。

导师在家校联络中，要注重维护教师和学校形象，严守规范，从"共同教育"的角度出发，与家长商讨教育对策，而不是所谓的"打小报告"。家校联络制度的建立，有助于家校形成教育合力，共同促进学生的健康成长与发展。

3. 创设谈心与汇报制度

谈心与汇报制度要求通过经常性的师生沟通和交流过程，使导师了解学生、走近学生，从而建立良好的师生关系。导师应该做到每个月至少一次与受导学生进行个别谈心、交流或辅导，及时了解学生学习、思想动态，关注学生全面发展的状况，对受导学生取得的进步应该及时予以表扬，对其过错要耐心细致地进行说服教育。对学生道德行为的指导可以采取前面讨论过的各种方法：道德叙事法、行为契约法、道德两难法。同时，还要在学习方法、行为规范、生活习惯等方面帮助受导学生制订计划和发展方案，督促学生遵照执行。

汇报制度包括两方面，一是受导学生定期（每周一次或每两周一次）将自己的情况主动向导师汇报，汇报内容包括：思想变化、学习动态、生活状况等，使导师在第一时间掌握学生实际情况，有利于其及时合理地进行辅导和帮助。二是导师不仅需要创建导师工作手册，记录指导活动全过程，并且每个月还应该以辅导札记、教育故事、成长案例等方式，根据指导学生的实际状况向年级组撰写汇报材料。

4. 运用"会诊"制度

在导师制施行中，应充分发挥教育资源的整体功能，建立"会诊"制度。导师之间、导师与班主任之间相互合作，共同确定指导方式与策略。"会诊"制度可以由班主任定期或不定期地召开班级教育会议。通过"会诊"制度，既可以给导师之间提供交流的平台，还可以就指导过程中遇到的问题进行集中商讨和研究对策。对于某些特殊学生的个案，可以通过召开年级或学校的总体会议或者聘请相关专家予以研究和分析。此外，每个月也可以集中组织导师进行个案分析，就个案中的典型问题进行剖析和诊断，并要求导师撰写个案报告。

（四）建立导师的考核与激励制度

考核和激励制度在中小学导师制的操作过程中，具有非常重要的地位，其本身也是检验导师制是否成熟与完善的重要指标。

每年学期或学年末，由学校组成导师考评小组，对每位导师工作进行一次全面的检查和评估。对导师的考核内容应该侧重于以下两方面。

一是导师工作记录，主要包括：导师对受导学生基本情况的记录、分析和相应的工作计划；动态追踪学生的活动，包括家访、谈心记录、讨论问题等；学生成长过程的记录与分析；导师的总结反思、指导体会、工作感想以及"会诊"收获等；特殊学生的个案分析记录。

二是受导学生实际的成长发展变化，包括品行表现、学业成绩、学习习惯、生活自理能力、心理健康状况、师生关系、同学关系等方面。

考核一般在导师的自查工作记录和评价的基础上，结合受导学生及其他学生的评价、有关教师和班主任以及家长对导师工作的评价，形成对导师工作的总体评价。

导师考核的最后结果应该作为教师基本能力和工作业绩的考查维度之一，将其列入教师年度工作评价的内容之中，并且与导师本人的绩效奖励、职称晋升以及班主任年限等挂钩，以调动导师工作的积极性。

在实际运用中，中小学校结合自身实际，可以在评分、考核和奖励细则上有所不同。一些学校已经形成较为成熟的导师制评价的思路和经验，可以适当地进行参照和借鉴。例如浙江瑞安市新纪元实验学校对各导师进行评估分为自评、学生评、家长评、校评。在考评时，综合考评导师的工作态度、工作成效、学生及家长的满意率，同时，结合所指导学生的发展状况（主要评估学生在原有基础上的进步状况）。参见表5-2。具体方法为①：

（1）评估要素（总分为140分）。

（2）自评占10%，学生评占30%，家长评占30%，校评占30%。

（3）分四个等级：A等120分以上，B等100—119分，C等90—99分，D等90分以下。

（4）导师工作考核与教师年终绩效考评挂钩：教师年终考核若评为优等的，导师工作须是A等或B等；若导师评为D等，则教师年终绩效考评不评档次。

奖励：导师工作评为A等奖励2000元，B等奖励1500元，C等奖励800元。

---

① 陈桂生．且说"导师制"——兼谈瑞安市民办新纪元实验学校的"导师制"试验［J］．教育发展研究，2005（10）：19-20．

表 5-2 浙江瑞安市新纪元实验学校导师制评估要素表

评估指标	评估要素	权值	自评	校评
品行表现	学生品行表现良好，在校期间无违规违纪记录	10		
学业成绩	学生成绩在原有基础上有较大进步	20		
学习习惯	学生学习习惯良好（字迹工整、坐姿端正、按时独立完成作业等）	10		
生活自理	学生会洗衣物、整理寝室、整理书桌，能做好值日	10		
心理适应	学生心理适应能力强，不恋家，教师经常进行心理辅导	10		
健康状况	对学生进行安全教育、卫生教育，关注学生一日三餐，不挑食	10		
特长爱好	学生都有一技之长，20%有特长	10		
个性表现	学生既独立又合群，有爱心，有创造意识	10		
师生关系	学生与所有教师关系和谐、融洽，尊敬师长	10		
同学关系	同学关系良好，互助、友爱、团结、融洽	10		
家庭状况	对接受指导的学生至少进行一次家访，家长满意度达95%以上	20		
备 注	所带的学生因导师工作原因造成留生（或转学）的导师评估不评档	10		

（五）中小学导师制实施过程中存在的问题

尽管我们对导师制进行了初步的尝试，也取得了一定成效，但是在中小学构建并合理运用导师制仍然存在诸多问题。

1. 导师的素养与能力问题

建设一支具备较高能力和良好素质的导师队伍，是中小学开展导师制工作的一个重要环节。而在实际工作中，每位导师都是根据自己的教育经验和对教育工作不同的理解，运用自己熟悉的方式方法指导学生，因此在辅导效果上就会产生比较大的差距。

由于学生个体发展的差异性以及社会变化的不确定性，导师必须发展多方面的能力和素养。如何在原有基础上提高导师的素养与能力，是需要进一步探索和研究的问题。

2. 导师制的定位问题

中小学导师制的定位包括两方面的内容：自身角色定位和对象定位。

导师自身角色定位，主要指班主任与导师谁主谁辅的问题。这一点，我们在前面讨论班主任制和导师制关系时已阐述过，此处不作赘言。

导师对象定位应该面向全体学生。也就是说，中小学导师制并非只是以帮助后进生为目的的德育制度，而是面向全校所有学生的。虽然目前有些学校把帮助后进生作为导师的主要职责，但是导师制设立的初衷是指导和引领所有学生全面发展、健康成长。并且，在中小学教育实际中，即使是学习成绩优秀的学生在成长的过程中也会遇到这样那样的挫折、问题和考验。因此，中小学导师制绝不能沦为"导差"的工具，而要坚持引领全体学生共同进步和发展。

3. 导师制地位的巩固问题

导师制作为一种新型的教育制度，如何在学校德育工作和思想道德建设中发挥应有的作用，对于导师制的完善和长期发展至关重要。为此，实施导师制的中小学应该统一认识，从制度上、组织上保障导师制的实施，避免导师制流于形式。同时，导师应该注意学生与班集体发展目标的协调性和统一性，导师之间应该加强合作，不能各行其道，自行其是。

二、基于学生共同特点的导师模式

(一) 留守生的导师指导模式

当前,伴随我国城市化、工业化进程的加快,市场对劳动力资源配置的需要发生巨大的变化,大量农村剩余劳动力涌向经济发达地区,导致农村出现了被称为"留守儿童"的一种特殊群体。

所谓"留守儿童",是指父母双方长期外出做事,在家与祖辈生活,或寄养在叔辈朋友家里,或自我照顾的16周岁以下的孩子群体。根据2008年全国妇联发布的《全国农村留守儿童状况调查报告》,全国农村留守儿童约5800万人,其中14周岁以下的农村留守儿童约4000多万人。由于长期脱离父母生活,留守儿童在品行、学业、心理等诸多方面都存在一定的问题。因此,留守儿童的素质状况应该引起我们的高度重视。

1. 留守儿童的特点

(1) 学业方面

大部分留守儿童年纪较小,自控能力不强,自主意识也比较薄弱。长期在外经商、打工的父母往往只关心家庭经济情况,很难对孩子的学习起到督促作用。而担当照顾作用的祖父母,由于文化程度不高,难以指导孩子功课,从而造成孩子的学业不良、学习习惯不当甚至厌学、辍学等问题。

(2) 心理方面

在儿童成长发展过程中,父母的关爱和照顾是孩子形成爱与归属感的重要途径,它的长期缺失容易造成儿童心理的不健康、人格发展的不完善。留守儿童由于长期与父母缺乏情感和思想的沟通和交流,容易成为心理问题高发的群体。他们通常感到家庭生活空虚寂寞,有强烈的不安全感,以自我为中心,内心特别敏感,心理承受能力较差,逆反心理较强,容易形成抑郁和性格孤僻、内心封闭，自卑和上进心不强等不良心理特征。

（3）行为方面

在缺乏正确引导和家教的环境下成长，留守儿童很容易成为问题学生。例如，卫生习惯较差，不爱整洁，违纪现象较为严重，常有迟到早退、旷课逃学等行为发生，容易与社会不良人员混在一起，沾染不良社会风气甚至有偷盗、抢劫、伤害他人等违法行为发生。

2. 多元通道引导的实践与措施

鉴于留守儿童的诸多问题，我们认为应该充分发挥导师制的指导方式，建立"代理家长学习班"和多样化的家校联系、师生联系体系，促使留守儿童健康、快乐地成长。

（1）"代理家长"学习班

针对那些由祖父母、外祖父母（"代理家长"）代为教养的留守儿童，学校应该为这些"代理家长"开办专门的学习班，指导正确的家庭教育方法，改变教育孙辈的理念，使"代理家长"能运用现代科学知识来教育孩子。学校举办的"代理家长"学习班，应该采用多种形式的教学活动，例如，聘请有关专家与"代理家长"进行座谈，组织"代理家长"来校参观，评选优秀的"代理家长"，等等，使"代理家长"在轻松有序的环境中掌握科学的教育方法。

（2）"导—家"联系通道

缺乏父母关爱和必要的亲子交流是留守儿童最为关键的问题。因此，导师应该加强家校联系，建立通畅的"导师—家长"联系通道。主要有以下具体措施。

其一，导师可以利用开学时家长送孩子报到的有利时机，及时召开家长会，把本学期的教学内容、任务和要求告知家长，同时与家长沟通，要求家长即使在外地也必须经常联系孩子，记录家长在外地的联系方式等；

其二，导师可以借鉴"家校通"的家校联系方式，经常就孩子取得的进步或者变化，用手机短信的方式告知家长，例如"李力家长，今天您孩子在校朗诵比赛中获得第一名的好成绩,请打电话予以表扬"等,这不仅有利于家长在第一时间获得孩子在校的动态,而且有助于增进家长与教师的情感,有利于形成家校教育的合力,提高教育的效果。

其三,学校还可以利用学生在寒暑假期间到父母身边小住的机会对其假期生活进行规划和指导。一方面可以给学生布置一些假期作业,如"我与爸爸妈妈的假期"日记评比活动,促使学生走进父母、了解父母,体会父母在外打工的不易和艰难;另一方面还可以促使父母利用假期与孩子多交流,关注孩子的思想变化,增进亲子感情。

(3)"导—生"联系通道

导师应该认识到留守儿童与其他儿童具有很大的不同,需要加倍的耐心和细致,教育方式应以表扬鼓励为主,避免严厉的斥责和批评。平时要多关心留守儿童的学习和生活,注重在思想上引导、学业上辅导、心理上疏导和生活上指导。

[案例] 耐心、爱心、诚心:关爱留守儿童[①]

*行为观察

我受导的初二学生中,小李是一位"劣迹斑斑"的问题学生。上课经常讲话,并且常常滋事生非,影响教师正常的教学秩序。课后大声喧哗,干扰同学的学习与休息。学习成绩很差;和其他同学不能和睦相处。对老师的批评教育屡教不改,而且还经常与社会上一些不良青少年为伍……

*观察分析

在确定结对关系后,我首先分析学生的现状,制订指导方案。我向各任课老师了解小李的学业水平、性格特征以及日常学习和行为习惯,向家长了解其在家庭中的表现。经过一段时间的观察与了解,我认为小李是一个典型的留守儿童,他的父母已经在外打工多年,他由爷爷奶奶照管长大。一年之中,只有春节和暑假,他才能与父母相聚。爷爷奶奶对他极其疼爱,但缺乏正确的家庭教育方法,老人的话对他也基本不起作用。父母恨铁不成钢,对

---

① 摘自杭州师范大学2007级教育学硕士张成的观察与指导案例。

他非打即骂，他对父亲也非常反感。因而，我觉得家庭教育存在的问题是导致他行为偏差的一个重要原因。

其次，我通过与他的反复交谈，明显感到他是由情绪决定行为，基本不考虑行为的后果。尽管表面看上去老气横秋，但脑子里的有些想法非常简单，常常是想到哪里就做到哪里，不考虑行为后果，所以会出现屡教屡犯的情况。

再次，由于缺乏家人的管教，他与社会上一些不良青少年有过多的接触，受到他们的影响，因而常常出现违反校规校纪现象。

* 对策与措施

1. 制订指导方案。主要内容包括：第一，主动与家长沟通，争取家长配合。第二，争取各任课老师的支持。第三，定期交流，加强引导督促。为了使指导方案产生实效，我征求小李的建议，取得他的信任。

2. 针对其缺乏父母关爱的现状，我多次与他的父母联系，一是要求他们改变原来非打即骂的教育方法，不要再加深孩子的逆反心理。同时希望他们能多抽出时间回家，照顾孩子的饮食起居，了解他的想法，管制他的一些不良行为，及时与学校取得联系。经过与家长的多次交流和沟通，得到了家长的支持，他的妈妈还专门留在家里照顾他。

3. 请其他任课教师与他多交流，了解他的思想与行为动向，给予他各方面的关心、鼓励。例如，在课堂上提一些力所能及的问题让他回答，增强他的自信心。

4. 运用行为契约方法帮助他形成良好的行为习惯。在学习上，让他与数学课代表签订行为契约，督促他完成各科作业；生活上，让他和他住在较近的一位品学兼优的同学签订契约，保证和那位同学一起上学，放学陪他一起回家，以避免他与社会上不良青年接触；让他与我签订契约，规定每周五中午与我交流一周来在学习与生活上的表现。

5. 发挥特长，增强自信。在班队活动中，发挥他体育方面的优势，让他尽情表现，既能增强他的自信，又能让他感受集体的温暖，培养他的集体荣誉感。

* 效果与反思

为了获得他的信任，我心平气和地以朋友的身份与其交谈，开始几次他的态度极为冷淡,对我爱理不理。随着交谈次数的增加,他开始愿意和我说心里话了,在课堂上的自我控制力也有所增强。

经过较长时期的思想、学业与行为上的教育与引导后,现在的小李已经基本能够遵守课堂纪律,学习成绩有所提高,也远离了以前的那些哥们儿,渐渐融入到班集体之中。

(二) 学困生的学业指导模式

学困生一般被界定为那些由于智力或非智力因素而造成的学习动机不强、学习行为有偏差、接受能力弱,导致学业成绩与效果和班级学生的总体学业水平存在较大距离的一类学生。学困生出现的原因是多方面的,既有生理、心理方面的原因,也有学校、教师、家庭和社会等各方面的缘故。对学困生的学业辅导是导师日常工作的重要内容。其学业辅导的目标是解决学困生"想学、愿学、能学、会学"的问题,在因材施教原则的指导下,激发学生的学习动机,端正学习态度,养成良好的学习习惯,顺利完成中小学阶段的学习活动和学习任务。

一般而言,对学困生的辅导流程主要包括五个环节:导师团队集体会诊制、师生共同制订辅导计划、辅导计划的调整、受导学生的学业测评与激励性评价、师生阶段性小结与下阶段辅导计划的制订。导师通过上述各环节的指导,帮助学困生正确认识自我,重新获得学习信心。具体而言,导师运用的指导方法包括以下三种。

1. 个别教育法

导师应该正视学生的差异,针对学生的差异,实施个别化的教学方式。一般而言,针对学困生的特点,可以设置一些不同梯级、难度的问题和练习,以激发学生的求知欲,促使学生不断进步。

[案例] 一个学生一个教育方案[①]

★行为观察

根据学校的德育导师制要求,我结对的小徐同学,是一名想学但学习习惯较差、毅力不强、成绩较差的初三上学期的学生,他希望考进自己心仪的高中,但因为成绩较差,希望比较渺茫,常常陷于困惑、苦闷之中。

★观察分析

在确定结对关系后,我首先分析学生的现状,制订指导方案。我向班主任与各任课教师以及家长了解小徐的学习状况、性格特征以及日常的学习与生活习惯。与小徐进行了深入的长谈,他的自我剖析与班主任、任课教师以及家长的叙述基本相同,由此,我掌握了小徐的特点:学习上渴望上进,但学习习惯欠佳,尤其是自律能力比较弱,学习计划常常制订但不能坚持。学习困难较大,对前途常常处于迷茫之中。

★对策与措施

(1) 制订指导方案。主要内容包括:第一,主动与任课教师联系,争取各科教师的大力支持。第二,进行心理辅导,使其树立自信。第三,签订行为契约,加强引导督促。第四,加强学法指导。

(2) 与班主任、任课教师与家长建立经常性联系,达成教育共识。根据"教育力量的一致性"德育原则,我积极与班主任、任课教师以及家长进行联系,不仅争取学校教育与家庭教育的合力,而且使校内各种教育力量团结一致,共同关心小徐的学习与成长。我经常与班主任以及任课教师联系,掌握小徐在各科学习中的情况,也把小徐在学习上的困惑、问题与要求及时反馈给教师,使教与学更有针对性和实效性。同时,与家长保持每周至少一次的电话联系,向家长介绍小徐在学校的表现,并向其家长提出配合学校的建议与措施。

(3) 与小徐签订行为契约,加强引导督促。契约内容主要包括:按时完成作业、与成绩优秀的学生结对学习、有问题及时与我联系、定期与我交流一周的学习与生活表现,等等。

[①] 摘自杭州市朝晖教育集团张洁老师的观察与指导案例。

（4）加强学习方法指导。由于面临中考并且他的学习基础太弱，要全面掌握各学科的知识以及提高相应的能力，显然是不现实的。但在中考时，提高一定的成绩是可能的。根据我多年的教学经验，要求他必须得到该得的分数。具体策略为：主攻各科的基础性知识，大胆放弃较深较难的内容；在学科关系上，学习精力与时间向希望较大的学科倾斜；在习题类型上，多练习客观性试题；向任课教师建议，允许他有选择性地复习学习内容。

*效果与反思

本学期结束时，小徐的心理稳定，情绪积极，学习成绩有明显的提升。尤其是他对学习的兴趣大大提高，学习碰到困难时也能积极克服。他视我为朋友，和我能融洽地交流。我希望他在初中的最后一学期，努力学习，健康成长。

"一个学生一个教育方案"案例，是导师为受导学生设计的教育方案，由于该案例针对该生的特点，因而取得良好的效果。

2. 多重评价法

对于学困生的评价，我们借鉴了湖州市重兆中学采取的"四个弱化，四个倡导"的评价方式，对学生进行全面的评估与考核。主要包括以下内容：

"弱化量化评价，倡导模糊考核"，尽量使用等第评价法来评价学困生的成绩；

"弱化检查评比，倡导自悟自律"，提倡对学习成绩的自我评价；

"弱化整齐划一，倡导个性发展"，要求班主任与任课教师通力合作，对学生的优势科目予以培养；

"弱化消极批评，倡导激励成功"，避免盲目地批评指责后进生，而要以表扬鼓励为主。

3. 成功教育法

在对学困生的教育中，导师应该尽可能发现和挖掘受导学生的优点和长处，从其"闪光点入手"，帮助学生树立自信，使其体验到成功的快乐和喜悦，从而逐渐激发学习的信心和兴趣，强化其内在学习动机。例如，对于迷恋网络游戏的学困生，导师可以从其长处——擅长电脑入手，引导学生参加一些中小学生计算机知识竞赛，以此为契机逐渐指导学生找到学习的乐趣。

三、基于学生个别特性的导师模式

中小学生尤其是青春期的青少年，正处于心理和行为问题的高发时期。由于身心的迅速发展、学业压力的增大等多种因素的影响，中小学生容易在生活、学习、人际交往中产生各种各样的心理问题，主要有：人际关系问题，如自闭、孤独、不合群、师生关系紧张、亲子关系不和谐等；情绪情感问题，如焦虑、抑郁，有自杀倾向、悲观厌世等不良情绪；行为障碍问题，如强迫症、多动症、攻击行为等。为此，导师必须掌握一定的心理健康教育知识，能够对学生的心理问题及时正确地作出诊断，并提出行之有效的辅导方案。

（一）人际关系问题

关于受导学生在人际关系方面出现的问题，如亲子关系不和谐、孤独自闭、不合群、师生关系紧张等，心理学上将其归因于个体不正常的心理需要。针对这一问题，导师应当在充分了解学生心理问题的基础上，根据学生的实际，帮助学生建立小步骤的人际交往或人际改善方案。在具体实施中让学生了解他人，同时也让他人了解自己，学会尊重别人、关心帮助别人，多交益友，逐渐构建良好的交际圈。如榜样法是导师对学生进行交往障碍辅导时常用的一种方法。

所谓"榜样法"，又称为模仿技术，就是提供特定行为（或行为变化）的模式与榜样，进行行为（或行为变化）的示范；与此同时，观察者通过对榜样的学习，获得榜样的示范行为，并进行模仿性操作。榜样法的原理主要来自班杜拉社会学习理论的观察学习说。该理论认为，观察学习作为个体主要的学习方式之一，是学习者在社会交往中通过对榜样人物的示范行为进行观察而无须予以直接强化的学习。学习者通过观察学习调整与发展自身的认知、情感与行为。目前心理学家普遍将其作为一种认知—情感—行为的心理干预技术而广泛应用于临床心理实践。

导师运用榜样法对交往障碍的学生进行辅导，可遵循以下步骤①。

（1）充分了解交往障碍学生的具体情况，包括人格特征、焦虑水平以及观察技能，为示范因素的选择与控制提供依据。

（2）主动接近受导学生，积极与其交往，建立良好的人际关系，这是辅导工作顺利开展的前提和基础。

（3）示范符号性榜样。向受导学生展示同龄儿童共同学习、相互交谈、一起游戏的图片和录像，尤其要向受导学生指出这些孩子相互交往时所表现出来的快乐的表情，从而激发受导学生对榜样的认同感。若干次（天）后，受导学生对图片和录像中儿童的交往产生兴趣时，进入下一步。

（4）现场观察和模仿。由导师陪伴受导学生一起观看人与人尤其是同龄人直接相处的真实情境。如一起观看同学在课余时的游戏、放学后的活动，一起在操场、阅览室、活动室等公共场所观看学生的人际交往活动。若干天后，受导学生在完全适应的情况下，进入下一步。

（5）参与活动和模仿。即安排受导学生由简单到复杂地去参与各种社交实践活动。开始时，导师可以先参与其他儿童的活动，要求受导学生在一旁观察。然后邀请受导学生一起参加一些娱乐性质的游戏活动，设法使受导学生与其他儿童一起分享共同活动的喜悦，最后导师慢慢退出，同时鼓励受导学生与其他儿童一起进行各种活动。

导师在运用榜样法的过程中需要注意，受导学生在训练中获得了榜样的示范行为并能正确地模仿操作后，还必须在日常情境中加以反复练习。这样有利于其人际交往技能的强化与迁移，并促使其最终克服交往障碍。

（二）情绪情感问题

学生在情绪情感方面产生的问题，一般是由于个人需要得不到合理的满

---

① 吕静．儿童行为矫正手册［M］．杭州：浙江教育出版社，1992：206－207．

足所致。情绪情感辅导的目标就是要帮助学生认识、接纳和把握自己的情绪，学会恰当地表达情绪以促进理解和交流，并学会控制、疏导自己的情绪，处理自己的情绪困扰。① 导师在辅导学生情绪情感问题时，可以借鉴理性情绪疗法（Rational Emotive Therapy，简称 RET）。理性情绪疗法又称合理情绪疗法。美国心理学家阿尔伯特·艾利斯认为造成个体情绪困扰及行为问题的主要原因是个体的不合理信念，个体要学会改变不合理的思维方式，并学习以合理的思维方式和理性的观念取而代之，由此获得健康的心理。

理性情绪疗法用 ABC 理论来解释个体心理障碍的成因。人们通常认为，某一诱发事件 A 引发了个体的情绪困扰 C，但 ABC 理论指出，外部事件可能是情绪问题的诱发因素，但最关键的原因不是外部事件本身，而是个体如何评价和解释这一事件，即对事件的态度和看法 B 才是根本原因。例如，面对考试失利这一外部事件，有的学生认为人不能事事成功，下次再继续努力，因此保持着开朗乐观的心境；而有的学生认为，这是天大的失败，自己没希望了，从而一蹶不振，陷入痛苦之中。由此可见，面对同样的事件，由于个体认知评价的不同，会造成不同的情绪、行为结果。

艾利斯指出，个体的不合理信念主要表现为三个方面的特点。

第一，绝对化要求。即个体只从自身角度出发，认为某事一定会发生或一定不会发生，常常要求"我一定要……"、"我必须……"、"我应该……"，具有绝对化、走极端倾向的思维特征。例如，"我必须保持班级第一名"、"我必须得到老师和同学的喜爱"，等等。

第二，过分概括化。即仅仅以某一具体事件或言行就对自己进行全面、整体的评价。如一次考试失利就断定自己一无是处，等等。这是一种以偏赅全的错误认知。

第三，糟糕至极论。即个体认为一旦不好的事情发生，其结果必然是糟糕至极、非常可怕的，"没有比这更糟糕的了"。如参加比赛未获得好的名次，出了洋相，以后还怎么见人等。反映出个体将事件的负面结果扩大到极点的不合理思维方式，容易陷入恶性情绪的循环中。

---

① 吴增强. 现代学校心理辅导 [M]. 上海：上海科学技术出版社，1998：113.

这些不合理信念存在于不同个体身上且很难被察觉，个体若习惯于采取此类不合理的思维方式看待生活事件，则容易受到不良的情绪困扰。因此，导师要帮助学生排除"绝对化要求"、"过分概括化"、"糟糕之极"等不合理信念，合理宣泄抑郁、焦躁、愤怒等不良情绪，从而形成合理的信念和健康的情绪。①

在实际应用中，导师可以采取以下步骤对有情绪问题的学生进行辅导。

（1）介绍基本理论知识。向受导学生直接或间接地介绍 ABC 理论，使其明了自己痛苦与失望的根本原因在于对外部事件的不合理评价。

（2）找出不合理思维，即挖掘导致受导学生情绪困扰的不合理观念。通过询问找出隐藏在学生心中的深层信念。

（3）与不合理的观念进行辩论，对不合理的观念，可采用"夸张"、"质疑"等方式与之辩论。

（4）建立新的合理观念。在使受导学生原有不合理观念发生动摇的基础上，导师可以帮助其发展新的合理观念。

（5）练习与迁移。发展新的合理观念后，可要求当事人多次重复诵读该观念加以巩固。导师要帮助学生认识到自己原有思维方式的不合理性，犯了极端化、以偏赅全的错误，今后也要注意改正，这样可以帮助学生扩大干预的效果。

（三）行为障碍问题

针对行为障碍问题，心理学上已经形成了多种较为完备的行为治疗模式。其基本理论主要来自于行为主义原理，它包括经典条件反射原理、操作性条件反射原理和模仿学习原理等。如行为疗法中常用的系统脱敏法，导师可以针对实际情况加以合理运用。

系统脱敏法是最为常用的行为治疗技术之一。针对某些个体在特定社会环境中感到不安、恐惧，产生行为异常现象或问题，可采用系统脱敏法，通过建立相反的条件反射来抑制不安和恐惧，使个体的身心处于放松状态，降

---

① 林孟平. 辅导与心理治疗 [M]. 上海：上海教育出版社，2005：105 – 118.

低不安和恐惧的水平，直到最后完全消除过剩的不安和恐惧反应。这种技术适用于恐怖症、强迫症、厌学症和考试焦虑等。

系统脱敏法主要包括三个步骤。

（1）弛缓训练。如自律放松法，可以防止紧张，减少攻击性，减轻不安及矛盾心理。此外还有渐进肌肉放松法、自由联想与音乐疗法等。

（2）建立不安刺激阶段表。先找出使学生感到不安或恐惧的事件，并让其报告出对每一事件感到不安或恐惧的主观程度，可以用主观感觉尺度来度量（0—100）。如对于恐惧症来说，0代表心情平静，25代表轻度恐惧，50代表中度恐惧，75代表高度恐惧，100代表极端恐惧。将学生报告的不安或恐惧事件按照等级程度大小排列，一般建立10个等级层次。

（3）脱敏训练。先进行弛缓放松，然后利用想象进行脱敏。从等级层次中最低的一个事件开始，由导师作口头描述，让学生进行想象，保持想象30秒左右。在导师发出停止想象的信号后，由学生报告此时感觉到的主观恐惧和不安的等级分数并作记录，然后再作弛缓训练。

重复以上三个步骤，直到受导学生对此事件不再感到恐惧为止。然后再渐次选择较高等级的一个事件进行同样的脱敏训练。

四、生活问题学生辅导模式

生活指导主要帮助受导学生适应学校的生活、端正生活态度、明确生活目标，指导学生养成良好的生活习惯，提高生活品质和质量。对于不能适应学校生活、没有养成良好生活习惯的受导学生，导师应当予以一定的重视。

一般情况下，生活指导包括：学校生活指导、家庭生活指导和社会生活指导三方面的内容。导师要深入学生实际，指导学生科学安排日常生活，养成有益身心的良好的生活作息制度，掌握一定的特长，学会优质的生活方式并把良好的生活模式延续下去。

（一）学校生活指导

学校生活指导包括学习生活、课余生活和学生管理。

首先，学生的学习生活是学生在校活动的主要内容。导师要结合学生学习指导的有关内容，辅导学生尤其是后进生的学习生活；

其次，学生的课余生活指导，要求导师发掘和培养受导学生的兴趣、特长。例如，在班主任和学校的配合与支持下，结合学生的实际开办美术、音乐、体育等各种兴趣小组，举办各项比赛，丰富学生课余活动的同时也使其养成良好的休闲习惯；

最后，导师可以利用思想品德课或活动课，邀请有关专家或领导定期或不定期地为受导学生进行法制规范、学校规章制度的教育，号召学生自觉学习和自律，以强化学生管理的实效性。

（二）家庭生活指导

导师对受导学生的家庭生活指导原则是"孝敬父母"，可以通过多种活动来指导学生，例如包饺子大赛、亲子比赛等，在锻炼学生的生活自理能力的同时也增进亲子间的感情。日常生活中，导师可以给学生布置家庭作业，要求他们帮助家长做力所能及的家务，懂得分担父母负担。导师也可以经常深入受导学生家里，指导学生烧饭做菜等能力的培养，并养成勤俭勤劳的优秀品德。

［案例］如何正确对待父母善意的唠叨[①]

*观察行为

我指导的初一（2）班小孙同学，与父母的情感比较疏远，总觉得自己的母亲特别爱唠叨，常常说："妈妈实在太烦了，一句话说了一遍又一遍。""整

[①] 摘自朝晖教育集团郑芸老师的观察与指导案例。

天不是嫌我这个做得不好就是怪我那个做得不对。""与母亲没有共同语言。"

她的母亲也疑惑自己越来越不知道孩子在想什么，感叹孩子越大越不听话，不知道该如何教育孩子。

*行为分析

我首先向其班主任与任课教师了解她的学习、个性等状况，与她的父母多次沟通，并与小孙长谈了几次后，基本掌握了她的情况：

小孙是一个性格外向、个性很强的女孩子，平时热情大方，喜欢交友，但因为敏感多疑和爱占便宜之故，容易伤害同学和朋友。从入小学至今，学习成绩一直较差。

她的父母还是很重视对孩子的家庭教育。据她母亲讲，自己一直都在教她怎样做人，经常教导她要与同学、朋友友好相处，但女儿实在太不懂事，老师的电话告状从入小学以来一直没有间断过。她的父亲是属于暴力管教的典型，对她非打即骂。而她母亲说理多了后，小孙嫌她唠叨，不把母亲的话当回事。

*对策与措施

针对小孙对母亲的唠叨特别反感的现状，我采取了以下措施：

(1) 要求她写一篇题为"记母亲两三件事"的短文，以促使她深入了解母亲

小孙在短文中较为详细地描述了母亲的勤劳，字里行间流露出对母亲工作与家务辛劳的担忧，对父亲不问家务的不满。表示自己也曾想帮母亲做点家务，但母亲总认为自己做得不好，会不断地唠叨。母亲一唠叨，自己就忍不住跟她顶嘴，母亲生气后就会告诉父亲，自己就会遭到父亲的打骂。文中还写道：现在父母已经认为自己是那种成绩又差又不乖的孩子，父母对自己也很失望，自己也不知道该怎么办？

(2) 运用对比方法让她感悟，从而学会体谅父母

在与小孙的谈话中，她准确地概括了母亲唠叨的两个主要原因：一是关心自己；二是自己做得往往不能让父母放心，说到做不到。

如果我再通过讲道理的方式，教导她要体谅父母，要懂得感恩，说不定她也会嫌我唠叨。我了解到她的同学中有一位叫小王的女孩，一直由外婆带

大，其父母很早就离异且都不肯让小王随自己生活。我有意识地引导她与小王交往，小王的那句肺腑之言："你嫌父母烦，我想听听他们烦都听不到！"对她震动极大。

（3）向她及其父母建议加强沟通的方法

一方面，我引导她可以通过写字条、发短信等方法与父母沟通。与父母签订诸如养成良好的生活习惯等书面契约，以培养自己良好的信誉。另一方面，我积极与其父母联系，向他们介绍处于青春期孩子的心理特点，并建议与孩子加强沟通的方法，使其父母能正确认识孩子的变化。

（4）承担一些力所能及的家务，懂得分担父母的负担

我要求小孙承担一些力所能及的家务，并把做家务看成是锻炼身体的一种方法，不仅要做得使父母满意，而且要主动愉快地去做。同时，我使其父母明白自己不是孩子家务工作的"质量检查员"，对孩子的家务，应该多鼓励与指导，少指责和挑剔，逐步培养孩子会做、愿做、乐做家务的好习惯。

*效果与反思

处在青春发育期的青少年，出现逆反心理虽然是一种正常现象，但是不能任其发展，否则会影响其与父母之间的沟通，所以要引导孩子掌握一些与父母沟通的必要的方法和技巧。当小孙用适当的方法应对父母的唠叨，就逐步化解了她与父母的紧张关系，与父母的交流也较以前多了，父母也觉得孩子懂事了。

在观察与指导小孙的过程中，我感到在青少年学生抱怨家长不理解的同时，家长们也深深为孩子不愿与他们交流而苦恼。所以，要拥有一个和睦、快乐的家庭，需要每个家庭成员的付出和努力。随着孩子年龄的增长，他们有责任、也有能力来承担家庭事务，解决家庭问题，共同创建和谐的家庭氛围，而这些是现在很多学生没有意识到的。所以，教育就应该使学生学会处理家庭矛盾，更快地成熟起来。

解决家庭矛盾除了说理之外，还应该使学生懂得并体会到家庭冲突的危害，帮助孩子认清自己在家庭中的位置，引导他们走近自己的父母，使他们看到父母为了自己的成长放下了许多曾经的追求，使他们明白父母是自己前进道路上不可缺少的导航员。从而，对于身边的人和事，学会移情，跨越代

沟，为自己的人生开辟一个美丽的新世界。

在"如何正确对待父母善意的唠叨"这一案例中，首先，导师运用了道德叙事的方法，通过"记母亲两三件事"的作业活动，使孩子加深了对父母的认识。通过同伴的道德叙事，使孩子学会珍惜父母。其次，导师运用行为契约的方法，指导孩子以及其家长进行沟通的方法，要求孩子承担力所能及的家务，懂得分担父母的负担，不仅培养孩子良好的生活习惯，而且使孩子学会孝顺，建立和谐的亲子关系，促使孩子健康成长。

（三）社会生活指导

中小学阶段的社会生活指导主要指社会实践指导、法律法规教育和交通安全教育。其中，导师通过社会实践指导，鼓励学生积极深入社会进行实践，培养热爱家乡、保护环境等意识；通过开展法制讲座，帮扶问题行为学生，使其悬崖勒马，改过自新；通过必要的交通安全教育，指导学生形成正确的交通安全意识和自我保护能力等。

附 录

基于网络的开放式观察平台的设计与开发

翻开人类的教育发展史,我们不难发现,任何一次教育革命都和技术进步有着千丝万缕的联系。如今,信息技术的突飞猛进,为教学改革提供了强有力的技术支持。在教师与学生道德行为发展课题研究中,我们在先进理论的指导下,充分利用多项技术,设计开发了教师观察行为的辅助工具——基于网络的开放式观察平台。该平台在多个实验学校应用,取得了良好的效果。

第一节 概 述

自20世纪90年代以来,国际教育界出现了以信息技术(Information Technology,简称IT)的广泛应用为特征的发展趋向,国内学者称为教育信息化。其基本特点是数字化、网络化、智能化和多媒化。教师观察行为的辅助工具——基于网络的开放式观察平台即是顺应教育信息化变革的产物。

一、使用基于网络的开放式观察平台辅助教师观察行为的缘由

信息时代，知识的编码化与数字化将人类带入知识经济与数字化生存的信息社会。信息的网络化已经成为一种崭新的价值形态。社会各个领域都掀起了信息化、网络化变革的浪潮。计算机网络所固有的快速、简捷、超越时空限制等优点成为现代人工作、学习、生活中几乎必不可少的方式。

教师对儿童道德行为的观察需要记录、反思、对比、交流。基于网络的开放式观察平台，作为一种信息化工具辅助教师的观察行为，可以给教师提供极大的方便并节省大量的人力、物力。

1. 有利于教师的观察记录

根据前面章节的描述，教师将从六大方面对儿童道德行为进行观察。为了探求儿童行为是否有效改变，教师的观察行为应该是持续的，每次的观察结果都需要记录保存下来。传统的方法基本上都是通过纸张记录在案或者简单地以单个文件的方式存储在电脑里。前者还是手工时代的工作方式，费时费力，不利于保存和共享；后者单个文件的方式成不了体系，查看不方便，也不利于共享。

基于网络的开放式观察平台，就是充分利用信息网络化所固有的快速、简捷、低成本优势，将教师需要观察记录的东西都采用网络的形式系统地组织在一起，为教师的观察记录、保存、共享提供方便。

2. 有利于学生道德行为的对比观察

教师的观察行为是持续的，教师对某个学生道德行为的观察，可能是不同阶段的多次观察。我们不仅希望能够看到每次观察的结果、各项的得分情况，还希望能够直观形象地看到各次情况的对比。基于网络的开放式观察平台，将网络技术和数据库技术相结合，通过简单的网络编程，同时应用网页制作技术，自动完成信息检验和处理，将学生道德行为的多次情况以数字化

和图示化的方式进行对比，界面友好，直观形象，传递多感官信息，是适应信息时代需求推出的全新的观察平台。

3. 有利于教师的反思交流

网络作为一种信息传播渠道，它的特点在于开放性、广泛性和直接性。网络最大的优势就是交流、共享。利用网络一方面可以节省人工介入成本，交通费、电话费等支出项；另一方面可以随时随地完整地表达观点，足不出户就能了解外界的信息，参加讨论，开阔视野，提高思维，学习别人的观点，可以在更短的时间内通过搜索引擎查询所需要的信息等。

基于网络的开放式观察平台，可以充分利用网络的优势，借助新闻公告板块发布最新信息，提供交流论坛供大家交流共享信息、自我反思等，提供搜索引擎功能让大家方便地查找信息。

4. 有利于管理员的团队管理和系统维护

由于网络上的所有信息资源是共享的，具有可检索性，管理员可以方便地查看自己团队的情况，根据需要提供帮助。数字化的信息存储方式和信息的可重复利用性让系统维护变得快捷方便。

二、基于网络的开放式观察平台的特点

作为教师观察行为的辅助工具，基于网络的开放式观察平台具有如下几个特点。

1. 范围较广

基于网络的开放式观察平台不受时间和地域空间的限制，不管处在何时何地的教师都可以使用该平台进行儿童道德行为的观察。因此，可使用的范围和对象的广泛性是传统非网络方式无法比拟的。

2. 方式较灵活

网络观察平台具有多种形式，有主动提供的信息，也有被动接受的信息，还有交互形式。教师及管理员对平台的利用，不受时空限制；教师及管理员利用键盘、鼠标和电脑屏幕完成观察记录、交流、反思、对比等，从而比手工方式更加简单、方便、容易。

3. 效率较高

网上信息传播速度快，对观察结果可以即时统计和分析，具有较大的及时性。相比传统的手工方式，它更自由，更生动，更能够体现当今信息时代的快节奏。教师在电脑前，点击鼠标就可完成观察记录的填写、处理、统计分析、前后对比的整个过程，从而使工作效率大幅度提高。

4. 成本较低

基于网络的开放式观察平台在信息采集、处理、分析、共享交流等方面具有明显的优势。它简单易行，方便实用，花费资金少，节省了传统非网络方式中的纸张印刷、邮寄、电话、交通、信息采集和录入等费用。

5. 客观性较强

在网络观察平台中，由于网络的虚拟性使得平台使用者在记录、共享、交流时减少了顾虑，因而数据的客观性、真实性有所提高，获得的效果较好；用户减少了外在干扰，也保证了结果的客观性和针对性。

6. 自动化程度较高

由于是利用计算机网络进行，有关数据的收集和处理的自动化程度比较高。

第二节　基于网络的开放式观察平台的系统设计

需求分析及系统设计是基于网络的开放式观察平台设计开发的首要环节。本节从技术分析角度介绍了平台的系统目标、体系结构和功能模块设计。

一、系统目标

基于网络的开放式观察平台是针对现实需要开发的网上系统，该系统的目标是：

（1）对教师和管理员通过注册、登录的方式进行身份识别，所有教师按照实验学校分为不同的团队，每个团队有团队管理员；

（2）教师使用该系统记录学生的道德行为，能够对比观察同一个学生的多次记录情况；

（3）提供教师交流、反思的机会；

（4）团队管理员能够方便掌握团队的情况，为管理员提供必要的搜索引擎功能；

（5）为系统管理员提供管理入口。

二、体系结构

结合微软的 DAA（Distribute Internet Application Architecture）模型和系统的理论模型，我们设计了该系统的体系结构（如图 1 所示）。该体系结构分为三层：用户层、应用程序层、数据服务层。其中，用户层位于客户端，应用程序层和数据服务层位于服务器端。

这种三层结构模型使用户只集中精力解决实际问题，开发位于中间层的

Web 服务器端的应用软件，无须考虑客户端的兼容性，并且后台数据库系统的改变或数据库结构的变化根本不会对客户端产生影响，形成"瘦客户机—胖中间层—瘦服务器"。

（一）用户层

这一层是与用户直接交互的浏览器界面，用于接收用户输入并显示从 Web 服务器返回的信息，主要通过在客户端浏览器中运行 HTML、DHTML、JAVAScript、VBScript 等实现用户与应用程序处理结果的通信。几乎所有的功能模块在浏览器中都有一个界面展示。本层的重点是对界面的设计，从而实现网络观察平台的优势，当然在设计网页多媒体时，要考虑占用空间和网络性能等问题。本系统除了公共的主页面外，为对学生道德行为进行观察的教师和各个实验学校的管理员分别提供不同的用户界面。

（二）应用程序层

应用程序层是整个系统的核心部分，它负责处理用户层的应用请求，完成应用程序的处理任务，并将处理结果返回给用户。本系统的应用程序层包括教师观察记录模块、学生个案分析模块、信息搜索查询模块、新闻公告发布模块、交流讨论模块、系统管理维护模块共六个功能模块。尽管如此，在具体的实现过程中，这些模块往往融合在一起，这里只是从逻辑上对它作出划分。

1. 教师观察记录模块

该功能模块中，"学生道德行为观察记录表"以网页表格形式呈现出来，教师完成"学生道德行为观察记录表"的网上填写。填好之后提交，可以浏览本人所有添加的观察记录，并对记录进行修改及删除操作。

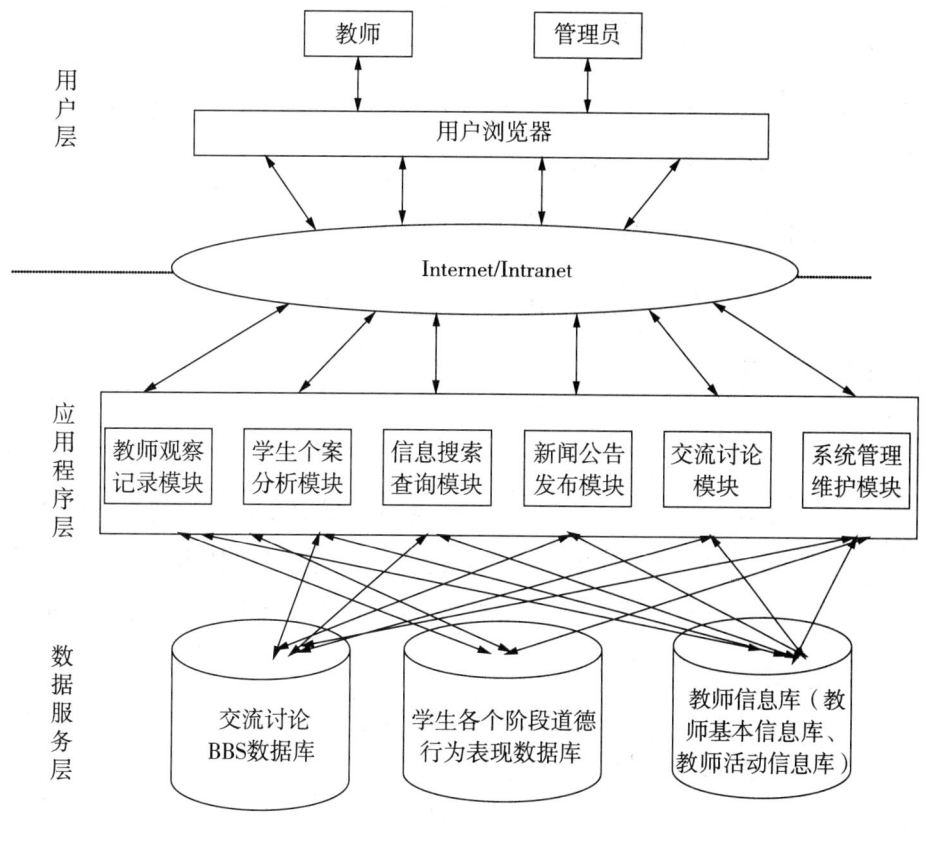

图1　系统体系结构

2. 学生个案分析模块

这一模块是系统的核心模块，也是该网络观察平台的一大优势体现。通过该模块，可以把同一个学生不同阶段的道德行为记录全部调出来，并且进行分类汇总计算各项总分，然后把各项总分以图形化的形式直观地显示出来，各个阶段同一项的得分也以图形化的形式进行对比。

3. 信息搜索查询模块

这个模块主要提供给管理员使用，可以按照教师姓名、学校、学生姓名、班级、性别等迅速搜索到相关的记录。便于管理员方便查找到需要的信息。

4. 新闻公告发布模块

这个模块放在系统的首页上，可以通过后台管理系统及时地发布新闻或者公告，实现动态更新。

5. 交流讨论模块

该模块是教师、管理员与其他伙伴交流讨论的平台，包括研讨论坛、E-mail方式交流讨论等。

6. 系统管理维护模块

为保证系统的正常运行和不断发展，系统管理者借助于系统管理模块对系统进行管理，具体功能包括系统参数设置、学生各个阶段道德行为表现数据库管理，教师信息管理、交流论坛管理等。系统管理者进入系统管理模块对系统管理时需要进行权限确认。

（三）数据服务层

数据服务层提供训练资源的支持，该层位于数据库服务器上。它主要通过数据库系统来进行数据的组织，完成数据的定义、更新和查询等操作，并维护数据的安全性和完整性。它通过数据库接口提供给应用逻辑调用，最终以 HTML 格式呈送给客户端浏览器。本系统的数据服务层包括学生各个阶段道德行为表现数据库、教师信息库、交流讨论、BBS 数据库等。

一般而言，数据在数据库中的存储方式有两种：一种是将数据直接写入数据库，这种方式管理方便，空间利用率高，但对服务器的性能要求高；另一种是以文件的形式存储，在数据库中建立文件路径指向这些文件，这种方式存取速度快，但需要管理大量文件。本系统综合使用这两种方式，上载资源采用文件格式存储，其他数据直接写入数据库。

三、功能模块设计

针对教师和管理员两类用户，下文将从每种用户在观察过程中担任的角色出发，分析各自的主要活动及支持这些活动的工具和资源，并在此基础上，设计教师空间、管理员空间的功能模块（这里的管理者，实际上承担了作为系统的技术支持管理者和各实验点学校团队管理这两种角色功能）。

（一）教师观察活动分析

教师在使用系统的过程中主要扮演了观察记录的添加者、添加任务的完成者、观察行为的反思者、系统使用者四种角色，下面将对这些角色进行进一步分析（如表1所示）。

表1 教师活动分析

教师角色	主要观察活动	工具/信息资源
观察记录的添加者	• 选择添加记录	
添加任务的完成者	查看记录 • 对记录进行修改 • 对记录进行删除 • 对学生情况进行统计分析	学生各个阶段道德行为表现数据库
观察行为的反思者	• 个案反思 • 交流讨论 • 提问	BBS、E-mail、同伴信息
系统使用者	• 注册 • 注册信息修改 • 查阅系统帮助	教师信息库

（二）教师空间功能模块

根据以上分析，教师空间的功能模块设计如下（如图 2 所示）：

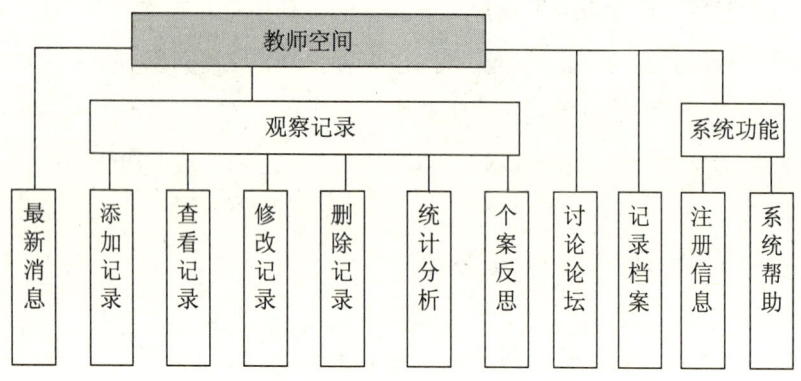

图 2　教师空间功能模块

1. 最新消息

教师可以查看管理员发布的最新消息、理念。

2. 观察记录

（1）添加记录。教师可以在网上直接填写"学生道德行为观察记录表"。

（2）查看、修改、删除记录。教师可以对自己填写好的学生各个阶段的道德行为记录进行查看、修改、删除等操作。

（3）统计分析。教师可以把自己观察的同一个学生不同阶段的道德行为记录全部调出来，并且进行分类汇总计算各项总分，然后把各项总分以图形化的形式直观地显示出来，各个阶段同一项的得分也以图形化的形式进行对比。

（4）个案反思。教师可以对学生某个阶段的道德行为观察提出意见、建议以及进行反思。

3. 讨论论坛

教师可以通过论坛与其他同伴、管理员等进行交流、探讨，以及查看同伴信息等。

4. 记录档案

教师可查看自己的所有观察记录的信息、自己的基本信息以及修改的记录。

5. 系统功能

（1）注册信息。教师查看和修改自己的注册信息。教师的注册信息包括：姓名（唯一标识）、密码、真实姓名、性别、职称、学科、教龄、电子邮件、注册日期。

（2）系统帮助。教师空间的使用说明。

（三）管理员活动分析及功能模块

为简化起见，本系统将各实验点学校团队管理者和系统的维护者这两个角色集中到一个角色上：管理员。本系统的管理员空间模块设计如下（如图3所示）：

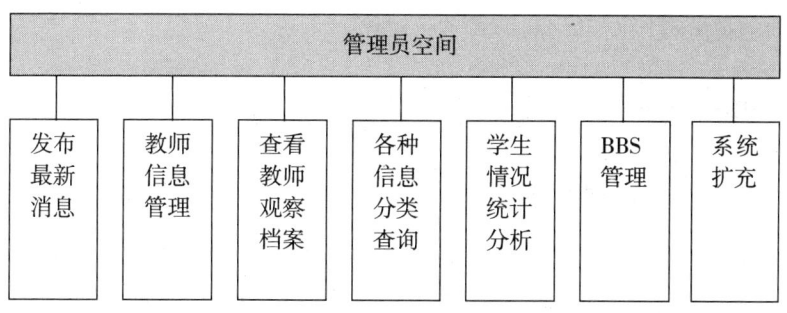

图3　管理员空间模块

1. 发布最新消息

管理者需要收集教师观察行为与儿童道德发展相关的最新消息、理念，并及时发布。

2. 教师信息管理

管理员根据需求对教师信息库进行添加、修改、删除活动。

3. 查看教师观察档案

及时掌握教师的观察记录情况，对教师提出的问题给予解答或者推荐能够帮忙解答的资源。

4. 各种信息分类查询

管理员可以按照教师姓名、学校、学生姓名、班级、性别等迅速搜索到相关的观察记录，便于管理员查找到需要的信息。

5. 学生情况统计分析

把同一个学生不同阶段的道德行为记录全部调出来，并且进行分类汇总计算各项总分，然后把各项总分以图形化的形式直观地显示出来，各个阶段同一项的得分也以图形化的形式进行对比。

6. BBS 管理

管理者是系统 BBS 的管理者，具有对讨论信息的添加、修改、删除权限。

7. 系统扩充

教师观察行为与学生道德行为是不断发展、更新的，管理者需要敏锐把握相关动态，及时扩充系统，及时对系统进行添加、修改、删除活动。

第三节 基于网络的开放式观察平台的开发

根据以上设计的系统功能模块，笔者对系统的开发工作作了初步的尝试。本节将详细介绍开发环境、关键技术和主要功能模块的实现。

一、开发环境和关键技术

（一）系统的开发环境

- 操作系统：Windows2000 Professional
- Web 服务器：IIS 6.0
- 数据库系统：Microsoft Access 2000
- 网页制作工具：Dreamweaver MX ＋ASP（脚本语言 VBScript，JScript，ADO 组件，LyfUpload 组件）
- 图片处理工具：Photoshop CS3

（二）系统的运行环境

客户端：
- 支持 JAVAScrpit/VBScript 的标准浏览器，勿须任何插件和控件，如微软的 IE 6.0 等。

服务器端：
- 操作系统：Windows Professional 2000
- Web 服务器：IIS 6.0

（三）关键技术

开发过程所用的关键技术包括 ASP 技术和 DHTML 技术。

1. ASP 技术

ASP（Active Server Pages）是微软公司提供的一种服务器端脚本支持环境，在其中可以混合使用 HTML 语言、脚本语言以及 ActiveX 组件来创建动态、交互的 Web 应用程序。ASP 提供了 5 个针对常用任务的内建对象（Request 对象、Response 对象、Server 对象、Session 对象和 Application 对象）和 7 个主要的服务器端组件，如数据库访问组件（又称 ADO 组件）等。在系统的开发过程中，笔者灵活运用了多种 ASP 内建对象和组件，尤为突出的是 Session 对象、数据库访问组件（ADO 组件）和文件上传组件（LyfUpload 组件）。

（1）Session 对象

Session 对象提供了跟踪用户信息的功能。运用 Session 对象建立会话作用域的变量，可以在用户本次会话的所有网页间共享信息。在系统中，教师添加观察记录，然后浏览、修改、删除记录，以及对学生个案情况进行统计分析等都需要在页面间共享信息。为此，在开发过程中，笔者运用 Session 对象来存储这部分信息。

（2）ADO 组件

ADO（ActiveX Data Oject）是 ASP 内置的数据库存取组件，它的对象模型中提供了 7 个对象：Command、Connection、Recordset、Fields、Parameters、Property 和 Error。运用这些对象及它们的方法、属性和集合可以方便地实现对各种数据库的访问。在系统中，笔者用关系型数据库管理系统 Microsoft Access 2000 来存储和管理学生各个阶段道德行为表现数据库、教师信息库及 BBS 数据库。并运用 ADO 组件来实现对这些数据的灵活存取和使用。

(3) LyfUpload 组件

LyfUpload 是 ASP 的文件上传组件，遵从 RFC – 1867 HTTP 请求，它可以接收客户端浏览器使用 encType = " multipart/form-data" 的 Form 上载的文件。1.2 版本的 LyfUpload 组件可以支持单文件上传、多文件上传、限制文件大小上传、限制某一类型文件上传、文件上传到数据库、从数据库中读取文件、文件上传重命名等功能。在系统中，笔者使用 LyfUpload 组件来实现新闻、公告、论坛中有关资源的上传和重命名保存。

2. DHTML 技术

DHTML（Dynamic HTML，动态 HTML）是一种在网页下载到浏览器后，仍然能够随时变换的 HTML。它是一个通过各种技术的综合发展而得以实现的概念，这些技术包括客户端的脚本语言（JAVAScript、VBScript）、文本对象模型（DOM）和层叠样式表（CSS）。CSS 是进行网页改变的对象，DOM 是其具有变动性的机制，客户端脚本是实际促成变化的程序。

二、主要功能模块的实现

与其他的系统相比，本系统既有共性，又有个性。下文将对本系统中主要模块的实现作简要介绍。

（一）主页面

这是教师和管理员共用的页面，如图 5 所示，这个页面上方为页面标题；中间左边可以查看新发布的新闻公告，右边是实验学校的列表，点击分别进入各个实验学校（该部分可以根据需要不断扩展）；下方是版权信息和管理员的新闻公告管理入口。点击新闻公告，可以查看具体发布的某一条新闻公告，如图6所示。

主页面与其他功能模块的流程关系如图4所示：

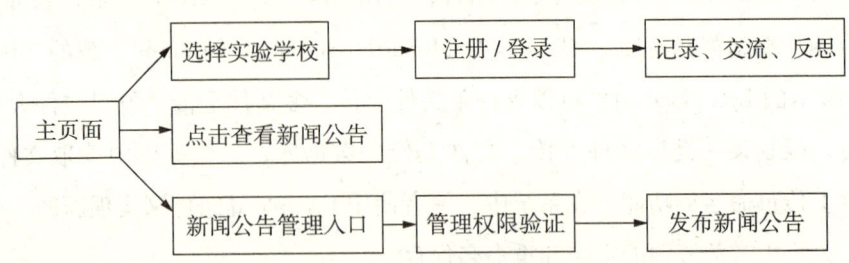

图4 主页面与其他功能模块的流程关系

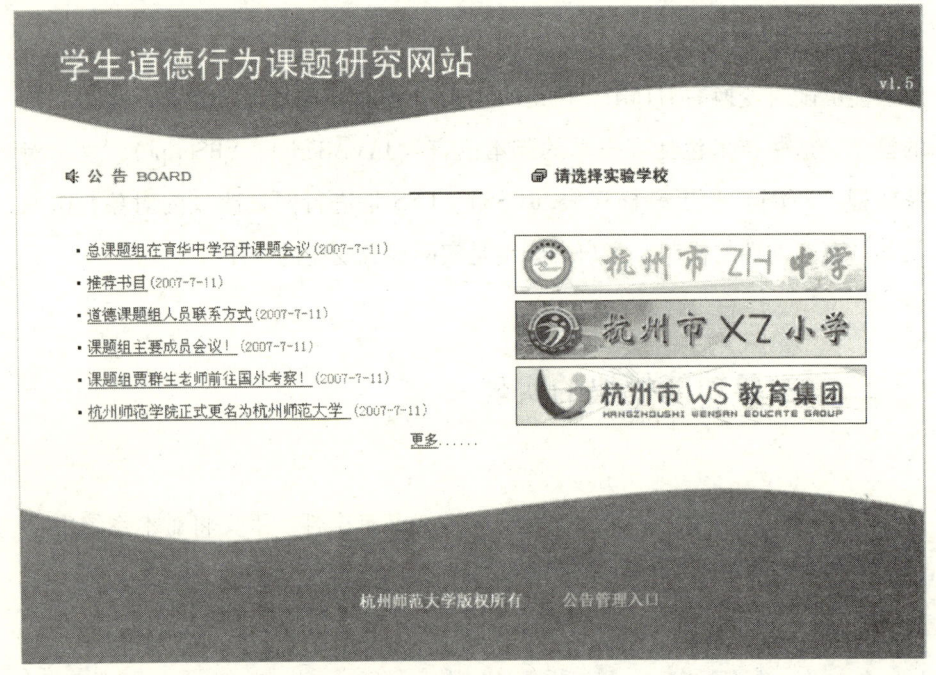

图5 主页面

总课题组在育华中学召开课题会议

2007年6月30日,"教师行为与儿童发展"总课题组在育华中学召开了课题会议,各组成员及各个实学校的老师参加了会议。很多来自各中小学的一线老师做了研究汇报。我们道德组的徐玫老师在会上作了发言,徐老师的发言得到了杭州师范大学林正范校长的好评!

图6 查看新闻公告

(二)教师空间的功能模块

1. 教师注册

教师在使用该系统前首先需要注册。本系统采用数据表 teacher 存储每位教师的信息。该数据表的结构如表2所示。表中,name 字段、mima 字段、sex 字段、zhecedate 字段是教师的基本信息,它们在整个过程中固定不变;zhicheng 字段和 jiaoling 字段、E-mail 字段、xueke 字段分别代表职称、教龄、电子邮箱、学科,它们是可以由教师修改的。并且系统会将修改记录保存下来。

表 2 teacher 数据表的结构

字段名称	数据类型	默认值	说明
name	文本		教师用户名（唯一）
mima	文本		密码
sex	文本		性别
zhicheng	文本		职称
E-mail	文本		电子邮箱
xueke	文本		所教学科
jiaoling	数字（整型）	0	教龄
zhecedate	日期/时间		注册日期

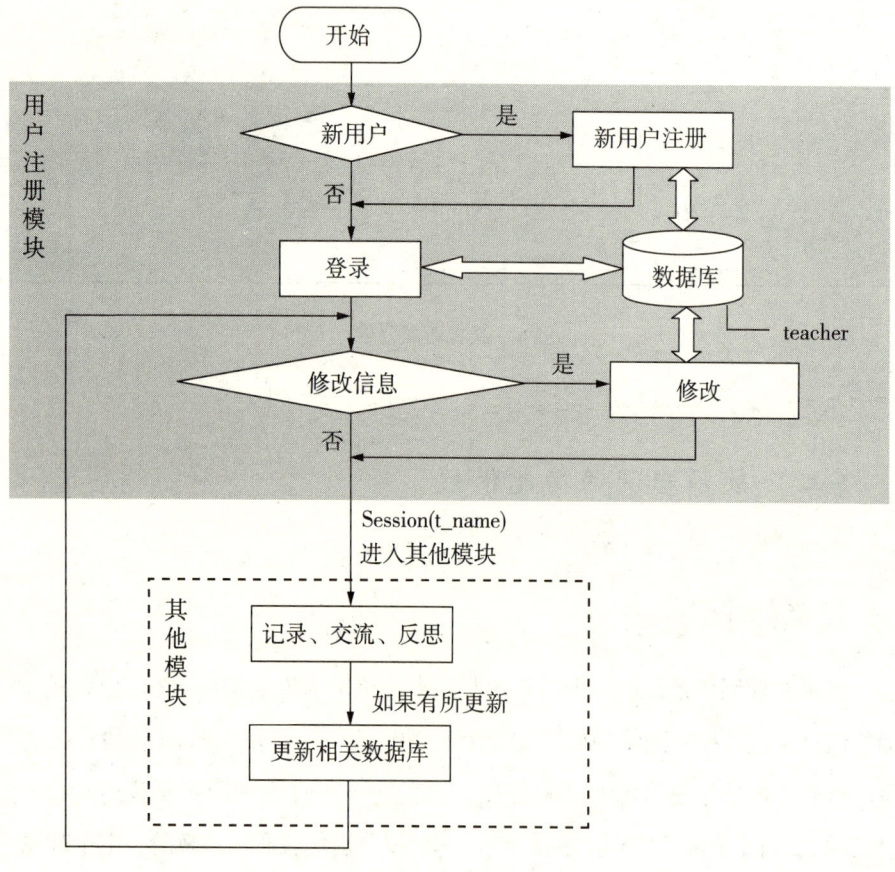

图 7 教师注册的实现流程

注册模块的实现流程如图7所示：

（1）新用户注册。如果教师是首次使用本系统，则首先需要进行新用户注册，注册界面如图8所示。注册信息包括：用户名、密码、性别、职称、E-mail地址、学科、教龄、注册日期，它们分别对应于teacher表的name字段、mima字段、sex字段、zhecheng字段、E-mail字段、xueke字段、jiaoling字段和zhecedate字段。其中，用户名（name）是唯一的。如果教师在注册时所填写的用户名已被其他用户使用了，那么系统将会提示训练者更换用户名，直至用户名在系统中唯一为止。

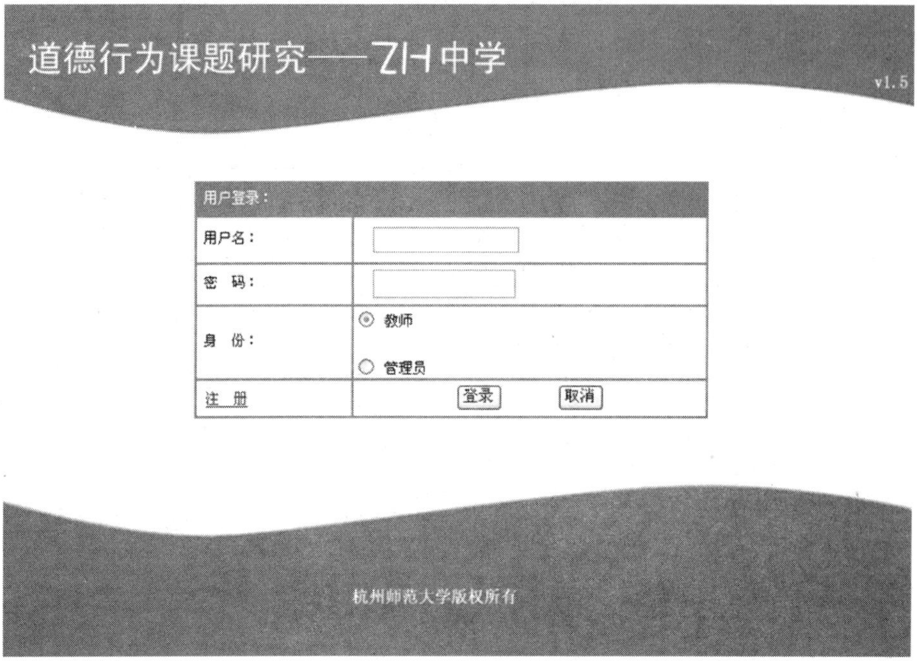

图8　填写注册信息

（2）登录。教师注册成功后，就可以用自己的用户名和密码登录系统了，登录界面如图9所示。根据教师所提供的用户名和密码，系统就会从teacher表中取出该教师的学生观察记录，并把用户名存储到变量Session（t_name）中。这样，系统的其他模块就能够共享到这项信息，并据此来显示和该教师有关的信息。

（3）修改信息。进入系统后，教室可根据个人需要通过"信息修改界面

（与注册页面类似）"修改自己的信息，同时更新 teacher 中相应字段的值和相应 Session 变量的值。

（4）进入其他模块。注册、登录完成后，教师就可以进入其他模块，登记观察记录、对某个学生多次情况进行统计分析、与他人进行交流反思等。

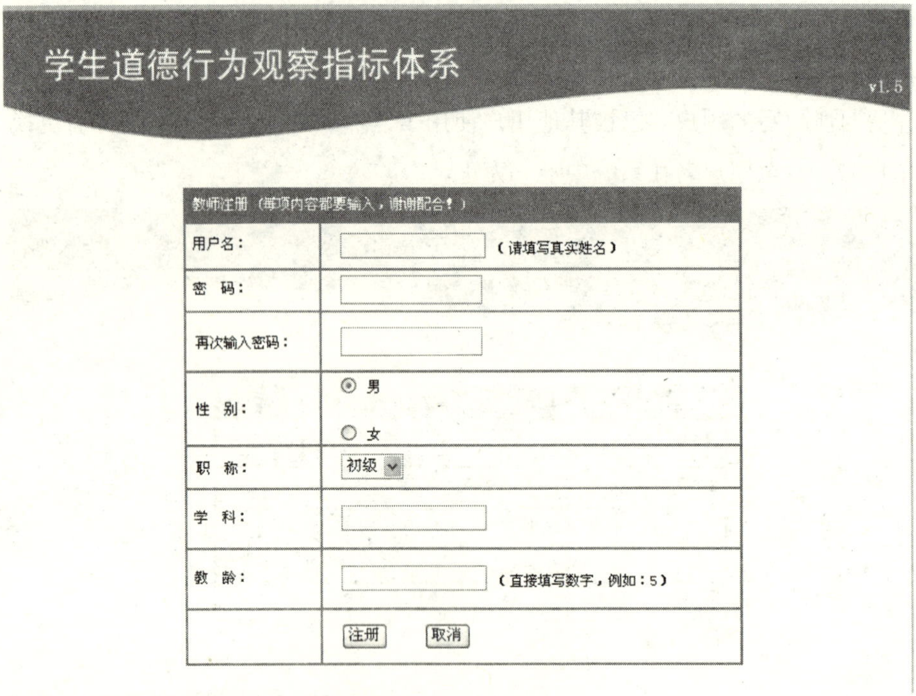

图 9　登录/注册新用户

2. 教师观察记录模块

这是系统的核心模块，它主要负责完成观察记录的添加、修改、删除，以及学生情况的统计分析等功能。

（1）添加记录子模块

登录之后，就进入主要功能页面，页面上方有几个栏目，其中"添加记录"实现流程如图 10 所示。点击"添加记录"页面，呈现一个空白的"学生道德行为观察记录表"，如图 11 所示，该表格包含学生基本信息（学校、班级、姓名、性别、观察时间）、道德行为发展水平观察要素与指标（6 个二级指标和 16 个三级指标)、学生行为表现与教师自我反思三部分数据。"学生基本信息"和"学生行为表现与教师自我反思"两部分是教师用文本填写,"道德行为发展水平观察要素与指标"为每个三级指标用语言描述了 3 个层次的行为表现,教师根据学生的实际表现进行选择。系统建立了专门的数据库来储存学生道德行为记录。在具体开发过程中,笔者采用关系型数据表 student 来存储各数据元素。"学生道德行为观察记录表"填好之后,提交,系统马上更新学生数据表,将新的记录添加到数据表中,同时呈现新的填好的记录。

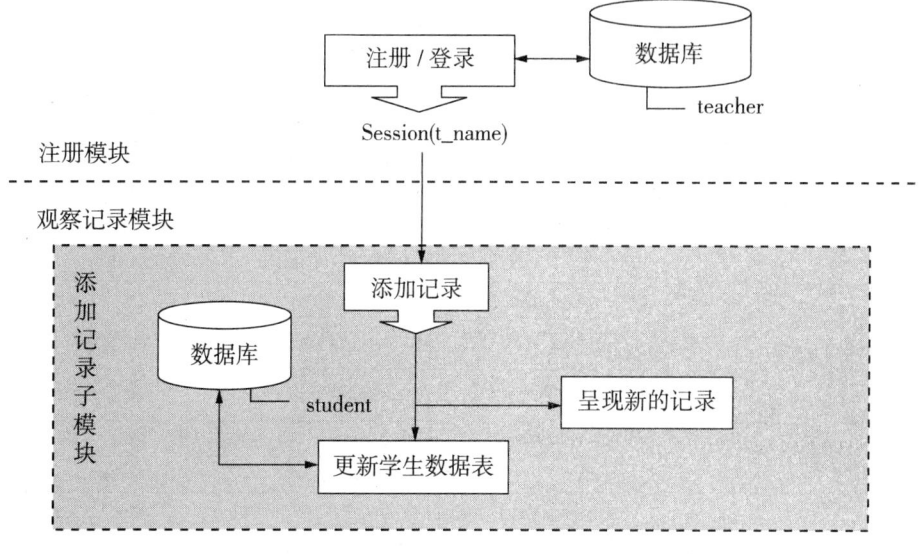

图10 添加记录子模块实现流程

(2) 浏览查看、修改、删除子模块(实现流程如图12所示)

点击"浏览记录",可以提取出教师观察的所有学生的数据表记录,把对应的每一条记录的姓名、性别、学校、班级,对父母学会孝顺、对自己学会自爱、对他人学会尊重、对集体学会关爱、对社会学会判断、对自然学会保护,6个二级指标的总分、评价时间这些字段的值读取出来,并在客户端浏览器中呈现出来,如图13所示。点击具体学生姓名可以查看该生完整的记录内容,点击后面的"删除"可以将该条记录删除,点击后面的"修改"可以呈现完整的"学生道德行为观察记录表"并能在原有的基础上修改保存该条记录。

学生道德行为观察记录表

学生基本信息：

学校：＿＿＿＿＿ 姓　名：＿＿＿＿＿ 性别：男 ▽

班级：＿＿＿＿＿ 观察时间：＿＿＿＿＿ （请一定按照yyyy-mm-dd的格式，如：2006-09-12）

发展水平观察要素与指标

二级指标	三级指标	行为表现举例		
对父母：学会孝顺	承担家务	○ 主动完成	○ 提醒下能完成	○ 常常完成不了
	日常交流	○ 主动全面地讲述	○ 询问下较简单地讲述	○ 不愿讲或三言两语
	体谅理解	○ 当自己的愿望与家长的期望不一致时，能有礼、有理地说明	○ 勉强地接受家长的期望	○ 无礼地反对
对自己：学会自爱	自我保护	○ 具有一些危急之时的应变、急救的知识与能力	○ 具有一些危急之时的应变、急救的知识与能力	○ 不了解有关的知识
	热爱生命	○ 能克制一切危害自己和他人生命的过激行为	○ 能意识到过激行为的危害性	○ 有离家出走的行为
对他人：学会尊重	礼貌待人	○ 不把自己的价值标准强加于人	○ 能正确运用日常的礼貌用语，没有别人的容许，能不打扰别人	○ 日常的礼貌用语常常做不到
	乐于助人	○ 常常做有益于他人的事，乐于助人	○ 不做损人利己的事	○ 常常不愿意助人，偶尔会做损人利己的事
	诚实守信	○ 犯了错误能主动承认，只要承诺一定尽力做到	○ 实话实说，承诺的事中认为重要的能做到，不重要的做不到	○ 常常说谎，承诺的事常常做不到
对集体：学会负责	团队观念	○ 主动参加集体的活动	○ 在要求下能参加	○ 常常不愿意参加
	对待荣誉	○ 为维护集体荣誉能主动调整一些自己的行为	○ 有时能调整自己的行为	○ 不愿调整自己的行为
	主人翁感	○ 视自己为集体的一分子，主动关心集体	○ 在提醒或感染下，关心集体	○ 对集体的事比较漠然
对社会（现象）：学会判断	社会公德	○ 基本能作出正确的判断	○ 在引导下能作出正确的判断	○ 不能作出正确的判断
	法纪法规	○ 能自觉遵守	○ 能理解、认可	○ 不太了解
对自然：学会爱护	爱护环境	○ 积极参加学校或社区开展的环境保护活动	○ 基本上养成不随地吐痰等卫生习惯、爱护花草树木	○ 常常会出现采摘花草树木等行为
	节约能源	○ 能主动或提醒同学节约各种能源	○ 具有节能意识，基本上没有浪费笔、水、电、粮食等行为	○ 常常有浪费笔、水、电、粮食等行为
	和谐相处	○ 对动植物、河流等作用有充分的认识	○ 了解一些动植物、河流等作用	○ 不太了解

学生行为表现及教师自我反思：

[　　　　　　　　　　　　　　　　]

[添加] [取消]

图11　学生道德行为观察记录表

附录　基于网络的开放式观察平台的设计与开发

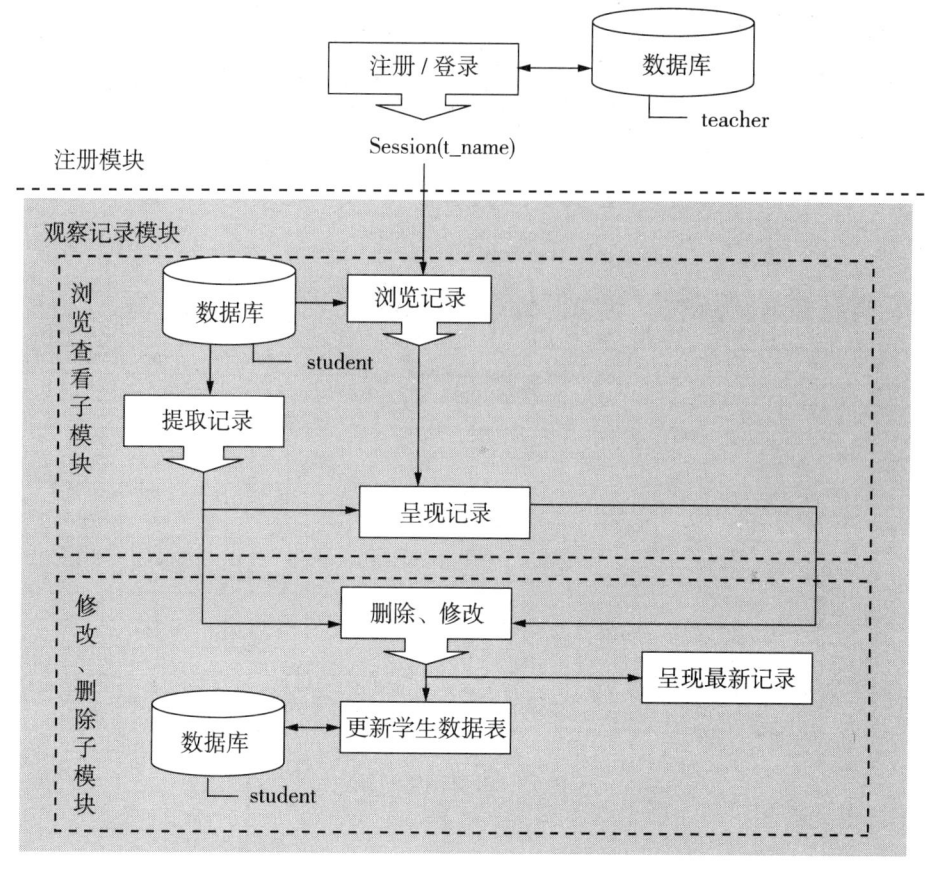

图 12　浏览查看、修改、删除子模块实现流程

(3) 学生情况统计分析子模块（实现流程如图 14 所示）

点击"学生情况统计分析"，出现要求输入学生姓名的界面，教师输入某个具体的学生姓名后，可以把该学生不同评价时间的道德行为记录全部提取出来。如图 15 所示，最后呈现在页面上的内容分为两部分，上面以表格形式横向呈现符合条件的所有记录的基本信息、各三级指标项的得分、各二级指标项的总分、所有项的总分、评价时间，并且纵向计算不同评价时间的所有记录的各项平均分和总分。下面以图形化的形式直观地显示不同评价时间的各二级指标项得分和总分，并且将不同评价时间的同一指标项放在一起，以形成直观的对比。

教师与学生道德行为的发展

学生道德行为观察指标体系 v1.5

教师一览表　　学生一览表　　学生情况统计　　课题研讨　　搜索　　退出

学生一览表

姓名	性别	学校	班级	对家庭	对自己	对他人	对集体	对社会	对自然	总分	评价时间
陈然	男	ZH中学	九年八班	5	8	7	5	6	5	36	2006-10-6
丁书剑	男	ZH中学	七(3)	9	8	9	6	10	9	51	2006-9-15
丁书剑	男	ZH中学	七(3)	9	8	9	15	6	7	54	2006-12-15
丁书剑	男	ZH中学	七(3)	9	10	11	15	10	9	64	2007-3-12
杜程鹏	男	ZH中学	初三(5)	7	2	3	5	2	3	22	2006-10-22
杜程鹏	男	ZH中学	初三(5)	7	8	3	9	4	5	36	2006-12-2
杜程鹏	男	ZH中学	初三(5)	11	10	7	9	6	7	50	2007-1-8
嘉荨	男	ZH中学	九年八班	15	8	11	15	6	11	66	2006-11-20
江绮	女	ZH中学	初三12班	3	4	3	3	2	7	22	2006-9-3
江绮	女	ZH中学	初三12班	9	8	7	7	4	9	44	2006-10-3
江绮	女	ZH中学	初三12班	9	8	9	9	6	9	50	2006-11-3
柯庆	男	ZH中学	七(3)班	7	6	5	3	2	9	32	2006-12-12
刘奥	男	ZH中学	七(3)	11	9	9	15	6	8	58	2006-9-11
刘奥	男	ZH中学	七(3)	11	8	9	15	10	9	62	2006-12-15
刘奥	男	ZH中学	七(3)	11	10	11	15	5	9	61	2007-3-12

图 13　教师浏览记录

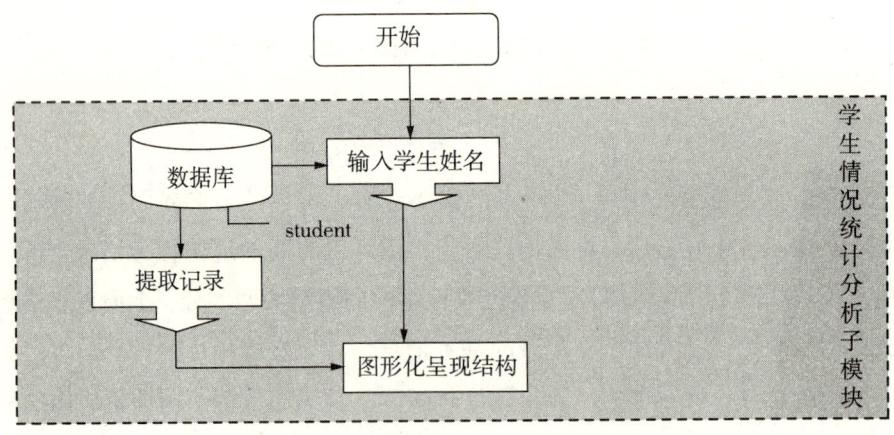

图 14　学生情况统计分析子模块实现流程

附录　基于网络的开放式观察平台的设计与开发

学生道德行为观察指标体系 v1.5

教师一览表　　学生一览表　　学生情况统计　　课题研讨　　搜索　　退出

符合条件的记录

共找到3条记录

姓名	性别	学校	班级	承担家务	日常交流	价值理解	对家庭	自我保护	热爱生命	对自己	礼貌待人	乐于助人	诚实守信	对他人	团队观念	对集体	主人翁感	社会公德	法纪法规	对社会	爱护环境	节约能源	和谐相处	对自然	总分	评价时间
小超	男	ZH中学	七(3)	5	3	3	11	5	3	8	3	3	3	9	5	5	15	3	3	6	3	3	3	9	58	2006-9-11
小超	男	ZH中学	七(3)	5	3	3	11	5	3		3	5	3	11	5	5	15	5		5		10	3	3	9	64	2006-12-15
小超	男	ZH中学	七(3)	5	3	5	13	5	5	10	5	3	13	5	5	15	5		5		10	3	3	9	70	2007-3-12
平均分				5	3	3.67	11.67	5	3.67	8.67		3.67	4.33	3	11	5	5	15	4.33	4.33	8.67	3	3	3	9	64	
总分				15	9	11	35	15	11	26	11	13	9	33	15	15	45	13		13	26	9	9	9	27	192	

对家庭	对自己	对他人	对集体	对社会	对自然	总分
学会孝顺	学会自爱	学会尊重	学会负责	学会判断	学会爱护	

杭州师范大学版权所有

图15　单个学生的情况显示

3. 课题研讨模块

网络最大的优势之一是为人们提供相互沟通的手段。教师利用本系统进行观察记录的过程中，肯定会碰到一些疑难问题需要求助于其他人，或者有什么想法、建议希望与他人交流、沟通、共享。本系统的课题研讨模块包括两部分：

（1）通过 E-mail 形式的交流讨论。教师通过查看同伴信息、管理者信息，得到需要的 E-mail 地址，通过 E-mail 与其他人沟通。

（2）通过 BBS 形式的交流讨论。系统提供了一个简易型的 BBS，供教师交流讨论感兴趣的话题，如图 16 所示。

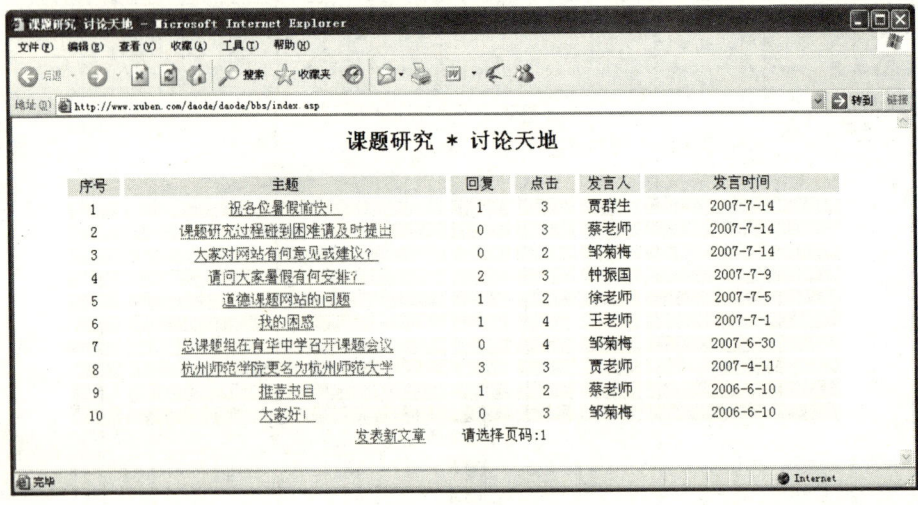

图 16　简易型的 BBS

（三）管理员空间的功能模块

为简化起见，本系统将各实验点学校团队管理者和系统的维护者这两个角色集中到一个角色上：管理员。管理员的功能模块主要有：

1. 发布最新消息

系统管理员可以通过主页上的公告管理入口（如图 17 所示）进入公告后台管理，发布最新的新闻公告（如图 18 所示），发布成功之后会立即在主页上显示出来。

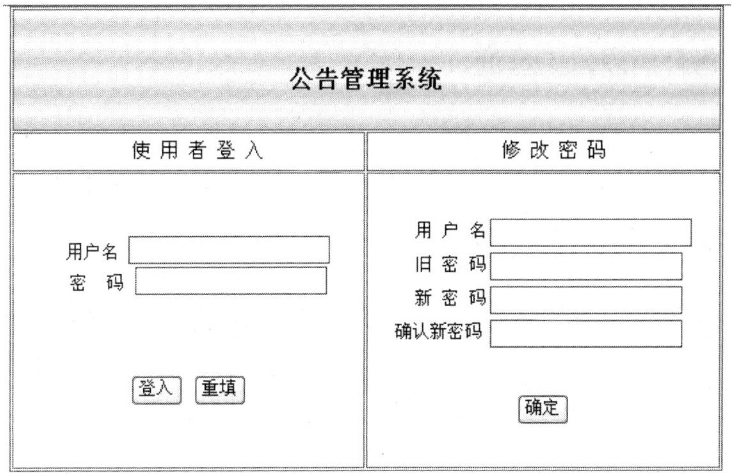

图 17　公告管理入口

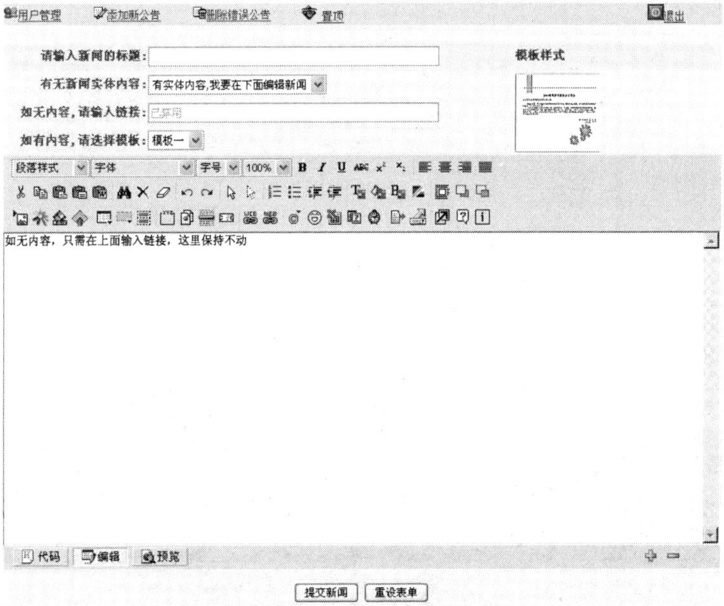

图 18　发布最新的新闻公告

2. BBS 管理和教师、学生数据库管理

为了简化系统，同时根据现实需求考虑，交流论坛 BBS 的管理以及教师信息、学生数据库的管理不像上面的新闻公告管理那样提供后台管理系统，而是系统管理员直接对数据库进行管理来完成的。

3. 各种信息分类查询

各实验点学校团队管理者登录后，有一栏目叫做"搜索"，如图 19 所示，可以按照教师姓名、学校、学生姓名、班级、性别等迅速搜索到该学校的相关观察记录，便于管理员方便查找到需要的信息。

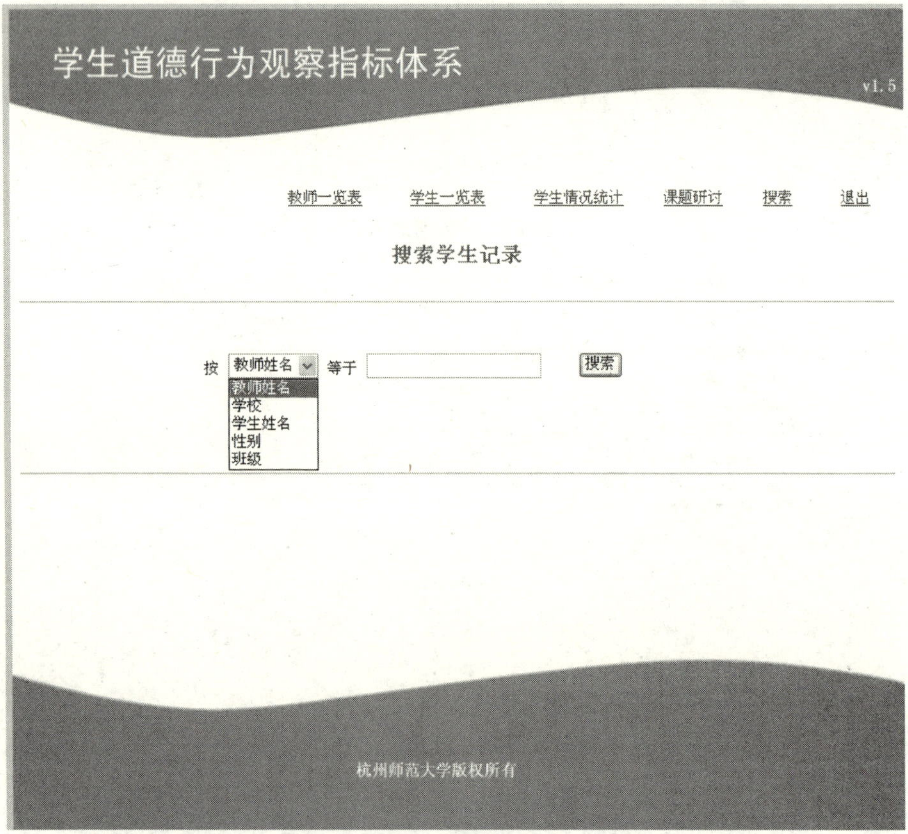

图 19　搜索页面

4. 查看教师观察档案

各实验点学校团队管理者可以看到"教师一览表"（如图 20 所示）和"学生一览表"（如图 21 所示），教师一览表列表显示了该校所有使用该系统的教师，点击教师姓名可以查看该教师观察的所有记录并且有删除该条记录的权限；学生一览表列表显示了该校所有被观察记录的学生，点击学生姓名可以查看该生具体的道德行为表现。

管理员空间的功能模块与教师的功能模块有以下几处重叠的地方，这里不再赘述。

（1）浏览查看、修改、删除子模块
（2）学生情况统计分析子模块
（3）课题研讨模块

学生道德行为观察指标体系 v1.5

教师一览表　　学生一览表　　学生情况统计　　课题研讨　　搜索　　退出

教师一览表

姓名	性别	职称	学科	教龄	评价人次	删除
王永青	女	高级	语文	21	0	删除
俞徐萍	女	高级	语文	11	0	删除
杨颖	女	初级	语文	1	0	删除
吴晓瑜	女	一级	英语	12	0	删除
徐玫	女	高级	英语	16	3	删除
郑姬铭	女	初级	数学	12	0	删除
赵光雄	男	高级	科学	15	6	删除
虞石	女	初级	语文	5	12	删除
綦玉梅	女	二级	英语	4	4	删除
沈洁	女	一级	社会	7	2	删除
王杨平	女	一级	语文	11	9	删除
朱幸红	女	高级	语文	19	9	删除
黄建芳	女	一级	英语	40	1	删除
傅惠君	女	高级	语文	44	8	删除
翁艳燕	女	初级	心理	4	2	删除
张桂英	女	高级	语文	24	9	删除
张岚	女	二级	语文	4	9	删除

图 20　教师一览表

学生道德行为观察指标体系 v1.5

教师一览表　　学生一览表　　学生情况统计　　课题研讨　　搜索　　退出

学生一览表

姓名	性别	学校	班级	对家庭	对自己	对他人	对集体	对社会	对自然	总分	评价时间
陈燃	男	ZH中学	九年八班	5	8	7	5	6	5	36	2006-10-6
丁书剑	男	ZH中学	七(3)	9	8	9	6	10	9	51	2006-9-15
杜程鹏	男	ZH中学	初三(5)	7	2	3	5	2	3	22	2006-10-22
杜程鹏	男	ZH中学	初三(5)	7	8	3	9	4	5	36	2006-12-2
杜程鹏	男	ZH中学	初三(5)	11	10	7	9	6	7	50	2007-1-8
嘉亨	男	ZH中学	九年八班	15	8	11	15	6	11	66	2006-11-20
江绮	女	ZH中学	初三12班	3	4	3	3	2	7	22	2006-9-3
江绮	女	ZH中学	初三12班	9	8	7	7	4	9	44	2006-10-3
江绮	女	ZH中学	初三12班	9	8	9	9	6	9	50	2006-11-3
柯庆	男	ZH中学	七(3)班	7	5	5	3	2	9	32	2006-12-12
楼国豪	男	ZH中学	初一(6)班	7	8	7	7	6	5	40	2006-12-1
楼昕予	男	ZH中学	初三12班	5	4	3	3	2	5	22	2006-11-5
楼昕予	男	ZH中学	初三12班	5	8	3	9	6	7	38	2006-12-5
楼昕予	男	ZH中学	初三12班	9	8	7	9	6	9	48	2007-1-5
吴桐	男	ZH中学	初三(7)班	5	8	5	7	6	5	36	2007-12-1
夏翔浩	男	ZH中学	初三(7)	13	10	13	11	6	11	64	2006-9-25
夏翔浩	男	ZH中学	初三(7)	13	10	15	15	8	13	74	2007-1-4
小黄	男	ZH中学	九(5)	3	2	3	3	2	3	16	2006-12-2
小娄	女	ZH中学	九年8班	13	6	9	15	6	9	58	2006-12-1
小杨	男	ZH中学	九(6)	5	4	3	5	2	2	21	2006-12-2
徐杭星	男	ZH中学	八年级10班	7	8	7	11	6	9	48	2006-11-6
徐杭星	男	ZH中学	八年级10班	9	8	11	9	6	6	49	2007-1-5
徐杭星	男	ZH中学	八年级10班	9	8	13	9	6	11	56	2007-3-9
叶晓轩	男	ZH中学	初一(2)班	5	4	3	5	2	7	26	2006-11-2
张宵彦	男	ZH中学	初三(1)班	13	8	11	15	10	11	68	2006-12-6
张宵彦	男	ZH中学	初三(1)班	15	8	13	13	10	15	74	2007-1-14
张宵彦	男	ZH中学	初三(1)班	15	10	11	15	10	15	76	2007-2-13
张宵彦	男	ZH中学	初三(1)班	15	10	15	15	10	15	80	2007-3-6
赵佳程	男	ZH中学	初三(5)	9	2	5	9	2	5	32	2006-10-22
赵佳程	男	ZH中学	初三(5)	9	6	5	5	2	3	30	2006-12-2
赵佳程	男	ZH中学	初三(5)	9	8	5	5	2	3	30	2007-1-8
赵凯琳	女	ZH中学	初三(5)	9	10	9	7	6	9	50	2006-10-22
赵凯琳	男	ZH中学	初三(5)	9	8	7	5	4	9	42	2006-12-2
赵凯琳	男	ZH中学	初三(5)	9	8	7	5	4	9	42	2007-1-8
朱天罡	男	ZH中学	八年级10班	5	8	9	9	6	5	42	2006-11-16
朱天罡	男	ZH中学	八年级10班	7	8	9	11	6	9	50	2007-1-5
朱天罡	男	ZH中学	八年级10班	9	8	9	11	6	9	52	2007-3-9
邹浩南	男	ZH中学	初一(2)班	5	4	3	5	2	7	24	2006-11-25

图21　学生一览表

参考文献

[1] 爱弥尔·涂尔干. 道德教育 [M]. 陈光金, 译. 上海: 上海人民出版社, 2001.

[2] 伯格. 通俗文化、媒介和日常生活中的叙事 [M]. 姚媛, 译. 南京: 南京师范大学出版社, 2002.

[3] 贝弗里奇. 科学研究的艺术 [M]. 陈捷, 译. 北京: 科学出版社, 1979.

[4] 蔡亚平. 教师教学行为中的伦理缺失现象分析 [J]. 教育发展研究, 2010 (12): 77 - 80.

[5] 蔡亚平. 中小学教学伦理困境探究 [M]. 北京: 中国言实出版社, 2009.

[6] 陈桂生. 且说"导师制"——兼谈瑞安市民办新纪元实验学校的"导师制"试验 [J]. 教育发展研究, 2005 (10): 16 - 21.

[7] 陈会昌. 道德发展心理学 [M]. 合肥: 安徽教育出版社, 2004.

[8] 陈会昌. 有约在先 [J]. 父母必读, 1998 (12): 6 - 7.

[9] 丁锦宏. 道德叙事: 当代学校道德教育方式的一种走向 [J]. 中国教育学刊, 2003 (11): 1 - 4.

[10] 丁锦宏. 叙事德育方法探究: "灰姑娘" 故事与品格教育 [J]. 思想·理论·教育, 2004 (3): 12 - 15.

[11] 多尔. 后现代课程观 [M]. 王红宇, 译. 北京: 教育科学出版社, 2000.

[12] 胡俊丽, 杜红芹, 杨梅. 论教师期望理论与初中生发展的关系 [J]. 重庆文理学院学报, 2009 (9): 151 - 153.

[13] 高德胜. 知性德育及其超越——现代德育困境研究 [M]. 北京: 教育科学出版社, 2003.

[14] 高慎英. 教师成为研究者 "教师专业化" 问题探讨 [J]. 教育理论与实践, 1998

(3): 31-32.

[15] 古德，布罗菲. 透视课堂 [M]. 陶志琼，译. 北京：中国轻工业出版社，2002.

[16] 顾明远. 教育大辞典 [M]. 上海：上海教育出版社，1998.

[17] 顾锐萍. 学生道德行为习惯形成的机制探析 [J]. 江西教育科研，1999（2）：28-30.

[18] 郭本禹. 道德认知与道德教育——科尔伯格的理论与实践 [M]. 福州：福建教育出版社，1999.

[19] 郭元祥. 生活与教育——回归生活世界的基础教育论纲 [M]. 武汉：华中师范大学出版社，2002.

[20] 哈克. 改变心理学的40项研究 [M]. 白学军，等，译. 北京：中国轻工业出版社，2004.

[21] 黄顺基，刘大椿. 科学的哲学反思 [M]. 北京：中国人民大学出版社，1987.

[22] 黄希庭. 心理学导论 [M]. 北京：人民教育出版社，2007.

[23] 加里宁. 论共产主义教育和教学 [M]. 陈昌浩，沈颖，译. 北京：人民教育出版社，1957.

[24] 教育部师范教育司. 教师专业化的理论与实践 [M]. 北京：人民教育出版社，2001.

[25] 杰普利茨卡娃. 教育史讲义 [M]. 华东师范大学教育系教育史教研组翻译室，译. 上海：华东师范大学出版社，1958.

[26] 加利福尼亚州教育部. 教师专业标准（1997）[G] //李方，钟祖荣. 教师专业标准与发展机制——教师专业化国际研究译文集. 北京：北京出版社，2004.

[27] 金良年. 孟子译注 [M]. 上海：上海古籍出版社，1995.

[28] 金哲，邓伟志. 21世纪世界预测 [M]. 上海：上海人民出版社，1996.

[29] 克莱特基础教育工作组. 我们的学校与我们的未来：我们仍然处在危险之中吗？[G] //国家教育发展研究中心. 发达国家教育改革的动向和趋势：第七集. 北京：人民教育出版社，2004.

[30] 劳凯声. 教育学 [M]. 天津：南开大学出版社，2001.

[31] 梁钊华. 以生活为基点的德育解读 [J]. 经济与社会发展，2003（12）：181-184.

[32] 联合国教科文组织国际教育发展委员会. 学会生存——教育的今天和明天 [M]. 上海师范大学外国教育研究室，译. 上海：上海译文出版社，1979.

[33] 林超然. 现代科学哲学教程 [M]. 杭州：浙江大学出版社，1988.

[34] 林孟平. 辅导与心理治疗 [M]. 上海：上海教育出版社，2005.

[35] 李春秋. 教育伦理学概论 [M]. 北京：北京师范大学出版社，2007.

[36] 李石华. 隔代教育——备受宠溺的孩子怎样教 [M]. 北京：朝华出版社，2009.

[37] 凌逾. 面向 21 世纪的自我管理教育 [J]. 青年探索，1999（2）：25－28.

[38] 里奇，戴维提斯. 道德发展的理论 [M]. 姜飞月，译. 哈尔滨：黑龙江人民出版社，2003.

[39] 刘大椿. 科学哲学通论 [M]. 北京：中国人民大学出版社，1998.

[40] 刘恩允. 教师人格的内涵及其教育价值 [J]. 教育探索，2002（4）：97－99.

[41] 刘铁芳. 走向生活的教育哲学 [M]. 长沙：湖南师范大学出版社，2005.

[42] 刘铁芳. 面向生活、引导生活——回归生活的德育内涵与策略 [J]. 教育科学研究，2004（8）：48－51.

[43] 吕静. 儿童行为矫正手册 [M]. 杭州：浙江教育出版社，1992.

[44] 卢梭. 爱弥儿 [M]. 李平沤，译. 北京：人民教育出版社，1986.

[45] 麦金太尔，奥黑尔. 教师角色 [M]. 丁怡，马玲，译. 北京：中国轻工业出版社，2002.

[46] 彭聃龄. 普通心理学 [M]. 修订版. 北京：北京师范大学出版社，2001.

[47] 皮连生. 学与教的心理学 [M]. 上海：华东师范大学出版社，1997.

[48] 马克斯·范梅南. 生活体验研究——人文科学视野中的教育学 [M]. 宋广文，译. 北京：教育科学出版社，2003.

[49] 苏霍姆林斯基. 给教师的建议 [M]. 杜殿坤，译. 北京：教育科学出版社，1984.

[50] 唐汉卫. 道德教育向生活世界回归——20 世纪下半期西方道德教育的基本走向 [J]. 内蒙古师范大学学报，2005（3）：24－27.

[51] 陶行知. 陶行知全集：第一卷 [M]. 成都：四川教育出版社，1985.

[52] 陶行知. 陶行知全集：第二卷 [M]. 成都：四川教育出版社，1985.

[53] 陶行知. 陶行知全集：第三卷 [M]. 成都：四川教育出版社，1985.

[54] 陶行知. 陶行知全集：第四卷 [M]. 成都：四川教育出版社，1985.

[55] 陶行知. 陶行知全集：第七卷 [M]. 成都：四川教育出版社，1985.

[56] 童富勇. 陶行知生活教育理论的若干特色 [J]. 教育评论，2003（4）：88－90.

[57] 石中英. 知识转型与教育改革 [M]. 北京：教育科学出版社，2001.

[58] 孙孔懿. 论教育家 [M]. 北京：人民教育出版社，2006.

[59] 唐汉卫. 生活道德教育论 [M]. 北京：教育科学出版社，2005.

[60] 唐凯麟. 伦理学 [M]. 北京：高等教育出版社，2003.

[61] 王道俊. 教育学 [M]. 北京：人民教育出版社，1989.

[62] 王凯. 教师观察行为的专业主义视野 [J]. 教育研究与实验，2009（2）：30－33.

[63] 王桂生. 当代外国教育——教育改革的浪潮与趋势 [M]. 北京：人民教育出版社，1995.

[64] 王小明. 学习心理学 [M]. 北京：中国轻工业出版社，2009.

[65] 王现军，冯建军. 走向生活化的德育 [J]. 思想·理论·教育，2003（3）：14－17.

[66] 吴增强. 现代学校心理辅导 [M]. 上海：上海科学技术出版社，1998.

[67] 瞿葆奎. 教育学文集·教师 [M]. 北京：人民教育出版社，1991.

[68] 徐光兴. 学校心理学——教育与辅导的心理 [M]. 第2版. 上海：华东师范大学出版社，2009.

[69] 徐辉. 高等教育 [M]. 长春：吉林教育出版社，2000.

[70] 杨莹. 英国大学的导师制度 [J]. 台湾教育，1994（11）：15－18.

[71] 殷正坤，邱任宗. 科学哲学引论 [M]. 武昌：华中理工大学出版社，1996.

[72] 叶上雄. 中学教育学 [M]. 北京：高等教育出版社，1993.

[73] 亚当·弗格森. 道德哲学原理 [M]. 孙飞宇，等，译. 北京：人民出版社，2003.

[74] 叶奕乾，祝蓓里. 心理学 [M]. 上海：华东师范大学出版社，2006.

[75] 叶澜，白益民，等. 教师角色与教师发展新探 [M]. 北京：教育科学出版社，2001.

[76] 叶澜. 中国教育学科年度发展报告·2001 [M]. 上海：上海教育科学出版社，2002.

[77] 约翰·杜威. 杜威教育论著选 [M]. 赵祥麟，王承绪，译. 上海：华东师范大学出版社，1981.

[78] 约翰·杜威. 民主主义与教育 [M]. 王承绪，译. 北京：人民教育出版社，1990.

[79] 约翰·杜威. 杜威教育论著选 [M]. 赵祥麟，王承绪，译. 上海：华东师范大学出版社，1981.

[80] 约翰·杜威. 学校与社会·明日之学校 [M]. 王承绪，译. 北京：人民教育出版社，1994.

[81] 张谨. 观察与理论关系的历史考察及其哲学思考 [J]. 科技进步与对策，2001（4）：113－114.

[82] 张玉茹,许惠芬. 情境体验:道德教育回归生活的基本模式[J]. 高等农业教育,2005(2):24-27.

[83] 张云胜,张世贵. 公德的指认与公民道德建设[N]. 中国教育报,2003-02-26(3).

[84] 赵妙法. 西方科学哲学中观察与理论关系评析[J]. 安徽大学学报,1998(4):44-49.

[85] 郑富兴. 现代性视角下的美国新品格教育[M]. 北京:人民出版社,2006.

[86] 中华人民共和国教育部. 全日制义务教育《思想品德课程标准(实验稿)》[EB/OL].[2009-10-02]. http://www.pep.com.cn/peixun/xkpx/sxpd/kbjd/jiedu/200807/t20080709_488113.htm.

[87] 中华人民共和国教育部. 全日制义务教育《品德与生活课程标准(实验稿)》[EB/OL].[2009-09-10]. http://www.pep.com.cn/peixun/xkpx/peixun_7/kbjd/200807/t20080709_488889.htm.

[88] 中华人民共和国教育部. 全日制义务教育《品德与社会课程标准(实验稿)》[EB/OL].[2009-11-03]. http://www.pep.com.cn/peixun/xkpx/peixun_7/kbjd/200807/t20080709_488889.htm.

[89] 钟启泉. 新课程师资培训精要[M]. 北京:北京大学出版社,2002.

[90] 周建平. 教学伦理研究:一个值得关注的课题[J]. 教育评论,2001(3):18-20.

[91] Gerard G. Narrative Discourse:An Essay in Method[M]. New York:Cornell University Press,1983.

[92] Kilpartrick W. Why Johnny Can't Tell Right from Wrong:Moral Illiteracy and the Case for Character Education[M]. New York:Simon & Schuster,1992.

[93] Bruner J S. Actual minds,Possible worlds Cambridge[M]. Cambridge,Massachusetts:Harvard University Press,1987.

[94] Kohlberg L,Mayer. Development as the Aim of Education[J]. Harvard Educational Review,1972(11):449-496.

[95] Kohlberg L. Cognitive-Developmental Theory and the Practice of Collective Moral Education[M]// Wolins M,Gottesman M. Group Care:The Education Path of Youth Aliyah. New York:Gordon & Breach,1980.

后 记

把学生培养成为有道德的人,这是教育追求的永恒目标,也是教育研究历久弥新的话题。尽管这一话题非常沉重与艰难,但是,教师的良知和责任感,使我难以割舍对它的追问。于是,我一边工作,一边阅读,一边思考。时间长了,多少有了一点积累,也发表了数篇相关的论文,也有了形成一本书的基础。尽管对这个问题思考了不少年,但是真正动笔才感到自己的许多不足,这也始终激励着我不断地努力,不断地探索。

本书是杭州师范大学与教育部基础教育课程教材发展中心共同开展"教师行为与儿童发展"的合作研究成果之一。本书的第一、二、四章以及第三章的第一节和第二节由蔡亚平撰写,第三章的第三节以及附录部分的内容由邹菊梅撰写,第五章由裴培撰写。全书最后由蔡亚平统稿。

本书得以面世,凝聚着许多人的心血。特别要感谢杭州师范大学校长林正范教授,正是他的悉心指导与大力支持,我们才得以顺利开展研究并与读者分享研究成果。

限于笔者的学力,本书仍存在诸多的不足之处,敬请各位同行、专家和读者朋友批评指正。

蔡亚平

2010 年 11 月

出 版 人　　所广一
项目统筹　　池春燕
责任编辑　　杨　巍
版式设计　　杨玲玲
责任校对　　曲凤玲
责任印制　　曲凤玲

图书在版编目（CIP）数据

教师与学生道德行为的发展／蔡亚平著．—北京：教育科学出版社，2011.7
（教师与学生行为发展丛书／林正范主编）
ISBN 978-7-5041-5622-8

Ⅰ.①教… Ⅱ.①蔡… Ⅲ.①教师—道德行为—研究　②学生—道德行为—研究　Ⅳ.①G451.6 ②G455

中国版本图书馆 CIP 数据核字（2011）第 064677 号

教师与学生行为发展丛书

教师与学生道德行为的发展
JIAOSHI YU XUESHENG DAODE XINGWEI DE FAZHAN

出版发行	教育科学出版社		
社　　址	北京·朝阳区安慧北里安园甲9号	市场部电话	010-64989009
邮　　编	100101	编辑部电话	010-64981265
传　　真	010-64891796	网　　址	http://www.esph.com.cn
经　　销	各地新华书店		
制　　作	北京金奥都图文制作中心		
印　　刷	保定市中画美凯印刷有限公司	版　　次	2011年7月第1版
开　　本	169毫米×239毫米　16开	印　　次	2011年7月第1次印刷
印　　张	15	印　　数	1-3 000册
字　　数	206千	定　　价	30.00元

如有印装质量问题，请到所购图书销售部门联系调换。